Michael Meyer-Blanck

Kleine Geschichte der evangelischen Religionspädagogik

Dargestellt anhand ihrer Klassiker

Chr. Kaiser
Gütersloher
Verlagshaus

Bibliografische Information Der Deutschen Bibliothek

Die Deutsche Bibliothek verzeichnet diese Publikation in der Deutschen Nationalbibliografie; detaillierte bibliografische Daten sind im Internet über http://dnb.ddb.de abrufbar.

ISBN 3-579-05202-0

Umschlag: Finken & Bumiller, Stuttgart
Satz: Druckerei Sommer, Feuchtwangen
Druck und Bindung: Těšínská Tiskárna AG, Český Těšín
Printed in Czech Republik

www.gtvh.de

Inhalt

Vorwort

Bei der Beschäftigung mit religionspädagogischen Quellen habe ich in den letzten Jahren immer wieder festgestellt, dass deren differenzierte Argumentationsstruktur in der Regel durch die zusammenfassende Beschreibung in Kompendien nur ansatzweise erfasst werden kann. Den Studierenden etwas mehr Hintergründe zu vermitteln und sie gleichzeitig zu ermutigen, die entsprechenden Quellen selbst zu lesen, ist die sich daraus ergebende Absicht. Es liegt nahe, für eine Geschichte der Religionspädagogik die eigene Bildungsgeschichte der jeweiligen Theoretiker genauer in den Blick zu nehmen. Erst die persönlichen und kulturellen Umstände lassen religionspädagogische Konzepte lebendig werden und bewahren so vor dem zu schnell kritisierenden Urteil.

Selbstverständlich ist die Auswahl derjenigen, die in diesem kleinen Buch als »Klassiker« bezeichnet werden, subjektiv und sicher gibt es viele andere, die ebenfalls eine ausführliche Behandlung verdient gehabt hätten. Meine Kriterien für die Aufnahme waren die Rezeption in aktuellen religionspädagogischen Konzeptionsdiskussionen und die Intensität des Bemühens um das Vermittlungsproblem zwischen sozial und kirchlich tradierter Religion auf der einen und subjektiver Religion auf der anderen Seite. Schließlich habe ich trotz der Kürze eine ansatzweise Vollständigkeit in wichtigen religionspädagogischen Grundsatzfragen angestrebt (dazu s. z.B. das 10. Kapitel). Um der Lesbarkeit willen wird auf Fußnoten verzichtet und die Quellen- und Literaturverweise stehen in Klammern; einheitlich folgt dieses Buch der neuen Rechtschreibung, auch bei alten Zitaten (bis auf wenige Ausnahmen bei Luther).

Herzlich gedankt sei Herrn Prof. Dr. Hans Bernhard Kaufmann, Frau Prof. Dr. Eva Heßler und Herrn Prof. Dr. Peter Biehl, die die ihnen gewidmeten Kapitel vor der Drucklegung gelesen und kritisch durchgesehen haben. So konnten einige Ungenauigkeiten im Voraus beseitigt werden. Zu großem Dank verpflichtet bin ich darüber hinaus meinem verehrten Kollegen aus meiner kurzen Berliner Zeit, Herrn Prof. Dr. Peter C. Bloth, der als ausgewiesener Historiker der Religionspädagogik das Rohmanuskript gelesen und kommentiert hat sowie schließlich meiner Assistentin Frau Dr. Martina Kumlehn und Frau stud. theol. et phil. Hiltrud Stärk, die das Buch in verschiedenen

Stadien Korrektur gelesen haben. Mit Dankbarkeit zu erwähnen sind auch meine Mitarbeiterinnen Ulrike Dunker und Tanja Harrenberger, die für die Literatur- und Bilderrecherche sowie für die Register sorgten.

Anstelle einer Widmung sei schließlich eine Erinnerung hinzugefügt, die sich beim Schreiben immer wieder einstellte. Viele Linien dieser kleinen Geschichte berühren in der einen oder anderen Weise das religionspädagogische Institut in Loccum, an dem ich von 1987 bis 1995 tätig sein konnte. Die Besonderheit von Loccum brachte ein auswärtiger Kollege kürzlich auf die Formel, dass die verantwortliche Landeskirche die dortigen Mitarbeiter schlicht habe ungestört arbeiten lassen. Diese einfache und tief greifende Bemerkung ist es wert, im Hinblick auf das Lernen und Lehren innerhalb und außerhalb der Universität festgehalten zu werden.

Bonn, im Juli 2003 *Michael Meyer-Blanck*

Einleitung

Klassiker der Religionspädagogik

Für den Titel dieses Buches kann man zunächst auf Vorgänger verweisen, wie auf den von H. Schröer und D. Zilleßen 1989 herausgegebenen Band »Klassiker der Religionspädagogik« (auch dieser beginnt mit einem Beitrag zu Martin Luther). Außerdem gibt es den 1999 erschienenen Band »Geschichte der Praktischen Theologie. Dargestellt anhand ihrer Klassiker« (Grethlein/Meyer-Blanck; dort ist Schleiermacher der erste Artikel gewidmet). Der Ausdruck der »Klassiker« wurde offensichtlich geprägt von den 1979 erschienenen beiden Bänden »Klassiker der Pädagogik« (dort steht an erster Stelle von Band 1 Erasmus von Rotterdam, Luthers Zeitgenosse und am Schluss von Band 2 Jean Piaget).

Doch über diese formale Begründung hinaus ist die sachliche wichtiger: *Klassiker* sind solche Theoretiker, die uns noch heute beschäftigende Fragen so bearbeitet haben, dass wir uns trotz des historischen Abstandes mit ihnen beschäftigen sollten. Für alle der in den folgenden 11 Kapiteln zu behandelnden Personen soll darum eine grundlegende religionspädagogische Frage geltend gemacht werden – selbstverständlich ohne dass das Ganze des jeweiligen Lebenswerkes damit erfasst wäre. Zudem haben immer auch Zeitgenossen, Vorgänger und Nachfolger an denselben Fragen gearbeitet und die jeweils zugeordneten Spezifika der einzelnen Personen sind nicht auf diese beschränkt. Aber die hier Behandelten haben in der religionspädagogischen Debatte bis in die Gegenwart hinein große Bedeutung: Man bezieht sich auf sie in Zustimmung und Abgrenzung.

Andererseits geht es mir nicht um diese Autoren, weil sie einfach zum Wissenskanon gehörten. Das wäre gerade ein Missverständnis des »Klassischen« im Sinne eines materialen Bildungsverständnisses. Wichtig sind die hier Behandelten vielmehr deswegen, weil sie exemplarisch für bestimmte Grundfragen stehen.

Hinzu kommt ein Gestaltungsprinzip der folgenden Darstellung:

Die Vorgestellten sollen in ihrer eigenen Biographie erkennbar sein. Dadurch soll der Zusammenhang von Lebensgeschichte und Religion nicht nur im Hinblick auf die Schülerinnen und Schüler, sondern auch für die jeweilige Theorie in Umrissen verständlich werden, wozu auch einige Bemerkungen zu den sozialen, politischen und kulturellen Umständen von Bedeutung sind.

Der grundlegend andere Weg einer kleinen Geschichte der Religionspädagogik wäre eine Wissenschaftsgeschichte, die von den Problemstellungen im Wandel der Geschichte selbst ausgeht: Vom Verhältnis zur Theologie- und Philosophiegeschichte, zur Kirche, zur Schule, von der Verwendung der Bibel, der Liturgie oder der Rezeption der Psychologie, Pädagogik u. a. Zum einen liegt eine solche »Problemgeschichte« bereits vor (Bockwoldt 1977); zum anderen aber ist im pädagogischen Feld, wo es nicht um Gedanken abgesehen von Menschen geht, sondern um Menschen, die mit Hilfe von Gedanken ihr Leben erschließen, ein biographisches und kulturbezogenes Vorgehen verheißungsvoller als ein rein problem- oder ideengeschichtliches.

Der Ausgang von den Theoretikern als Personen ist sinnvoll, weil damit dasselbe geschieht wie in der Theorie selbst: Der Bezug auf konkrete Menschen wird hergestellt. Schließlich gibt es noch einen didaktischen Grund: Einzelne Personen prägen sich besser ein. Ähnlich ist es bekanntlich im Unterricht: Gerade in der Mittelstufe sind Identifikations- und Distanzierungspersonen geläufig wie Paulus, Franz v. Assisi, Bonhoeffer, Martin Luther King (z. B. das Thema »Umgang mit Ängsten, Träumen und Hoffnungen« in Klasse 7/8 des Gymnasiums Sek. I in NRW). An Personen wird anschaulich, was der Glaube für das Leben bedeutet.

Einige wenige Bemerkungen sind noch nötig zum Begriff »Religionspädagogik« als Bestandteil meines Buchtitels. Streng gesehen könnte das Buch erst mit dem 4. Kapitel über Richard Kabisch beginnen. Denn er ist der erste Autor nach dem Aufkommen des Begriffes »Religionspädagogik«. Dieser Begriff wird in der Literatur in der Regel auf das Jahr 1889 zurückgeführt, als der Systematische Theologe Max Reischle in seiner Schrift »Die Frage nach dem Wesen der Religion« eine Methodik der Religionsphilosophie vorlegte. In diesem Zusammenhang behandelte er die unterschiedlichen Disziplinen, die sich mit der Frage der Religion beschäftigen. Neben der Religionsgeschichte, Religionspsychologie, Religionskritik und der systematischen Religionslehre kam er schließlich auf die »Religionspädagogik oder Religionstechnik« zu sprechen.

Damit ist der Begriff in der Diskussion, der seit Beginn des 20. Jahrhunderts für eine eigenständige, vor allem schulisch begründete Wissenschaft steht. Der Begriff »Religionspädagogik« wurde seitdem programmatisch von der kirchlich orientierten »Katechetik« abgesetzt. Er bringt darum auch das Selbstbewusstsein der Lehrer gegenüber der kirchlichen Vermittlung von Religion zum Ausdruck. Dass sich die Entwicklung der eigenständigen Disziplin Religionspädagogik in einem vielschichtigen Reflexionsprozess von Lehrern verschiedener theologischer Orientierung während des Kaiserreichs vollzog, ist in einer neuen Studie minutiös aufgezeigt worden (Roggenkamp-Kaufmann 2001). Diese Arbeit betont für die Entwicklung der Religionspädagogik gegenüber den großen Konzeptionen und Namen die Bedeutung der Lehrer selbst (allerdings begrenzt auf die Gymnasiallehrer in Preußen). Nach 1900 ist der Begriff »Religionspädagogik« auf jeden Fall allgemein geläufig geworden.

Interessant ist übrigens, dass Max Reischle den Begriff sehr klar nur auf eine bestimmte Religion angewandt wissen wollte. Im Verlaufe des 20. Jahrhunderts hingegen ist der Begriff der Religions*pädagogik* oftmals *eng* verstanden worden (nur bezogen auf die Schule); der Begriff der *Religion* hingegen ist sehr weit gefasst worden, im Hinblick auf die Sinnorientierungen von Schülerinnen und Schülern ganz allgemein, auch abgesehen von einer bestimmten (der christlichen) Religion. Bei Max Reischle, dem Vater des Begriffes, war das anders. Er meinte, »die Darstellung des Systems religiöser Vorstellungen und die Religionspädagogik sind immer nur an eine einzelne bestimmte Religionsform geknüpft; genauer an diejenige, von deren Wahrheit der Darsteller überzeugt ist.« (M. Reischle, Die Frage nach dem Wesen der Religion, Freiburg 1889, zitiert nach C. Grethlein, Religionspädagogik, 66)

Reischle hat diese seine Sicht gerade *pädagogisch* begründet: Nur durch das Ziel, die für wahr gehaltene Religion zur Geltung zu bringen, werde »die systematische Religionslehre und die Religionspädagogik darüber erhoben, rein geschichtlich das Tatsächliche zu erforschen« (zit. nach Grethlein, 67). Reischle selbst wollte die Religionspädagogik »aus dem Sog der Religionswissenschaft« heraushalten und band sie darum an die Wahrheitsfrage (Bockwoldt, 10). Man kann darüber streiten, ob für das schulische Lernen ein engerer oder ein weiterer Begriff von Religion pädagogisch sinnvoller ist und wir werden dieser Grundfrage wieder begegnen. Aber dieser weite Religionsbegriff ist von Reischle zunächst nicht gemeint gewesen.

Mein eigener Begriffsgebrauch ist der folgende: Ich benutze den Terminus »Religionspädagogik« nicht nur im schulischen Sinne. Ich meine mit *»Religionspädagogik« die Theorie des Lehrens und Lernens von Religion an allen Lernorten (Familie, Schule, Gemeinde).* Zudem fasse ich den Begriff auch historisch weiter als erst mit dem Jahre 1889 einsetzend. »Evangelisch« ist eine Religionspädagogik, die vom biblischen Evangelium her die Selbstdeutung des Menschen verstehen will. Dabei könnte man vom Neuen Testament ausgehend die gesamte Kirchengeschichte durchmessen. Aber aufgrund des uns interessierenden Gegenstandes »evangelische Religionspädagogik« und aufgrund des begrenzten Platzes beginne ich mit Luther und komme in diesem Zusammenhang kurz auf das Lernen des Glaubens in der Bibel selbst zu sprechen.

Literatur

Bockwoldt, Gerd: Religionspädagogik. Eine Problemgeschichte, Stuttgart 1977.

Grethlein, Christian: Religionspädagogik, Berlin/New York 1998.

Grethlein, Christian/Meyer-Blanck, Michael (Hrsg.): Geschichte der Praktischen Theologie. Dargestellt anhand ihrer Klassiker, Leipzig 1999.

Klassiker der Pädagogik, hrsg. von Hans Scheuerl, Bd. 1 u. 2, München 1979.

Klassiker der Religionspädagogik, hrsg. von Henning Schröer und Dietrich Zilleßen, Frankfurt/Main 1989.

Richtlinien und Lehrpläne Ev. Religionslehre, Sek. I Gymnasium, Schriftenreihe Schule in NRW Nr. 3414, Frechen 1993.

Roggenkamp-Kaufmann, Antje: Religionspädagogik als »Praktische Theologie«. Zur Entstehung der Religionspädagogik in Kaiserreich und Weimarer Republik, Leipzig 2001 (APrTh 20).

1. Kapitel

Martin Luther (1483-1546) und die Kunst der Unterscheidung

1. Lernen aus der Bibel

»Wer in der Theologie studieren und etwas erreichen will, der sei ein Tor, und er wird ein Theologe sein. Die höchste Kunst eines künftigen Theologen ist, dass er sehr sorgfältig zwischen der Klugheit der Vernunft und des Wortes, d.h. der Weisheit Gottes unterscheide.« (M. Luther, Tischrede: WATR 2, Nr. 2146)

Der Mensch soll zu seinem eigenen Wohl zwischen Gott und der Welt unterscheiden. Weil *unterscheiden* nicht *trennen* ist, darum handelt es sich um eine Kunst. In den Künsten wird man nichts durch sich selbst, sondern man braucht erfahrene Lehrer, gegenwärtige und solche aus früherer Zeit. Erfahrungen begegnen wir nicht zuletzt in Texten, die uns bei entsprechender Mühe zu Lehrern werden können. Martin Luther hat uns eingeschärft, im Sinne der rechten Unterscheidung von Welt und Gott keine Mühen zu scheuen. Nach Luther hat die Bibel der primäre Bezugspunkt zu sein, von dem aus Fragen des christlichen Lebens zu bedenken sind. Dieses ist bekanntlich das wichtigste Prinzip evangelischer Theologie. Diese missachtet nicht Gewohnheiten und Gebräuche. Aber sie fragt stets nach der Bibel zurück. Eine von Luther ausgehende evangelische Religionspädagogik wird darum immer zu unterscheiden suchen zwischen dem biblischen Evangelium selbst und den aktuellen Möglichkeiten und Herausforderungen, dieses Evangelium zu verstehen, zu erschließen, kurz: zu lernen.

Bevor wir uns Martin Luther als erstem religionspädagogischen Klassiker zuwenden, ist darum wenigstens ein kurzer Blick auf die Bibel selbst nötig. Und wenn wir Luthers Einsichten in der Gegenwart ernst nehmen wollen, dann werden wir auch in den folgenden Kapiteln dieses Buches immer wieder auf die Rolle der Bibel zu achten haben: »Denn viele Bücher machen nicht gelehrt, vieles Lesen auch nicht, sondern gute Dinge und oft lesen, wie wenig es auch ist, das macht gelehrt in der Schrift und fromm dazu.« (WA 6, 461 = BoA 1, 416 = Insel-Ausg. 1,230). Liest man das Zitat genau, dann klingt bereits eine pädagogische Unterscheidung an: Es kommt nicht auf die Kenntnis der Bibel als solche, sondern auf die Bildung an, auf die Wirkung der Schrift auf die mit ihr umgehende Person. Mit dem, was »fromm« macht, ist in der Sprache des 16. Jahrhunderts nicht nur die religiöse Dimension gemeint, sondern das Verhalten des Menschen zu sich selbst, zu anderen, zum Gemeinwesen und zu Gott. »Fromm« ist ein Mensch, der sich in allen diesen Bezügen dem Evangelium gemäß zu orientieren sucht. Ganz schlicht lässt sich das Wort »fromm« mit »gut« (oder auch mit »angemessen«) übersetzen. »Gelehrt« ist darum auch nicht ein Mensch, der viel weiß, sondern ein Mensch, der sein Leben sowohl vor Gott wie vor den Menschen gut zu leben sucht, der beides zu unterscheiden und doch wieder aufeinander zu beziehen weiß. Eine solche Lehre macht den Menschen lebenstüchtig (»fromm«). Darum ist die Bibel immer wieder Ausgangs- und Zielpunkt, um dem Menschen eine humane Lebenstüchtigkeit zu erschließen.

2. Aspekte religiösen Lernens in der Bibel

Erst in zweiter Linie sind Erklärungen der Eltern und Unterrichtsstunden wichtig für das Lernen von grundlegenden Einstellungen zu sich, zu Gott und zur Welt. Denn viel für die Lebens- und Weltanschauung lernt man dort, wo das Lernen nicht Thema ist. Wie in vielen Religionen finden wir in der Bibel dazu typische Lebenszusammenhänge für das Lernen des Glaubens und für das Lernen aus dem Glauben. Es handelt sich *erstens* um das Fest im gemeinsamen Jahreslauf und *zweitens* um die Übergänge im eigenen Lebenslauf: Sie werden im Glauben gedeutet. Hinzu kommen *drittens* die sonstige kultische Praxis und *viertens* die ethischen Selbstverständlichkeiten sowie *fünftens* die prophetische Dimension, die man als die kritische Begleitung sozialer und politischer Umstände vom Glauben her beschreiben kann. Alle fünf Zusammenhänge findet man bis heute – übrigens auch in säkularen Kontexten. Lebenszusammenhängen liegt immer eine Sicht von Welt, Mensch und Gott zugrunde (ob sie ausgesprochen wird oder nicht). Durch diese Lebenszusammenhänge lernt man Religion (bzw. explizite Religionslosigkeit), bevor bzw. auch ohne dass man in Lektionen religiös unterrichtet wird. Das ist in der Bibel nicht anders. Im folgenden beschränke ich mich auf wenige Aspekte der genannten Lebenszusammenhänge.

»Wenn dich nun dein Sohn morgen fragen wird: Was sind das für Vermahnungen, Gebote und Rechte, die euch der Herr, unser Gott, geboten hat?, so sollst du deinem Sohn sagen: Wir waren Knechte des Pharao in Ägypten, und der Herr führte uns aus Ägypten mit mächtiger Hand.« (Deuteronomium/5. Mose 6,20-21).

Diese bekannten Sätze kann man als einen locus classicus biblischer und jüdischer Religionspädagogik bezeichnen. Damit ist auf die Familie als Lernort und das gemeinsame Feiern des Festes als Lernanlass verwiesen. Der theologische Bezugspunkt ist der Auszug aus Ägypten, der in jeder Familie vergegenwärtigt wird. Beim Passafest wird bis heute die Passa-Erzählung durch ein Frage-Antwort-Spiel erschlossen, bei dem das jüngste Kind zu fragen beginnt: »Was unterscheidet diese Nacht von allen anderen Nächten?«. Bei allen professionellen religionspädagogischen Bemühungen in Schule, Gemeinde und an anderen Lernorten wird man zuerst die schlichte und tief greifende Erfahrung dieses Lernkonzeptes festhalten müssen: Religion lernt man – wie auch immer, und sei es durch die Abgrenzung – zunächst und prägend dort, wo man aufwächst, also in der Regel in der Familie und wir werden (im 3. Kapitel) von Schleiermacher daran erinnert werden, der gerade zu Beginn der pädagogischen Professionalisierung im 19. Jahrhundert die Familie als primären religiösen Lernort stark betont hat. Bis heute gehören die Feste zu den prägenden Erfahrungen in der Familie und in unserem Kontext steht bekanntlich das Weihnachtsfest im Vordergrund. (Schon daraus ergibt sich meines Erachtens das wichtige religionspädagogische Erfordernis, Möglichkeiten auch zur persönlichen und familiären Feier des Osterfestes in der Familie zu bedenken.) Der Glaube erschließt sich auch (wenn auch nicht nur) über Gewohnheiten und Bräuche.

Taufe, Konfirmation, Hochzeit und Bestattung sind für die Mehrzahl der Christen in Deutschland heute neben dem Weihnachtsfest die wichtigsten Anlässe, an denen der Glaube sichtbar praktiziert und damit implizit gelernt wird. Im Neuen Testament wird die Taufe ausdrücklich mit dem Lernen verknüpft und zwar bezogen auf das Verhalten des Getauften in allen Lebenssituationen: »Gehet und machet zu Jüngern alle Völker: Taufet sie auf den Namen des Vaters und des Sohnes und des heiligen Geistes und lehret sie halten alles, was ich euch geboten habe …« (Matthäus 28,19-20).

Bei Matthäus ist an die gemeindliche Tora gedacht, an die neue Lebensregel des auferstandenen Herrn, die Gültigkeit hat bis zum Ende der Welt. In diesem Text, der aus dem Gottesdienst als »Taufbefehl« im Zusammenhang jeder Taufe bekannt ist, ergeben sich wichtige Bezüge christlicher Lehre: Der Gottesdienst und das Gebot Jesu für den Alltag, also Kultus wie Ethos sind Bezugspunkte des religiösen Lernens. Durch das Feiern des Gottesdienstes und durch eine spezifische Lebenspraxis, besonders durch das Eintreten für die Bedürfnisse des anderen, lernt man den Sinn des Glaubens verstehen. Dieser Gedanke lässt sich unmittelbar auf gemeindepädagogische Zusammenhänge (dazu s. Kap. 10) beziehen. Auch heute noch kann man Liturgie und Diakonie als die beiden Brennpunkte des Konfirmandenunterrichts benennen, als die spezifische Praxis des Glaubens, wie sie in der Gemeinde (anders als am Lernort Schule) möglich ist.

Mit den oben zitierten Bibelstellen ist ein wichtiger, aber noch sehr begrenzter Ausschnitt biblischen Lernens angesprochen. Für die kultische Praxis im Alltag ist im Alten Testament die gesamte Priesterschrift im Pentateuch zu erwähnen. Dort sind Religion und religiöses Lernen auf die äußerlich sichtbaren Riten und auf das Alltagsverhalten bezogen und ausführlich beschrieben. Der Glaube erschließt sich dabei vor allem als tägliche Praxis. Diese ist eine sehr erfolgreiche Art und Weise, Religion zu vermitteln. Im Islam wird sie bis heute mit den »5 Säulen« (Bekenntnis, Gebet, Fasten, Almosen, Wallfahrt) erfolgreich praktiziert. Man kann sogleich hinzufügen: Das ist die im Protestantismus am ehesten vernachlässigte Linie, weil wir seit Luthers Unterscheidung von Glaube und Werken alles Äußere kritisch befragen und tendenziell immer den Verdacht hegen, es könne sich um ein bloßes Werk handeln anstatt um die persönlich verwurzelte Überzeugung. Diese evangelische Denkweise ist unsere große Stärke; aber sie macht das religiöse Lernen anspruchsvoll. Beim Lernen von Religion muss es sich immer um einen Vorgang von Bildung handeln, bei dem sich der Mensch eigenständig unterscheidend seine Welt erschließt.

Zu erwähnen bleiben die prophetischen Hinweise auf das von Gott für den Menschen bestimmte Leben, mit Gehorsam gegenüber Gott und mit der Zuwendung zu den Nächsten, besonders zu den Schwächeren. Die prophetische Dimension ist der evangelischen Religionspädagogik in der Regel näher gewesen als die kultische. Diese Religion des Gottesdienstes im Alltag und nicht nur am Feiertag ist von den Propheten Israels im 8. Jahrhundert erstmals kompromisslos beschrieben worden, von Jesaja, Hosea, Amos und Micha. »Das Recht soll strömen wie Wasser und die Gerechtigkeit wie ein nie versiegender Bach« (Amos 5,24). Nicht das Mitvollziehen von Riten, sondern das Leben im Alltag nach Gottes Geboten, der ethische statt des liturgisch-rituellen Zuganges bildet den Schwerpunkt des Lernens von Religion.

Damit verwandt ist schließlich der weisheitliche Lernzusammenhang des biblischen Glaubens. Gerade der Prophet Amos stammt ja mit großer Wahrscheinlichkeit aus der Tradition der Sippenweisheit Israels. Den pädagogischen Ansatz der biblischen Weisheit könnte man so beschreiben: Religion lernen heißt, die gute Ordnung Gottes aus der uns umgebenden Welt wahrzunehmen und sich entsprechend nach Gottes schöner Welt zu richten, ihr nachzuspüren, nachzudenken und nachzuhandeln. Nicht aus dem priesterlichen Handeln und nicht aus dem besonderen leitenden Wort Gottes (im Mund des Propheten) ergibt sich das Lernen von Religion, sondern aus dem Beobachten der Natur und Kultur, wie Menschen zusammenleben und in ihrer Welt leben. Der Sitz im Leben einer solchen Religionspädagogik ist nicht gottesdienstlich und nicht öffentlich-prophetisch, sondern privat (bzw. auf die Großfamilie bezogen).

»Mein Sohn gehorche der Zucht deines Vaters und verlass nicht das Gebot deiner Mutter« (Sprüche 1,8). Viele der Sprüche sind bis heute als Alltagsweisheiten bekannt. Da wir nicht mehr in einer traditionalen Gesellschaft leben, sind uns Spruchweisheiten in ihrem die Welt ordnenden Sinn eher fremd und wir geraten eher ins Schmunzeln, weil uns Situationen einfallen, in denen die Sprüche gerade nicht passen und komisch wirken (man denke nur an die bekannten Sprüche »wenn dich die bösen Buben locken, so folge nicht«, Spr 1,10; »wen der Herr liebt, den weist er zurecht«, Spr 3,12; »Hochmut kommt vor dem Fall«, Spr 16,18). Man hört geradezu die elterliche Ermahnung aus einem Wort wie diesem: »Geh hin zur Ameise, du Fauler, sieh an ihr Tun und lerne von ihr! Wenn sie auch keinen Fürsten noch Hauptmann noch Herrn hat, so bereitet sie doch ihr Brot im Sommer und sammelt ihre Speise in der Ernte« (Spr 6,6ff.).

Es ist bekannt, dass das weisheitliche Weltverständnis schon im Buch Hiob in die Krise geriet. Und doch enthält es vieles von dem, was bis heute so manchem leichter begreiflich ist als andere theologische Zusammenhänge: Die Achtung vor Gott lernt man aus der Wahrnehmung seiner Gegenwart in der Schöpfung und in der Kultur. Dies hat Gerhard von Rad bleibend in seinem Buch »Weisheit in Israel« dargestellt. Er hat aus den Fragen im Alten Testament, besonders im Sprüchebuch, auch vorsichtig auf eine Schultradition geschlossen. Bei Sätzen wie diesen kann man gewiss an ein Unterrichtsgespräch denken: »Kann man Feuer im Gewandbausch tragen, ohne dass die Kleider versengt werden? Oder kann man auf Kohlen gehen, ohne sich die Füße zu verbrennen? – So geht es dem, der zu seines Nächsten Frau geht ...« (Spr 6,27-29).

G. v. Rad hat die Weisheit entsprechend schon fast »bildungstheoretisch« beschrieben unter der Überschrift »Die Freisetzung der Vernunft und ihre Probleme« (75-148). Man kann von hier aus die Parallele ziehen zu einem religionspädagogischen Grundproblem: Ich meine die Frage nach dem Verhältnis von *Glaube und Lernen*. Das Lernen des Glaubens hat nicht nur mit der überwältigenden Erfahrung Gottes zu tun. Diese Erfahrung muss vermittelt werden mit der eigenen Alltagserfahrung, mit der Vernunft. Im Neuen Testament wurde für das religiöse Lernen sogar ein spezieller Begriff im Gegenüber zum sonstigen Lernen ausgebildet. Der antike Sprachgebrauch ist durchaus dem gegenwärtigen zu vergleichen: Das übliche Verbum für das Lehren ist διδασκω, während κατηχεω im Neuen Testament bei Paulus (Röm 2,18; 1 Kor 14,19; Gal 6,6) und Lukas (Luk 1,4; Apg 18,25) zum Fachbegriff für die christliche Unterweisung wird und bis heute in dem Disziplinnamen »Katechetik« zu erkennen ist (noch heute heißen die Vorkonfirmanden im Rheinland »Katechumenen«).

Über einen geregelten christlichen Schulbetrieb erfahren wir zwar im Neuen Testament nichts, wohl aber über die Lehre etwa im Gottesdienst. Paulus will nach 1 Kor 14,19 lieber fünf verständliche Worte reden als zehntausend in Zungen, damit er lehrend wirkt (»ινα αλλους κατηχησω«). Nach Gal 6,6 gibt es die Funktion und wahrscheinlich auch schon den Stand desjenigen, der in der Gemeinde lehrt, im Gegenüber zum Belehrten (κατηχων, Katechet; κατηχουμενος – Katechumene). An mehreren Stellen zählt Paulus drei Urämter der Kirche auf: Apostel, Prophet und Lehrer (1 Kor 12,28; Röm 12,6-9; dort lautet der Terminus dann allerdings wie in der Antike üblich »διδασκαλος« bzw. für die Lehre »διδασκαλια«). Die Apostel reisen von Ort zu Ort, die Propheten sind am Ort wahrscheinlich die Leiter des Gottesdienstes und die Visionäre; die Lehrer sind zuständig für die vernünftige Durchdringung des Evangeliums. Schon in der Didache, der alten syrischen Kirchenordnung (ca. aus dem Jahre 100) heißt es, die Propheten und Lehrer sollen von der Gemeinde unterhalten werden: Sie haben also einen gemeindlichen Beruf, während die Apostel aufgenommen werden sollen, aber nur für kurze Zeit. Ein Apostel, der drei Tage bleibt oder um Geld bittet, ist ein Pseudoprophet (Did 11,4-6).

3. Lernen aus der Taufe um das Jahr 400 (Cyrill von Jerusalem)

Im Laufe der Geschichte der alten Kirche hat sich der Begriff der »Katechese« festgesetzt und wird vor allem auf den Unterricht zur Taufvorbereitung bezogen. Damit sind wir an einer wichtigen Entwicklung der christlichen Religionspädagogik. Jetzt wird das Lernen des Glaubens genau strukturiert und organisiert. Die Katechese, das Lernen des christlichen Glaubens, führt auf die Taufe hin und kommt von der Taufe her.

Im Umfeld der Taufe bildet sich dabei eine wichtige homiletische und zugleich religionspädagogische Gattung, die Katechismuspredigt, die man schlicht »Katechese« nennt. Der Höhepunkt des Unterrichts in Jerusalem etwa im Jahre 400 liegt in der Osterzeit. Vor der Fastenzeit erfolgt die Taufanmeldung, dann während der Fastenzeit der Unterricht und erst nach der Taufe in der Osternacht, also in der Osterwoche, der Unterricht über Taufe und Abendmahl. Die beiden Sakramente werden »Mysterien« genannt und die als Unterricht verstandenen Predigten entsprechend »mystagogische Katechesen«.

Von dieser Literaturgattung sind uns mehrere Beispiele erhalten wie die Katechesen des Cyrill von Jerusalem (313-387) und Ambrosius von Mailand (339-397). Wir sind sogar über den Ablauf des Unterrichts mit diesen Katechesen in Jerusalem durch einen Reisebericht gut informiert. Die Reisebeschreibung wurde angefertigt von der Nonne Egeria und ist bekannt als »Itinerarium Egeriae«. Egerias Eindrücke im heiligen Land ca. im Jahre 400 werden sehr lebendig. In Kapitel 47 heißt es über die Jerusalemer Katechesen:

> »47,1. Wenn die Ostertage gekommen sind, geht man an acht Tagen, nämlich von Ostern bis zum achten Tag, nach der Entlassung aus der Kirche mit Hymnen zur Anastasis [=Auferstehungskirche]. Dort spricht man ein Gebet, und die Gläubigen werden gesegnet. Dann steht der Bischof an das innere Gitter gelehnt, das sich an der Grotte in der Anastasis befindet, und erläutert alles, was bei der Taufe geschieht.
> 2. [...] Während der Bischof alles einzeln deutet und berichtet, sind die Stimmen der begeisterten Zuhörer so laut, dass ihre Stimmen sogar weit draußen vor der Kirche zu hören sind. Er enthüllt ihnen nämlich alle Mysterien so, dass keiner von dem unberührt bleiben kann, was er derart erklärt hört.«

Es handelt sich also offensichtlich um erfolgreichen Unterricht, denn die Unterrichteten lärmen nicht aus Langeweile, sondern aus Begeisterung. Religionspädagogisch kann man formulieren: *Hier wird das Erlebte durch Auslegung zur gedeuteten Erfahrung*. Denn so werden beide Momente in der Diskussion in der Regel einander zugeordnet: Erfahrung meint die Erlebnisse, die über Deutungen kategorisiert worden sind. Erfahrung ist ein verstandenes Erlebnis. Wir kommen nicht ohne Deutungen des Erlebten aus, wir transformieren Erlebtes immer schon in gedeutete Erfahrung und Erlebnisse (wie etwa die der eigenen Kindheit und der eigenen religiösen Prägungen) sind uns nur als bereits gedeutete, als Erfahrungen zugänglich (ausführlich dazu s. Meyer-Blanck/Weyel 1999, 182-189). Religionspädagogik denkt über die absichtsvolle, zielgerichtete Kategorisierung von Erlebnissen nach: Wie kann ich Lernenden in Schule oder Gemeinde helfen ihre Erlebnisse zu beschreiben, zu verstehen, zu verändern, fortzuführen oder zu kritisieren? Bei Cyrill von Jerusalem ist trotz des großen zeitlichen Abstandes schon einiges zu diesen aktuellen didaktischen Fragestellungen zu finden: Erfahrung beginnt hier mit dem religiösen Erleben in der Osternacht und findet im Unterricht seine deutende Fortsetzung.

Man wird damit rechnen müssen, dass der Katechumenat nur selten solche Dichte hatte wie in Jerusalem. Nachdem das Christentum 380 Staatsreligion geworden war und nahezu alle Menschen getauft wurden, war es mit der Qualität des Unterrichts wohl vielfach nicht weit her. Damit sind wir bei den katastrophalen Visitationserfahrungen von Martin Luther.

4. Luthers Theologie als Bildungsereignis

Bekannt sind Luthers bittere Klagen aus der Vorrede des Kleinen Katechismus. Er beklagt dort, dass an religiösem Wissen so gut wie nichts vorhanden sei. Die Visitationserfahrung in Kursachsen lautet so:

> »Hilf, lieber Gott, wie manchen Jammer habe ich gesehen, dass der gemeine Mann doch so gar nichts weiß von der christlichen Lehre, sonder-

> lich auf den Dörfern, und leider viel Pfarrherr fast ungeschickt und untüchtig sind zu lehren, und sollen doch alle Christen heißen, getauft sein und der heiligen Sakrament genießen, können weder Vaterunser noch den Glauben oder zehen Gebot, leben dahin wie das liebe Viehe und unvernünftige Säue und, nun das Evangelium kommen ist, dennoch fein gelernt haben, aller Freiheit meisterlich zu missebrauchen.« (BSLK, 501, damit beginnt Luthers Kleiner Katechismus von 1529.)

Obwohl uns das Lernkonzept des Kleinen Katechismus fremd sein mag, stehen wir damit am Beginn der Neuzeit. Glauben hat nicht nur etwas mit Gottesdienst und Alltag zu tun, auch nicht nur mit Ethik und religiösen Formen im Alltag, sondern schlicht auch mit *Wissen*. Das Wissen ist später in der Aufklärung und seitdem allerdings immer wieder als etwas beschrieben worden, das mit dem Glauben nicht gleichgesetzt werden darf: Glauben ist etwas anderes als das Wissen von Bibelstellen und von kirchlichen Lehrsätzen. Das stimmt und auch das lässt sich von Luther her begründen: Denn im Glauben geht es um das glaubende Vertrauen, in dem wir das rettende Tun Gottes erfahren, Glauben ist wesentlich Vertrauen, *fiducia*. Aber das ist nur die eine Seite.

4.1 Unterscheidung von Gesetz und Evangelium

Zum Glauben gehört auch das Wissen. Es ist in Analogie zur Rechtfertigungslehre als ein gutes Werk anzusehen, das nicht rechtfertigt, das aber von dem Gerechtfertigten zu erwarten ist, das bei ihm zu fördern und damit auch von ihm zu fordern ist. Bei der Forderung nach grundlegenden Kenntnissen geht es Luther nicht (soteriologisch) um die Rettung des Glaubenden, wohl aber um seine Orientierungsfähigkeit in Glaubensdingen. Wer nichts weiß, unterliegt der Macht der anderen (Papst, Bischöfe) und kann so mit dazu beitragen, die Freiheit des Evangeliums zu behindern. Das religiöse Wissen dient damit nicht zuletzt der Freiheit der anderen. Wer sich in der Bibel auskennt, kann Verantwortung in Kirche, Stadt und Land übernehmen, der Unwissende lässt sich unterdrücken und unterdrückt damit selbst das Evangelium und verdunkelt Gottes Gebote für ein geordnetes Zusammenleben. Wer nichts weiß, untergräbt einerseits den rechten politischen (usus politicus) und den zum Glauben führenden Gebrauch des Gesetzes (usus elenchticus) und macht so andererseits das Evangelium zum Gesetz. Wer nichts weiß, untergräbt die Unterscheidung von Gesetz und Evangelium und damit das irdisches Wohl und ewiges Heil Entscheidende.

Folglich ist grundlegendes Wissen auch um der anderen willen nötig, damit die Gemeinschaft eine solche sein kann, von der Rettung allein durch Christus lebt und diese anderen erschließen kann. Das religiöse Wissen ist also nicht Selbstzweck. Es ist lebensnotwendig, weil der Einzelne wie die Gemeinschaft ohne die Unterscheidungen nicht überleben kann.

Aus der Rechtfertigungslehre entsteht primär die Unterscheidung von Gesetz und Evangelium. Denn das Gesetz verlangt die aktive, das Evangelium schenkt die passive Gerechtigkeit. Aber daraus folgen alle anderen Unterscheidungen, die dann auch für die Pädagogik wichtig werden: Die Unterscheidungen von Person und Werk, von Christperson und Weltperson, von Reich Christi und Reich der Welt. Die grundlegenden Unterscheidungen sind bleibend und einfach verständlich in Gerhard Ebelings Einführung in Luthers Denken beschrieben worden. Die damit gegebene implizite Aufforderung zu Unterscheidungen ist das Klassische an Luthers Theologie auch für die Religionspädagogik.

Die Unterscheidung von Gesetz und Evangelium kehrt in der Religionspädagogik wieder als die Unterscheidung von (intentional gefördertem) *Lernen* und sich dabei (aber nicht dadurch) ereignendem *Glauben*. Evangelische Religionspädagogik ist gerade daran erkennbar, dass in ihr die Frage nach dem Verhältnis von Glaube und Lernen nie als gelöst betrachtet wird, sondern wie die Frage nach dem Verhältnis von Evangelium und Gesetz immer wieder in die letzten Fragen hineinführt.

In der pädagogischen Anthropologie kann man von hier aus die Linien zu einer entsprechenden Unterscheidung ziehen, die im 20. Jahrhundert u.a. von Peter Biehl (vgl. das 11. Kapitel) aufgegriffen wird: Gerechtfertigte *Person* ist der Mensch vor Gott immer schon, abgesehen von seiner Bildung und von seinem Wissen; dennoch dienen Bildung und Wissen dazu, dass der lernende Mensch ein zu sich selbst und zu anderen absichtsvoll wie selbstkritisch sich verhaltendes *Subjekt* werden kann. Gesetz und Evangelium, Lernen und Glaube, Subjektivität und Person sind demnach in ähnlicher Weise unterscheidende Verhältnisbestimmungen. Das ist der religionspädagogische Kern.

Mit Luthers Insistieren auf dem Wissen und auf dem unterscheidenden Denken aber beginnt nicht nur religionspädagogisch eine neue Epoche. Da das religiöse Lernen vom Lernen überhaupt abhängt, verändert sich auch das Verständnis von Lernen generell. Der Bildungsbegriff wird programmatisch zwar erst in den Jahrzehnten um 1800 (ca. 1770-1830) geprägt. Dennoch kann man gewiss sagen: Bereits durch das unterscheidende Denken Luthers beginnt das Verständnis von Bildung im modernen Sinne. Mit der Übersetzung der Bibel ins Deutsche endet das Herrschaftswissen der Kleriker. Allein damit ist die Reformation auch eine Emanzipationsbewegung.

Das alles ist weniger Theorie als vielmehr an bildungspolitischen Optionen aufzuweisen: Nicht mehr nur der Klerus soll Luther zufolge lernen. Das hat zwei Gründe. Einmal ist mit dem Verständnis des »allgemeinen Priestertums« für jeden Getauften auch geistliches Wissen erforderlich. Und zweitens dient die Schule nicht mehr primär der Vorbildung für geistliche Ämter, sondern der Gesellschaft als ganzer. Damit aber wird die Unterscheidung von weltlichem und geistlichem Regiment nötig. Wir werden sehen, dass sich aus dieser *Unterscheidung* gerade kein *Rückzug* aus der Gesellschaft ergibt, sondern im Gegenteil die typisch protestantische *Einmischung* in die Grundfragen der Gesellschaft.

Die christliche Freiheit muss sich so bewähren, dass nicht nur der Kleriker, sondern jeder Mensch ein »freier Herr aller Dinge« wird. Zur Wahrnehmung der Freiheit aber gehört gesellschaftliche Verantwortung und dazu wiederum gehört Bildung. Aus der Differenzierung von weltlichem und geistlichem Regiment folgt die Forderung, dass die Freiheit nicht nur im Glauben, sondern auch in der Welt Gestalt gewinnt. Denn jeder Mensch gehört zum weltlichen wie zum geistlichen Regiment, weil auch der Beruf der Hausfrau und der des Bürgermeisters zwar im weltlichen Regiment angesiedelt sind, aber gerade dort auch als geistliche Berufe verstanden werden. Diese immer wieder bei Luther gegebene Unterscheidung und neue Zuordnung macht seine Theorie bis heute neben allem Zeitgebundenen wichtig. (Zeitgebunden sind hingegen die engen Autoritäts- und Ordnungsvorstellungen, die nach psychoanalytischer Lesart auch als eine »anale«, zwangsbezogene Grundorientierung verstanden werden können, so Erikson 1958/1975). Luthers Religionspädagogik und Erziehungstheorie hängen von der genannten Grundunterscheidung her zusammen, sind aber ihrerseits je für sich zu betrachten.

4.2 Unterscheidung von »Christperson und Weltperson«: Individuelles, kirchliches und öffentliches Christsein

Biographisch lässt sich Luthers Theorie der Bildung und Erziehung auf dem Hintergrund der genannten drei Bezüge lesen, wie sie von Dietrich Rössler als Kennzeichen des neuzeitlichen Christentums beschrieben worden sind. Doch vor diesen theoretischen Einordnungen werfen wir wenigstens einen kurzen Blick auf das Biographische. Die strenge Erziehung durch den Vater hat Martin Luther zeitlebens geprägt und er ist ihr selbst verhaftet geblieben, gerade wenn er sie kritisch sah:

> »Man soll die Kinder nitt zu hart steupen, den mein Vater steupt mich einmal also sehr, das ich im floh vnd das im bang was, bis er mich wider zu im gewenet. Ich wolt auch nitt gern mein Hansen seher schlagen, sunst wurd er blode vnd mir feind, so wust ich kein grosser leyde. Sic deus facit: Ego corrigam vos pueros meos, sed per alium, per Sathanam aut mundum; sed si clamaveritis et curretis ad me, ego eripiam [herausreißen] vos et erigam [aufrichten]. Den vnser Herr Gott wolt ja nicht gern, das wir im feind wurden.« (TR 1559, BoA 8, 350)

Das Verhältnis des Menschen zu Gott soll auch das Verhältnis des Vaters zu seinen Kindern bestimmen. Gestraft wird der Mensch nicht von Gott selbst, sondern vom Satan oder von der Welt. Das Verhalten Gottes besteht vielmehr darin, den Menschen aufzurichten und herauszureißen. Gottes Amt ist es zu retten und nicht zu strafen. Analog soll es zwischen Eltern und Kindern zugehen. Man wird demnach ergänzen dürfen: Weil die Welt die eigenen Kinder genug durch andere straft, darum ist analog die Aufgabe der Eltern im Verhältnis zu den Kindern ein Herausreißen und Aufrichten. Hinter dieser Maxime verbirgt sich offensichtlich die schmerzliche Erfahrung Luthers mit der eigenen Erziehung. Es zeigt sich, dass die Pädagogik Luthers unmittelbar aus dem eigenen biographischen Erleben und theologischen Denken hergeleitet werden kann.

Erwähnt sei dazu noch ein kurzes Beispiel, aus dem speziell das Verhältnis von Rechtfertigung und Erziehung hervorgeht. In einer weiteren Tischrede formuliert Luther: »Du bist unsers Herr Gots nerlein et sub gratia et remissione peccatorum, non sub lege. Nihil times. Wie dus machst, so ists unuerderbt.« (TR 1406, BoA 8, 350)

Zum biographischen Zusammenhang gehört es weiter, dass Luthers Religionspädagogik mit seiner klösterlichen Erfahrung zusammengedacht werden muss. Das geordnete Psalmodieren in den Stundengebeten, die geprägten Formen und die auswendig gelernten Texte bleiben bei ihm lebenslang ein ambivalentes Phänomen. Über den klösterlichen Gottesdienst kann er sich in schärfster Weise mokieren, sofern eben dieser als ein verdienstvolles Werk angesehen wird, mit dem man Gottes Gnade verdient. Andererseits schätzt er auch als Reformator die pädagogischen Nebeneffekte des Gottesdienstes. Die klösterlichen Jahre haben tiefe Spuren hinterlassen.

Darüber hinaus ist aber ein anderer Punkt für Luther typisch und das bleibend Wichtige an seiner Position: Er interessiert sich nicht nur für das Individuum und die Kirche, sondern auch für die Öffentlichkeit. Seit Luther hat sich die evangelische Pädagogik immer für die Bildung insgesamt interessiert und nicht nur für die religiöse Bildung. Dies hat man von der christlichen Freiheit her zu verstehen, wie Luther diese in der Freiheitsschrift bleibend konzipiert hat: Die Freiheit, in die der Mensch in dieser Welt und vor dem Nächsten gestellt ist, muss sich öffentlich bewähren. Auch hier ist allerdings wieder eine Ambivalenz zu finden. Denn es ist auch die Rohheit der Menschen, die zur Erziehung nötigt. Daher kommt der damals geläufige Begriff der »eruditio«, der »Ent-Rohung« als Beschreibung für die Erziehung. Die radikal verstandene Freiheit und der rohe Mensch, der seine Freiheit in der Welt leben lernen soll, sind die Ausgangspunkte von Luthers Pädagogik, die sich nicht auf den privaten und den religiösen Bereich beschränkt. Aus Luthers Grundunterscheidung folgt, dass das Lernen des Glaubens und die Gestaltung des bürgerlichen Lebens nicht identisch, aber gleichermaßen wichtig sind.

4.3 Die Bildungs- und Erziehungstheorie – in Gottes weltlichem Regiment

Luthers Bildungstheorie wandte sich gegen die bisherige Tradition wie gegen die schwärmerische Ansicht, Schulen und besonders die lateinische Sprache seien nicht mehr notwendig, da jetzt der heilige Geist selbst unmittelbar belehre (so Andreas Karlstadt und Thomas Müntzer mit der Kritik an der neuen Wittenberger Gelehrsamkeit zugunsten der »Armen im Geiste«). Für Luther aber galt, dass der heilige

Geist an das Wort und damit an das Verstehen gebunden ist und dass von daher auch die lateinische Sprache nicht zu verachten ist. Die reformatorische Freiheit ist an der Bibel entdeckt worden und die Bibel wird damit zum vornehmsten schulischen Lehrstoff. In Luthers kämpferisch-antipäpstlicher Schrift »An den christlichen Adel deutscher Nation« von 1520 heißt es (unter Punkt 25):

> »Vor allen Dingen sollte in den hohen und niederen Schulen die heilige Schrift die wichtigste und allgemeinste Lektüre sein, und für die jungen Knaben das Evangelium. Und wollte Gott, jede Stadt hätte auch eine Mädchenschule, in der die Mädchen täglich eine Stunde das Evangelium hörten, es wäre auf deutsch oder lateinisch! [...] Sollte nicht billigerweise jeder Christenmensch mit neun oder zehn Jahren das ganze heilige Evangelium kennen, in dem sein Namen und Leben steht? Lehrt doch eine Spinnerin und Näherin ihre Tochter dies Handwerk in jungen Jahren. Aber nun wissen auch die großen Gelehrten, Prälaten und Bischöfe selbst das Evangelium nicht. [...] Es muss alles verderben, was sich nicht ohne Unterlass mit Gottes Wort befasst; daher sehen wir auch, was für Volk in den hohen Schulen wird und ist« (WA 6, 461f. = BoA 1, 416f. = Insel-Ausg. I, 230f.).

1524 richtet sich Luther mit seiner Schrift *An die Ratsherren aller Städte deutschen Landes, dass sie christliche Schulen aufrichten und halten sollen* an die Städte, nicht an die Fürsten. Denn die Reformation und das Schwärmertum hatten zu einem Niedergang von Schule und Universität geführt. Die Lateinschulen als Vorbereitung für die Kleriker gingen ein, weil sie nicht mehr wie bisher durch geistliche Stiftungen finanziell gefördert wurden. Auch die Studentenzahl war außer in Wittenberg weit zurückgegangen. Es ist daran zu erinnern, dass sich in der Reformationszeit auch eine Art von Modernisierungsschub vollzog: Der Handel nahm einen großen Aufschwung. Die Berufe des Klerikers in reichen Klöstern und des Kirchenjuristen (Studium des kirchlichen kanonischen Rechtes) verloren an Attraktivität für die Eltern – da ließ man seinen Sohn lieber gleich Kaufmann werden und dazu brauchte er kein Latein und kein Studium. Der verdienende städtische Bürger emanzipierte sich seit damals vom kirchlichen Gelehrten.

In diese nun drohende Spaltung griff Luther ein: Wir brauchen keine Kleriker hier und Verdienende dort, sondern wir brauchen gebildete Christenmenschen im geistlichen und im weltlichen Amt.

Denn anderenfalls würde es zu einer Unterdrückung des Wortes durch die Schwarmgeister im geistlichen Regiment wie im weltlichen Regiment Gottes kommen. Ohne Bildung würde im geistlichen Regiment das neue Gesetz herrschen und die Freiheit des Evangeliums würde verdunkelt. Ohne Bildung würden im weltlichen Regiment die pure Profitgier, Unordnung und die Unterdrückung des Schwächeren herrschen. Dazu noch ein Zitat aus der Ratsherrenschrift von 1524:

> »Die Künste und Sprachen, die uns ohne Schaden, ja größerer Schmuck, Nutzen, Ehre und Frommen sind, sowohl die Heilige Schrift zu verstehen wie weltlich Regiment zu führen, wollen wir verachten; und die ausländischen Waren, die uns weder von Nöten noch von Nutzen sind, dazu uns bis auf die Knochen schinden, die wollen wir nicht entbehren. Heißen das nicht billig deutsche Narren und Bestien?« (An die Ratsherren 1524, WA 15, 36 = BoA 2, 450 = Aland 5, 70 = Insel-Ausg., 5, 52.)

Aus heutiger Sicht kann der Zusammenhang so interpretiert werden: Die neuzeitliche Differenzierung von Ökonomie und Religion suchte Luther durch seine Erziehungstheorie als eine erträgliche Entwicklung zu gestalten. Ökonomisch und modernisierungstheoretisch formuliert: Die Dynamik des Marktes musste abgefedert und gebändigt werden durch Bildung.

Die Schulen sollten demnach zum Predigtamt und zu den weltlichen Ämtern ausbilden, denn, so formuliert Luther in einer Predigt von 1530 drastisch, wenn die Schrift und die Kunst untergehen, »was will da bleiben in deutschen Landen denn ein wüster, wilder Haufen Tartaren und Türken, ja vielleicht ein Saustall und eine Rotte von eitel wilden Tieren?« (Eine Predigt, dass man Kinder zur Schule halten solle 1530). Diese Schrift entstand 1530 auf der Veste Coburg, als Luther als Gebannter nicht am Augsburger Reichstag teilnehmen konnte. Der Titel »Predigt« ist nicht wörtlich zu nehmen, es handelt sich um eine Schrift von über 70 Druckseiten in der Weimarer Ausgabe. Sie ist geradezu eine Werbung an Eltern, ihre Kinder studieren zu lassen. Um Gottes willen und um der Nächsten willen solle man seine Söhne zu Juristen, Pfarrern, Lehrern ausbilden lassen und nicht kurzsichtig meinen, ein Kaufmannsberuf verspreche schnelleres und sichereres Einkommen. Noch einmal in Luthers Drastik:

> »Es ist jedenfalls eine schändliche Verachtung Gottes, dass wir solche herrlichen göttlichen Werke unsern Kindern nicht gönnen und sie allein in des Bauches und Geizes Dienst stecken, lassen sie nicht lernen als ihre Nahrung suchen, gleich wie eine Sau mit der Nase immer im Kot wühlen und erziehen sie nicht zu solchem würdigen Stand.« (WA 30 II, 561f = Aland 7, 249.)

Von dieser Schrift her ist leicht zu verstehen, was für Luther die Unterscheidung des weltlichen und des geistlichen Regimentes Gottes ist. In beiden Bereichen, im Glauben, in der Rettung der Seele wie in der Regierung der Welt, damit dort kein totales Chaos herrscht, hat es der Mensch ungeteilt mit Gott zu tun, denn es handelt sich ja um die beiden Regimente *Gottes*. Von daher war die längere Zeit vorherrschende Rede von der »2-Reiche-Lehre« Luthers insofern irreführend, als man damit ein weltliches Reich und ein geistliches Reich im Sinne zweier unabhängiger *Be*reiche voneinander trennte. In dem Begriff »Reich« ist nicht primär das Herrschaftsgebiet, sondern die Herrschaftsform, das »Regiment« Gottes zu hören. Es gibt auch nach Luther keine weltliche »Eigendynamik« im Sinne der Unabhängigkeit von Gott! Es geht in der Verantwortung für Gottes Welt vor allem um die Ordnung und nicht um die Seligkeit. Insofern sind Erziehung, Studium und Regierung der Welt (etwa als Jurist) ein weltliches Geschäft. Aber auch dafür steht der Mensch in der Verantwortung vor Gott. Dazu heißt es noch einmal in der als »Predigt« betitelten Bildungsschrift von 1530:

> »Und gleichwie ein frommer Theologe und rechtschaffener Prediger in Christi Reich Gottes Engel, ein Heiland, Prophet, Priester, Hausknecht und Lehrer heißt (wie oben gesagt), so könnte man einen frommen Juristen und einen treuen Gelehrten im weltlichen Reich des Kaisers wohl Prophet, Priester, Engel und Heiland nennen.« (WA 30 II, 558 = Aland 7, 247f.).

Das ist der lutherische Berufsgedanke: Im weltlichen und im geistlichen Regiment gibt es gleichermaßen geistliche Berufe. Nicht nur der Kleriker ist Geistlicher, sondern jeder Christenmensch, der nach Gottes Willen handelt. Die Einheit des Wortes und des Willens Gottes kann gewahrt werden, indem zwischen beiden Regimenten Gottes deutlich unterschieden wird. Die Unterscheidung verarbeitet die neuzeitliche Differenzierung. Anstatt dass Gott oder die Welt denkerisch zerrissen wird, wird der Mensch in seinen Beziehungen unterschieden. In dieser Denkfigur liegt das Bleibende in Luthers Denken. Schlichten Einheitskonzeptionen wie einer Aufspaltung der Wirklichkeit wird durch das unterscheidende Denken gewehrt.

4.4 Luthers Religionspädagogik in Gemeinde und Familie – in Gottes geistlichem Regiment

Luthers Religionspädagogik ist wie erwähnt nicht ohne seine klösterliche Erfahrung zu verstehen. Beim verordneten, als Pensum verstandenen Stundengebet ging es für Luther um alles, nämlich um die Rechtfertigung. Die reformatorische Einsicht richtet sich gegen zwei falsche fromme Werke: Gegen das unverständliche Messopfer und gegen die unverstandenen unbedachten Horen (= Stundengebete). Am Osterdienstag 1531, am 11. April, predigt Luther über die wahre christliche Buße von Lk 24,47 her (»dass gepredigt wird in seinem Namen Buße zur Vergebung der Sünden unter allen Völkern«). Dort kommt noch einmal der ganze Schrecken des geplagten Gewissens zum Ausdruck und man kann diese Predigt so zusammenfassen: Die Stundengebete stellen den Menschen unter Gottes Zorn, denn sie verhindern die wahre christliche Buße:

> »Der Papst noch ein Jurist kann nicht sagen, daß Christus eine Anklage [orig.: »einen Zuspruch»] zu mir habe. Wenn ich kein Ehebrecher oder dergleichen war und hielt die Regel und las die Horen nach der Ordnung, da hielt er nichts dafür, daß ich dem Teufel diente. Das hat mir kein Papist gesagt. [...] Ich habe die Horen gebetet und mich keusch und züchtig von Weibern gehalten und bin doch verdammt, weil ich nicht an Jesum Christum geglaubt habe. Das habe ich nicht gewusst. So lerne es nun und erschrick, als stände der Herr hinter dir mit der Keule! [...] Darum sind die Papisten mit allen ihren Orden des Teufels, wie sie gehen und stehen; aber sie glauben nicht, daß es wahr sei. Deshalb ist auch keine Reue da. Die rechte Reue ist der Glaube, ...« (M. Luther, Predigten, hrsg. v. G. Buchwald, Bd. II, S. 235f.)

Das Stundengebet ist kein Adiaphoron – es betrifft für Luther das Zentrum der reformatorischen Erkenntnis. Es stellt vor die Alternative Glaube oder Werke, Himmel oder Hölle. Der angemessene Umgang mit äußeren Formen ist von daher für die evangelische Religionspädagogik von jeher als Problem empfunden worden. Jede äußere Übung steht in der Gefahr, als frommes Werk missverstanden zu werden und damit von Christus zu entfernen anstatt die Rechtfertigung erfahren zu lassen.

Andererseits gilt auch – gewissermaßen unter dem Vorzeichen der richtig verstandenen Rechtfertigung – der pädagogische Sinn bestimmter Formen und der Belehrung der Jugend. So hat Luther zwar die täglichen Messen abgeschafft und diese auf den Sonntag beschränkt. Aber wochentags gibt es Mette, Vesper und teilweise das Mittagsgebet. Diese täglichen Gottesdienste werden pädagogisch aufgefasst: in der Montag- und Dienstagmette sollen die 5 Hauptstücke traktiert werden und in jedem Gebetsgottesdienst soll gepredigt und gelehrt werden. Auch die lateinische Sprache soll für die Jugend beibehalten werden: »ich will auf keine Weise die lateinische Sprache aus dem Gottesdienst ganz wegkommen lassen; denn es ist mir alles um die Jugend zu tun«, schreibt Luther in der »Deutschen Messe« (WA 19, 74 = Aland 6, 88). Der lateinische Gottesdienst soll vor allem für die Jugend da sein und die 1526 vorgelegte »Deutsche Messe« für die Gemeinde. Die pädagogischen Folgen waren immens!

Auf dem Lande wurden keine täglichen Gottesdienste gehalten, aber in der Stadt waren sie Pflicht für die Lateinschüler und wurden lateinisch durchgeführt. Die Gemeinde war zwar eingeladen, sie erschien aber im Wesentlichen nur zur Vesper am Samstag, insofern diese mit der Einzelbeichte vor dem Abendmahlsgang verknüpft war. Diese Sitte hat sich in vielen Gemeinden bis in die Gegenwart gehalten, nämlich in der Form der Vesper am Vorabend der Konfirmation. Die Mette und Vesper an Sonn- und Feiertagen wandelten sich immer mehr zu katechetischen Gottesdiensten und wurden bis in die zwanziger Jahre des 20. Jahrhunderts gehalten, so etwa in der Stadt Hannover als »Kinderlehre« und als »Christenlehre«. Hier wurden im Wesentlichen die Hauptstücke des Katechismus memoriert und katechesiert. Das Kind sollte vormittags zum Hauptgottesdienst und nachmittags zur katechetischen Vesper gehen. Überspitzt formuliert: An die Stelle des liturgischen Pensums für die Kleriker trat das katechetische Pensum *für alle*, das aber nur bei den Kindern und Jugendlichen *durchgesetzt* werden konnte.

Neben den Lernorten Schule und Kirche, die noch weitgehend identisch waren, sah Luther die Familie als wichtigen Lernort des

Glaubens an. In der Überschrift zu den Hauptstücken im Kleinen Katechismus heißt es jedes Mal (vor jedem Hauptstück wiederholt), dies sei der Hausgemeinschaft beizubringen, etwa zum 1. Hauptstück: »Die zehen Gebot, wie sie ein Hausvater seinem Gesinde einfältiglich furhalten soll.« (BSLK, 507) Gleichzeitig war der Katechismus auch für Kirche und Schule bestimmt. Das geht aus der Tatsache hervor, dass die einzelnen Stücke zunächst als Plakate (sog. »Tafeldrucke«) vervielfältigt und in Schulen und Kirchen aufgehängt wurden. So heißt die Überschrift zu der lateinischen Fassung auch catechismus, »quo pacto paedagogici suos pueros decem praecepta simplicissime docere debeant«. Dennoch ist die Lehre innerhalb der Familie das revolutionär Reformatorische. Jeder Hausvater, nicht nur der Kleriker, ist Lehrer.

Die vormoderne Familie, an die Luther dachte, ist allerdings nicht mit der Kleinfamilie seit dem 19. Jahrhundert identisch. Es handelte sich um eine Hausgemeinschaft, zu der nicht nur die verschiedenen Generationen gehörten, sondern auch die Bediensteten. Sie war damit Familiengemeinschaft, hierarchische Gruppe und lernende Klasse zugleich. Die Tischordnung ist vorgegeben: Hausvater und Hausmutter sitzen an der Stirnseite der Tafel. An der Wandseite steht eine Bank mit Lehne. Darauf sitzen die Männer, geordnet in Rangfolge nach dem Alter auf Stammplätzen. Der erste Knecht sitzt neben dem Bauern, daneben der zweite und dritte Knecht, schließlich der Junge. Auf der gegenüberliegenden Längsseite sitzen die Frauen, ebenfalls geordnet nach Rang und Alter: neben der Bäuerin die Großmagd, daneben die anderen Mägde, schließlich das Mädchen, die »Lüttdirn«. Gegenüber sitzen sich demnach jeweils Knecht und Magd von gleichem Rang. Auf der anderen Stirnseite der Tafel sitzen gegenüber von Bauer und Bäuerin die Großeltern, Kinder und Gäste. Die Sitzordnung ist streng hierarchisch, spiegelt aber auch das natürliche Bedürfnis wider, mit denjenigen sprechen zu können, mit denen man am meisten zu tun hat: Bäuerin mit Großmagd, Großknecht mit Kleinknecht, Kleinknecht und Lüttdirn mit den Kindern im Haus. Je nach Größe des Hofes kommen so an die zehn bis zwanzig Personen zusammen. Für diese Situation nun hat sich Luther den Kleinen Katechismus vorgestellt: Der Hausvater soll den Katechismus lehren, diesen bereithalten als »Enchiridion«, um Situationen zu deuten, Entscheidungen zu fällen und Streit zu schlichten.

Bauer und Bäuerin sitzen täglich mehrmals einer sehr gemischten

Hausversammlung vor, gewissermaßen eine Familienfreizeit auf Dauer. Die Subjektivität der einzelnen Beteiligten spielt allerdings keine Rolle, sondern vielmehr die Funktion der einzelnen Menschen in der hierarchisch strukturierten Gemeinschaft. Der Katechismus kann so kurz und knapp sein wie die Rollen klar sind. Methodisch muss der Katechismus nur vom Hausvater wortwörtlich gelehrt und verwendet werden. Lehre, Leben und Arbeiten sind kaum unterschieden und können sich gegenseitig interpretieren.

In der Realität ist vieles anders verlaufen: Auch der Kleine Katechismus wurde doch zum Lehrbuch der Pfarrer und vor allem bei den weniger fähigen Pfarrern wurde der Katechismus lediglich (auswendig) lernend traktiert. Das fand den scharfen Widerspruch der Aufklärung, wie wir im nächsten Kapitel sehen werden. In der Aufklärung wird das Individuum entdeckt, während Luther noch wesentlich an der Person als Vertreter des *Standes* (Vater, Mutter, Großmagd, Jurist, Ratsherr, Prediger etc.) orientiert war. Der Konflikt zwischen dem Individuum und seinem Stand wird ab dem 18. bis weit in das 20. Jahrhundert hinein zum beherrschenden Thema. Das hatte Luther noch nicht im Blick, doch hat er diese Thematik mit seiner Kunst des Unterscheidens vorbereitet.

5. Zusammenfassung: Neuzeit – Schule – Bürgertum

Mit Luther beginnt die neuzeitliche Unterscheidung von Religion, Recht, Ökonomie und Erziehung. Die Schule ist nicht mehr nur für die Geistlichen zuständig, sondern für alle. Denn alle Christen sind grundsätzlich als Geistliche verstanden. Die Reformation ist eine Bildungsbewegung, weil die Freiheit selbst und die Unterscheidung von weltlichem und geistlichem Regiment auch Einsicht und Verstehen verlangen. Alle Menschen werden seitdem gleichermaßen als Christenmenschen und als Bürger zugleich betrachtet, ohne einen qualitativen Unterschied der einzelnen Berufe vorauszusetzen. Alle Berufe sind geistliche Berufe und die Geistlichen sind Bürger in der Gesellschaft.

Pädagogisch folgt daraus die Maxime, ein möglichst vergleichbares Wissen zu schaffen, also das, was man später die »Allgemeinbildung«

nennen wird. In Verbindung mit dem Humanismus wird seit der Reformation im Bildungsbereich den antiken Sprachen ein besonderer Stellenwert eingeräumt und die lateinische Sprache gilt bis in die Gegenwart als ein besonderer, den Geist bildender Inhalt. Für Luther hängen die allgemeine Bildung und die religiöse Bildung noch sehr eng zusammen. Beide benötigen die alten Sprachen und beide haben die Bibel und das Wort Gottes als ihr gemeinsames Fundament. Kurz zusammengefasst sind es vier Punkte, die Luther auch zum pädagogischen Klassiker machen:

- das unterscheidende Denken als Form bewusster Weltaneignung
- die Hochschätzung von Sprache und Bildung
- das genaue Verstehen der Bibel als schulische und gemeindliche Aufgabe
- die Unterscheidung des familiären, gemeindlichen und schulischen religiösen Lernens.

Wer übrigens eine gut zugängliche und dennoch kulturtheoretisch reflektierte Einführung in die Theologie Luthers sucht, dem sei das glänzende kleine Buch von Dietrich Korsch empfohlen oder auch das neue Jahresbrevier von Athina Lexutt. Dieses bietet für eine tägliche Lektüre von wenigen Minuten in jedem Monat Texte zu grundlegenden Themen wie z. B. »Christus als das Licht der Welt« (Januar), »Auferstehung und christliche Freiheit« (April) oder »Schule und Lernen« (August).

Literatur

Schriften Luthers

1. An den christlichen Adel deutscher Nation von des christlichen Standes Besserung (1520): WA 6, 404-469; BoA 1, 362-425; Aland 3, 157-170 = Insel-Ausg. 1, 150-237.
2. An die Ratsherren aller Städte deutschen Landes, dass sie christliche Schulen aufrichten und halten sollen (1524): WA 15, 27-53; BoA 2, 442-464; Aland 5, 70-78 und Aland 7, 226-229 = Insel-Ausg. 5, 40-72.
3. Eine Predigt, dass man Kinder zur Schule halten solle (1530): WA 30 II, 517-588; BoA 4, 144-178; Aland 7, 230-262 = Insel-Ausg. 5, 90-140.

(WA = Weimarer Ausgabe; BoA = Bonner Ausgabe, hrsg. von Otto Clemen; Aland = Luther Deutsch, hrsg. von Kurt Aland; Insel-Ausgabe, hrsg. von Karin Bornkamm und Gerhard Ebeling)
Predigten in 2 Bdn., hrsg. von Georg Buchwald, Gütersloh 1926.

Sekundärliteratur

Die Bekenntnisschriften der Evangelisch-Lutherischen Kirche, Göttingen 1967 (= BSLK).
Cyrill v. Jerusalem: Mystagogicae Catecheses. Mystagogische Katechesen, hrsg. von G. Röwekamp, Freiburg u. a. 1992 (Fontes Christiani 7).
Ebeling, Gerhard: Luther. Einführung in sein Denken, Tübingen 1964.
Egeria: Itinerarium (Reisebericht), hrsg. von Georg Röwekamp, Freiburg u. a. 1995 (Fontes Christiani 20).
Erikson, Erik H.: Der junge Mann Luther. Eine psychoanalytische und historische Studie, Frankfurt/M. 1975 [amerik. 1958].
Grethlein, Christian: Religionspädagogik, Berlin/New York 1998.
Grünberg, Wolfgang: Lernen im Rhythmus des Alltags. Luthers Kleiner Katechismus nach 451 Jahren. Anmerkungen zu einem theologisch-pädagogischen Konzept, in: PTh 70 (1981), 258–274.
Klassiker der Religionspädagogik, hrsg. von Henning Schröer und Dietrich Zilleßen, Frankfurt/Main 1989.
Korsch, Dietrich: Martin Luther zur Einführung, Hamburg 1997.
Lexutt, Athina: Mit Luther durch das Jahr. Texte des großen Reformators für unsere Zeit, Rheinbach/Gütersloh 2003.
Meyer-Blanck, Michael/Weyel, Birgit: Arbeitsbuch Praktische Theologie. Ein Begleitbuch zu Studium und Examen in 25 Einheiten, Gütersloh 1999.
Rad, Gerhard von: Weisheit in Israel, Neukirchen-Vluyn 1970.
Rössler, Dietrich: Grundriss der Praktischen Theologie, Berlin/New York ²1994 [1986].

2. Kapitel

Christian Gotthilf Salzmann (1744-1811) und die »Philanthropen«

1. Vom Stand zum Einzelnen – vom Katechismus zur Katechese – von der Reformation zur Aufklärung

Das Jahr 1762 bedeutet ganz allgemein pädagogisch, aber auch für die kirchliche Katechese eine Revolution: Damals erschien Jean-Jacques Rousseaus Bildungsroman »Émile oder über die Erziehung«. Dieser Roman schuf eine pädagogische Bewegung, die man mit der Reformpädagogik im 20. Jahrhundert (Nohl 1935) vergleichen kann. Nun ging die Pädagogik nicht mehr allein vom Inhalt aus, sondern von der körperlichen und geistigen Entwicklung des Kindes. Aus der Rezeption von Rousseau entstand die pädagogische Bewegung des »Philanthropinismus«, benannt nach der 1774-1793 bestehenden »Schule der Menschenfreundschaft«, dem »Philanthropinum« in Dessau (üblich ist auch die Begriffsbildung »Philanthropismus«).

Die Gründer des »Philanthropinums« in Dessau, Johann Bernhard Basedow (1724-1790) sowie dann vor allem Christian Gotthilf Salzmann (1744-1811) waren pädagogisch wie religionspädagogisch von erheblicher Bedeutung. Am Ausgang des 18. Jahrhunderts beginnt das, was man später »Individualisierung« nennen wird. Das Kind wird als Subjekt des Lernens gesehen. Die Reihenfolge »erst wissen, dann verstehen« kehrt sich um. Zuerst muss der Lehrer sich bemühen, das Kind zu verstehen. Die Inhalte sind nicht an die Kinder heran- oder in sie hineinzubringen, sondern sie sind aus den Kindern selbst heraus zu entwickeln. Diese Methode wird in Anlehnung an Sokrates von Johann Lorenz von Mosheim (1693-1755, ab 1747 Kanzler der neu gegründeten Universität Göttingen) »Sokratik« genannt. Um es profiliert dem 16. Jahrhundert entgegenzustellen: »Katechese« meint kein Glaubensexamen mehr, sondern die Methode, um die Religion des Kindes als dessen natürliche Anlage zur Geltung und Erscheinung zu bringen.

Die Katechese wird jetzt ein differenziertes pädagogisches Verfahren. Den Katechismus abfragen konnte der Hausvater und öffentlich examiniert wurde dann durch den Pfarrer vor der Abendmahlszulassung. Die Philanthropen fordern aber jetzt neue Katechismen, die auf die natürliche Religion des Kindes aufgebaut sind. Aufgrund eines Berliner Preisausschreibens entstehen so 1767 mehrere neue Katechismen (Meyer 1929, 495f.). Sachlich und methodisch wurde der Unterricht mit Luthers kleinem Katechismus seit der Mitte des 18. Jahrhunderts in Frage gestellt. Sachlich vermisste man vor allem eine Tugend- und Sittenlehre – weil das 1. Hauptstück (die 10 Gebote) nur die »größten Laster« behandele, aber keine Tugenden motiviere (Meyer, ebd.). Mit dieser aufklärerischen Religionspädagogik in der Gestalt von Salzmann wollen wir uns etwas näher beschäftigen.

Christian Gotthilf Salzmann ist außerhalb der Pädagogik und Religionspädagogik kaum bekannt. Er steht in diesem Kapitel als Vertreter der Aufklärung zwischen den beiden Klassikern Luther und Schleiermacher. Gerade die Bedeutung Schleiermachers erschließt sich erst aus seinen Vorläufern, mit denen er in manchem verbunden ist.

Salzmann wird knapp 200 Jahre nach Luthers Tod (1546) geboren. Seine Wirksamkeit fällt bereits in die große klassische Zeit von Schleiermacher, Schiller und Goethe, obwohl er diesen zeitlich und sachlich vorausgeht. Nicht nur theologisch, sondern ökonomisch, politisch und geistesgeschichtlich haben sich vom 16. bis zum 18. Jahrhundert große Veränderungen ergeben.

Zwischen Luther und Salzmann liegt *politisch* das Jahrhundert der Konfessionskriege und der Beginn des nationalen Zeitalters: In Frankreich konsolidiert sich der Absolutismus unter dem Sonnenkönig Louis XIV. (1642-1715), 1701 krönt sich Friedrich I. zum König von Preußen, vier Jahre vor Salzmanns Geburt wird Friedrich II. (»der Große«) König von Preußen: Dieser regiert von 1740-1786.

Ökonomisch ist es die Zeit des sich verstärkenden Handels und des Versuchs, als Fürstentum bzw. Nation autark zu wirtschaften, was als »Merkantilismus« bezeichnet wird. Die Bevölkerung in Europa vervierfacht sich nahezu, in Deutschland verdoppelt sie sich von 1500 bis 1800:

Stand	**Deutschland 1500**	**Deutschland 1800**	**Europa 1500**	**Europa 1800**
Adel	1-2 %	1 %	1-2 %	1 %
Bürger in der Stadt	20 %	24 %	20 %	21 %
Bauern	80 %	75 %	78 %	78 %
Bevölkerung in Mio.	12	24	55	190

(nach H. Schulze, Kl. dt. Geschichte, München [4]2001, 62)

Die Zahl der Stadtbewohner hat sich damit von 1500 bis 1800 absolut von ca. 2,4 Millionen auf ca. 5,7 Millionen fast auf das Zweieinhalbfache gesteigert. Handel und Verkehr nehmen zu, eine erste Tendenz der Wanderung von dem Land in die Stadt beginnt aufgrund des zunehmenden Anteils der Landlosen unter den Bauern (deren Anteil verdoppelt sich von 1500 bis 1800). Die Städte werden gefördert durch die Unterstützung von Manufakturen. Die Gesellschaft beginnt sich weiter zu differenzieren, die Stände Adel, Bürger, Geistliche, Bauern sind zwar noch mehrheitlich vorhanden wie in der Reformationszeit. Aber die einzelnen Bürger mit ihrem jeweiligen »Handel und Wandel« gewinnen langsam die Oberhand. Darum erlangt entsprechend im geistesgeschichtlichen Bereich das Individuum immer stärker an Plausibilität.

Diese ökonomische Entwicklung hat als ihr geistesgeschichtliches Pendant die europäische Aufklärung und den Pietismus. Die Aufklärung betrachtet das denkende Individuum, der Pietismus das glaubende Individuum. Hieß religiöses Lernen für Luther, das Evangelium von der Rettung anzunehmen und im Alltag seinem Stand gemäß im weltlichen Regiment zu bewähren, so muss die Rettung jetzt in der Bekehrung individuell *durchlebt* werden und die kirchliche Lehre des Katechismus muss individuell und kritisch *durchdacht* werden.

Zwischen Luther und Salzmann liegt *theologisch* die Zeit der Orthodoxie, die Zeit der großen protestantischen Lehrbildungen von Johann Quenstedt (1617-1688) und David Hollaz (1648-1713) sowie die Zeit des Pietismus mit Philipp Jakob Spener (1635-1705) und August Herrmann Francke (1663-1727).

Zu dem theologisch wie pädagogisch bedeutsamen Francke müssen wir uns hier auf einige wenige Zwischenbemerkungen beschränken. Ihn hätte man auch gut als Klassiker behandeln können, weil der Pietismus erstmals die Religion des *Einzelnen* zum Thema hatte und weil Francke in seinen Erziehungsanstalten in Halle auch als Schulgründer tätig gewesen ist. Der Pietist Francke hat den Einzelnen als einen zu erziehenden und zu bekehrenden Menschen im Blick. Dabei geht es Francke um das – so eine immer wieder zitierte Äußerung – »Brechen des kindlichen Eigenwillens«. Damit ist aber keine »schwarze Pädagogik« gemeint, sondern die planmäßig herbeizuführende Erfahrung des heiligen Geistes. Dazu dienen »ein einfältiger und kindlicher Unterricht und eine feine christliche Zucht«; die Kinder sollen zum »Guten und zur Gottesfurcht gewöhnt werden«. Im Kontext klingt es so: Die

Kinder sollen nicht »wie die Papageien etwas nachlallen«, sondern sie sollen gewöhnt werden, »dass sie still sein und ihren Willen brechen, auch muss man mit aller Liebe, Sanftmut und Geduld dahin trachten, dass sie der Wirkung des heiligen Geistes, welcher in den kleinen Kindern nicht müßig ist, Raum geben« (A.H. Francke, 18 [1702]).

Das berüchtigte »Brechen des Willens« ist also primär *soteriologisch, nicht pädagogisch* gemeint. Darüber hinaus ist gerade dieses eigene Brechen nicht *fremdbestimmt, sondern auch selbstbestimmt* aufzufassen. Das Kind selbst soll sich Gottes Willen beugen – nicht der Lehrer soll den Willen des Kindes brechen! Vielmehr sollen die Lehrer selbst Gott darum bitten, dass dieser »alles ungebrochene Wesen und Härtigkeit von ihnen nehmen wolle«, damit sie »nicht Zuchtmeister, sondern Väter zu sein suchen« (A.H. Francke, 79 [1702]). Religionspädagogisch ist der eigenständige Weg zum rettenden Glauben das Ziel und keine fraglose Übernahme durch Tradition und Autorität (»nachlallen«). Damit ergibt sich sogar eine Parallele zu Rousseau. Zu diesem ergibt sich allerdings auch der stärkste Unterschied: Dem grundsätzlichen anthropologischen Optimismus bei Rousseau steht der grundsätzliche anthropologische Pessimismus bei Francke gegenüber. Er meint, das menschliche Herz sei »ohnedem geneigt, aus sich selbst einen Abgott zu machen« (A.H. Francke, 14 [1702]) und die Kinder müssten beaufsichtigt werden, damit nicht »die innerliche Bosheit äußerlich ausbrechen kann« und damit die Begierden und Laster geschwächt werden (94). Damit ist das Ganze doch eine starke Form von Konditionierung. Eine gute Erziehung kann den Ausbruch der Sünde verhindern und damit die Bekehrung unnötig machen. Die Kinder sollen in den Franckeschen Anstalten auch in der Freizeit ständig beaufsichtigt werden:

> »Die Kinder müssen allezeit unter sorgfältiger Inspection gehalten werden, es sey auf der Stube, auf dem Hofe, auf dem Speise- oder Bett-Saal, beym Kleiderwechseln oder bey der Reinigung, oder wo es auch sein mag, und sind ohne Noth auch nicht auf eine kurtze Zeit allein zu lassen.« (A. H. Francke, Schriften über Erziehung und Unterricht, zit. nach ThB 84,162.)

Anders als Luther ist Francke dem Pietismus entsprechend und seiner Zeit gemäß am einzelnen Kind orientiert, während Luther stark vom Stand des Vaters, des Sohnes, der Hausangestellten oder des zukünftigen Juristen her gedacht hatte. Das ist die positive Entwicklung, die allerdings gleichzeitig ihre negative Kehrseite zeigt: Das Individuum ist einerseits Gegenstand besonderen Interesses, aber andererseits auch Gegenstand planvoller Einwirkung. Die bei Luther klar unterschiedenen geistlichen und weltlichen Bezüge fallen fast ineinander. Was Francke über das »Brechen des Eigenwillens« gesagt hat, führt auf ein von nun an bleibendes Grundproblem, auf das Verhältnis von pädagogisch notwendiger Autonomie und religiös (soteriologisch) notwendiger Heteronomie. Wenn die im Glauben gegebene Heteronomie unmittelbar in die pädagogischen Vollzüge übertragen wird, dann wird die Pädagogik tendenziell autoritär. Für Francke ist der Gehorsam »die eigentliche Tugend«, die den Kindern von der Bibel »anbefohlen« ist (A.H. Francke, 30 [1702]). Es ist nur eine gewisse Einschränkung, dass als Vorbild derjenige Vater gilt, der »allezeit zuvor sein Gebet verrichtet, ehe er seine Kinder gezüchtigt« (40). Der grundsätzlich negativen Sicht jugendlicher Autonomie werden wir in ganz anderer Form bei Gerhard Bohne im 20. Jahrhundert wieder begegnen.

Wenn umgekehrt die für die Entwicklung des Jugendlichen notwendige Autonomie unmittelbar in die Hermeneutik des Glaubens übertragen wird, dann wird die Religion tendenziell zu einem bloßen Mittel anthropologisch wünschenswerter Wirkungen (etwa in einem »lebenskundlich« verengten Religionsunterricht oder auch dann, wenn lediglich eine »Werteerziehung« durch den Religionsunterricht gefordert wird). Gerade die Geschichte kann darum den Impuls dafür geben, Bildung und Religion genau aufeinander zu beziehen, ohne sie so oder so miteinander zu identifizieren.

Vor dem 18. Jahrhundert ist der Begriff »Religionspädagogik« der Sache nach »historisch verfrüht«, urteilen Nipkow und Schweitzer im Vorwort zu ihrer Quellensammlung »Religionspädagogik« (ThB 84,20). Denn erst im 18. Jahrhundert setzt sich die Unterscheidung von Theologie und Religion durch. Dies ist der für das religiöse Lernen gewichtigste Punkt. Zwischen Luther und Salzmann liegt *geistesgeschichtlich* die Zeit der Aufklärung. Darauf gilt es nun zunächst zu sehen.

2. Rousseaus Émile von 1762 – Manifest der »Pädagogik vom Kinde aus« und die »Philanthropen«

Im 18. Jahrhundert beginnt das, was seitdem in unserer europäischen Kultur nicht mehr zurückgenommen werden kann: Das Denken, Fühlen und Gestalten von Religion kann nur durch das Medium der Subjektivität gedacht werden. Pädagogisch neu ist damit der Gedanke, dass das Verstehen von Religion immer mit dem Verstehen der eigenen Person vermittelt werden muss. Obwohl bereits Luther für die neuzeitliche Individualität in Anspruch genommen wurde, ist er von diesem Verständnis noch weit entfernt. Der kleine Katechismus verfügt noch nicht über den Distanz schaffenden Abstraktbegriff »Religion«. Erst der Begriff »Religion« ermöglicht es, die Wahrheit des Glaubens und eine Theorie der Wirkung von Glaubensüberzeugungen zusammen zu betrachten. Die Unterscheidung von Theologie und Religion (B. Ahlers) im Verlauf des 18. Jahrhunderts ist darum eine der großen Leistungen der Aufklärungstheologie, die man als Fortsetzung des unterscheidenden Denkens bei Luther, aber eben auch als eine neue Stufe davon verstehen kann. Die Betrachtung des Glaubens als auf den Menschen bezogene »Religion« ist weiterhin im Zusammenhang der Entstehung historisch-kritischer Bibelauslegung zu verstehen: Zeitgenossen von Rousseau und Salzmann sind Hermann Samuel Reimarus (1694-1768), mit dem die Leben-Jesu-Forschung beginnt und Johann Salomo Semler (1723-1791), der mit seiner »Abhandlung von freier Untersuchung des Canon« von 1771/74 die kritisch unterscheidende Bewertung der biblischen Schriften der orthodoxen Inspirationslehre entgegenstellt.

Luther dachte trotz aller Unterscheidungen den Glauben noch als eine Art von Wahrheit, die für alle Menschen in allen Ständen und Lebensaltern im Grunde dieselbe ist. Es ist nur die Frage, ob der Heilige Geist den Einzelnen instand setzt, den wahren Glauben zu fassen: »Ich glaube, dass ich nicht aus eigener Vernunft noch Kraft an Jesus Christus, meinen Herrn, glauben oder zu ihm kommen kann« (Luthers Erklärung zum 3. Artikel im Kleinen Katechismus). Die Aufklärung hingegen sagt: Ich glaube, dass ich über meine Vernunft verstehen kann, was der Heilige Geist meint. Damit ist das Weiterführende, aber auch das theologisch wie religionspädagogisch Problematische des 18. Jahrhunderts benannt. G.E. Lessing (1729-1781) meint in der »Erziehung des Menschengeschlechts«, die Offenbarung wie die Erziehung gebe dem Menschen nichts, worauf die sich selbst überlassene Vernunft nicht auch kommen würde. Die Religion droht so der Vernunft und der Tugend subsummiert zu werden und damit ihr Eigentümliches zu verlieren. Die Rousseauinterpretation selbst schwankt darum zwischen einer Beschreibung als Rationalist und als Romantiker (Schweitzer, 122).

»Alles ist gut, wie es aus den Händen des Schöpfers kommt; alles entartet unter den Händen des Menschen.« (Rousseau, Émile, 9) Dies ist der erste Satz aus Rousseaus Émile – ein Paukenschlag für die Pädagogik im Jahre 1762! Im Rückblick werden damit die letzten Jahre Europas vor der französischen Revolution eingeläutet. Denn, so Rousseau weiter: »Sobald die Verhältnisse sich ändern, hört der Zwang auf, und die Natur kehrt wieder.« (11) Vor allen Dingen aber:

> »In der natürlichen Ordnung sind alle Menschen gleich; ihre gemeinsame Berufung ist: Mensch zu sein. Wer dafür gut erzogen ist, kann jeden Beruf, der damit in Beziehung steht, nicht schlecht versehen. Ob mein Schüler Soldat, Priester oder Anwalt wird, ist mir einerlei. [...] Leben ist ein Beruf, den ich ihn lehren will. [...] Wir müssen also unsere Ansichten allgemeiner fassen und in unserem Schüler den Menschen an sich sehen, der allen Zufällen des Daseins ausgesetzt ist.« (Rousseau, Émile, 14f.)

Wenn man einen großen Vergleich ziehen will: Im Sinne einer Weiterentwicklung tritt an die Stelle von Luthers allgemeinem Priestertum die Vorstellung vom allgemeinen Menschentum. Der Mensch interessiert und nicht mehr primär seine Funktion. Der Naturmensch ist vielmehr das normative Prinzip gegenüber dem Standesmenschen. Eigentlich müsste der erste Satz des Émile lauten: »Alles ist gut, wie es aus den Händen des geschaffenen, *natürlichen Menschen* kommt; alles entartet unter den Händen der menschlichen *Standesgesellschaft.*« Rousseau setzt also den natürlichen Menschen und den Standesmenschen scharf gegenüber. Ein Schlüsselbegriff ist derjenige der »negativen Erziehung«: In der Erziehung muss man auf vieles gerade verzichten, um dem Kind nicht zu schaden. Wirkungsvoll ist die erste »Entwicklungspsychologie«: In jeder Altersstufe soll eine bestimmte Fähigkeit des Kindes gebildet werden – alles zu Frühe ist dabei zu vermeiden. Der jeweilige Aspekt muss dazu Ruhe haben. Diese Stufen sind die folgenden:

Stufe	Alter in Jahren	Bildungsaspekt des Menschen
1	1-5	Körper (Émile, Buch 1)
2	5-12	Sinne (Émile, Buch 2)
3	12-15	Gehirn (Émile, Buch 3)
4	15-20	Herz (Émile, Buch 4)

Religiöse Erziehung für das Kind ist zu vermeiden, da das nur zum Nachplappern von Katechismussätzen führt. Erst im Alter von 15-20 Jahren soll das Herz gebildet werden als das den ganzen Menschen Umfassende – und erst in diesem Zusammenhang hat auch das Lernen von Religion als eines natürlichen Herzensempfindens des Menschen seinen Sinn. Vor dem Alter von 15 Jahren hat die Religion im Leben des Kindes keinen Platz. Jedes Kind, das an Gott glaubt, ist notwendigerweise ein Götzendiener oder wenigstens ein Anthropomorphist (Émile, 265). Kinder, die von Gott reden, meinen nicht Gott, sondern imitieren Redeweisen der Eltern: Sie glauben nicht an Gott, sondern »an Peter und Jakob, die ihm sagen, es gäbe etwas, das man Gott nennt.« (268) Weil für sie alles Geheimnis ist, darum können sie das Geheimnis Gottes nicht vom normalen anthropomorph verstandenen Leben unterscheiden. Dieses kindliche Weltverhältnis werden später Piaget und nach ihm andere als »Animismus«, »Finalismus« und »Magie« beschreiben: Die Gegenstände der Welt leben und sind auf mich bezogen – der Mond folgt mir, um mich zu beobachten: So hat es Theodor Storm mit dem kleinen »Häwelmann« dargestellt. Das aber ist das geheimnisvolle Welterleben und nicht Gott, so erstmals Rousseau. Man darf nicht das magische Welterleben des Kindes dazu missbrauchen, kirchliche Gotteslehren auf wehrlose Kinder zu übertragen. Rousseau ist der Entdecker des Kindes, aber so gerade nicht der Religion des Kindes – diese lehnt er strikt ab. Dazu ein Zitat, aus dem die Wirkung auf die künftige Religionspädagogik erkennbar wird:

> »Wenn ich die Dummheit in ihrer ganzen Ärgerlichkeit darstellen müsste, so würde ich einen Pedanten malen, wie er den Kindern den Katechismus beibringt. Wenn ich ein Kind verdummen wollte, so würde ich es zwingen, mir zu sagen, was es sagt, wenn es den Katechismus aufsagt. [...] Ich sehe nicht ein, was man bei diesem Unterricht anderes erreicht, als dass man die Kinder frühzeitig zum Lügen bringt.« (Rousseau, Émile, 267)

Kaum eine Schrift hat wohl pädagogisch – und dann auch religionspädagogisch – größeren Einfluss gehabt als der Émile. Er löste eine pädagogische Bewegung aus, die dann auch religionspädagogische Konsequenzen hatte. Zwar verbot man nicht, radikal wie Rousseau, die religiöse Erziehung des Kindes. Aber man unterschied die Religion des Kindes von der erwachsenen Religion und war äußerst skeptisch gegenüber jeglicher Form von Lehre und Katechismus. An die Stelle der Katechismusreligion tritt damit die Vernunftreligion. Denn ob man Christus oder Mohammed glaube – das sei nur geographischer Zufall, je nachdem, wo man geboren würde, so Rousseau (267).

Von Rousseaus Ideen beeinflusst sind dann die *Menschenfreunde*, die Philanthropen, eine frühe pädagogische Bewegung in Deutschland, zu denen Salzmann gehört. Der Name stammt von dem »Philanthropinum«, der 1774-1793 in Dessau bestehenden »Schule der Menschenfreundschaft«, wo die bedeutenden der »Philanthropen« genannten Pädagogen wenigstens zeitweise tätig waren. Dazu gehören neben Salzmann Johann Bernhard Basedow (1724-1790) als Bahnbrecher der Bewegung und Gründer des Philanthropinums in Dessau sowie Carl Friedrich Bahrdt (1740-1792), Joachim Heinrich Campe (1746-1818) und Ernst Christian Trapp (1745-1818).

Von Rousseau beeinflusst stellen die Philanthropen die Entwicklung des Kindes als Subjekt des Lernens grundsätzlich und methodisch in den Mittelpunkt. Pädagogische Prinzipien sind das spielerische Element sowie Selbsttätigkeit in Handwerk und Garten. In seinem »Ameisenbüchlein« genannten Leitfaden für Erzieher fragt Salzmann: »Wenn du den Tätigkeitstrieb deiner Zöglinge nicht zu befriedigen suchst, wenn du, um sie zu beschäftigen, ihnen nichts in die Hände gibst als Bücher und Federn, was lehrst du sie? Eine ganze Menge von Untugenden [...]« (Salzmann, 1909 [1806] 23). Auch das Zusammenleben von Schülern und Lehrern ist ein wichtiges Prinzip: »Von allen Fehlern und Untugenden seiner Zöglinge muss der Erzieher den Grund in sich selbst suchen.« (AaO., 17). Die Pädagogik wird eine professionelle Kunst.

Denn der aufwachsende Bürger braucht die Orientierungsphase der Jugend als moratorium, wie in Anlehnung an Rousseau betont wird. Von nun an wird die Jugend als eigene Phase zunehmend wichtiger. Religionspädagogisch gibt es sowohl die extreme Position, alles Wissen einschließlich der Religion könne und solle sokratisch gelehrt werden (C.F. Bahrdt), als auch den vermittelnden Ansatz Salzmanns.

Anders als bei Rousseau, bei dem die Spannung zwischen Bürger (citoyen) und Naturmensch (homme naturel) bleibt, richtet sich das Engagement der Philanthropen primär auf die Nützlichkeit des heranwachsenden Bürgerkindes.

Basedow, der genannte Gründer des Philanthropinums, schreibt in seinem 1764 erschienenen »Methodischen Unterricht«, die Religion des Menschen baue sich auf dessen natürlicher Vernunft auf. Daraus folgt, dass die Religion eben auch nicht von außen gelehrt werden kann, sondern nur von innen, aus der natürlichen Religion des Kindes heraus. Jetzt kann man nicht mehr ausgearbeitete Katechismen memorieren. Die Religion muss im vernünftigen Gespräch, in Frage und Antwort entwickelt werden. Jetzt hat das Verstehen das Wissen überholt: Nicht mehr das religiöse Wissen ist erst zu lernen und dann zu verstehen (so Luther), sondern das Kind muss verstanden werden, dann ergibt sich die Religion selbst, weil sie eben des Kindes vernünftige Anlage ist, die ihm mit der Vernunft gegeben ist.

Kultursoziologisch erkennt man an dieser Stelle das, was der Soziologe Niklas Luhmann (1927-1998) immer wieder als die »funktionale Differenzierung der Gesellschaft seit dem 18. Jahrhundert« beschrieben hat. Die archaische Gesellschaft war nach Stämmen oder Sippen gegliedert, die alle Funktionen übernahmen. Die mittelalterliche Gesellschaft (in Luhmanns Terminologie: die »stratifikatorische« Gesellschaft) war nach Schichten und Ständen gegliedert. Die neuzeitliche Gesellschaft ist nach Funktionen gegliedert. Jeder Mensch ist in mehreren Funktionssystemen zugleich beheimatet und er ist nicht mehr durch eine einzige Funktion definiert wie früher durch seinen Stand.

Das beginnt schon bei Luther. Wir sahen, dass jeder Christenmensch zum geistlichen *und* zum weltlichen Regiment gehört; es wird nicht mehr geteilt zwischen Klerikern und Laien, sondern jeder ist Priester und jeder, auch der Geistliche, hat für die öffentliche Ordnung zu sorgen bzw. Verantwortung für sie mitzutragen. Dies geschieht in erster Linie durch die Predigt des Gesetzes, die zur Ordnung hilft (politischer Gebrauch des Gesetzes) und die zu Christus führt (überführender Gebrauch des Gesetzes).

Die funktionale Differenzierung Luthers in den Bezug jedes Menschen und jeden Standes zu Gott und zur Welt differenziert sich seit dem 18. Jahrhundert aber weiter aus. Das städtische Leben und der Handel vertragen jetzt immer weniger Standesschranken. Dazu passt es auch, dass jetzt in der Literatur im »bürgerlichen Trauerspiel« der

Stand problematisiert wird (man denke nur an Schillers Standes-Drama »Kabale und Liebe« von 1784 zwischen der Bürgerstochter Luise Millerin und dem adligen Offizier Ferdinand). Man braucht in der Stadt der Manufakturen und des Handels keine Standesangehörigen mehr, sondern vernünftige, selbstständige, ethisch orientierungsfähige Individuen. Ethische Werte wie Tugend, Würde und Humanität treten im bürgerlichen Trauerspiel an die Stelle von Standeswerten. Und eben in diesen Jahrzehnten um 1800 kommt auch terminologisch der Begriff der Bildung in Gebrauch (sachlich kann man ihn schon für Luther in Anspruch nehmen).

Der geistige Horizont weitet sich erheblich. Doch diese Entwicklung hat ein doppeltes Gesicht. Die praktische Ausrichtung steht wirtschaftlich, pädagogisch und religionspädagogisch im Vordergrund. Wenn in der Aufklärungszeit von »moralisch« die Rede ist, dann ist das zwar im weiteren Sinne zu verstehen als in unserem gegenwärtigen Sprachgebrauch. Und doch neigt gerade die neu entstehende Pädagogik dazu, die Lernenden nun nicht mehr mit orthodox-theologischen, aber mit vernünftigen und damit wiederum mit für alle richtigen Lebenswahrheiten zu »beglücken«. Das ist bei allem Neuen auch die Grenze der religionspädagogischen Entwürfe Salzmanns. Tendenziell wird die Religion so aufgefasst, wie das heute vielfach von Politikern und Ökonomen auch gefordert wird: Religion ist primär »ethische Kompetenz« und soll dem vernünftigen Bürger dienen, als ethische Begleitung der sich stürmisch entwickelnden Ökonomie. »Durch Jesum zeigtest du die Bahn / Der Tugend uns von Neuem« heißt es so in der Einleitung zum Abschnitt über Jesus in Salzmanns »Unterricht in der christlichen Religion« (1808, 20; in Salzmann, hrsg. von Lachmann 1994).

Noch einmal in den Kategorien von Niklas Luhmann: Das ist vom Standpunkt des Wirtschaftssystems aus gesehen konsequent und vernünftig. Denn jedes funktionale System gewinnt Eigendynamik und – so Luhmann – interessiert sich nur für die eigene Sicht der Dinge, in diesem Fall für die Zunahme an Geldzirkulation. Dem haben dann auch die Politik, die Familie und die Religion zu dienen. Und von daher ist es klar, dass Religion vor allen Dingen als Ethik verstanden wird wie in Kants »Religion innerhalb der Grenzen der bloßen Vernunft« von 1793. So musste erst Schleiermacher den Eigenanspruch der Religion sechs Jahre nach Kants Religionsschrift in seinen »Reden über die Religion« wieder formulieren.

Aufgrund dieser soziologischen Betrachtungsweise wird jedenfalls deutlich, warum um 1800 das Lernen der natürlichen, vernünftigen Religion an Plausibilität gewinnt. Man braucht jetzt keine Standesangehörigen mehr, die durch Traditionen sozialisiert werden, sondern zunehmend den individuellen, selbstbewussten Bürger. Religion soll wie die Pädagogik die Initiative des Einzelnen fördern, seine *Vernunft*, die in allen gesellschaftlichen Funktionssystemen gleichermaßen funktionieren kann. Auch die Religion erscheint als eine Spielart von Vernunft, als Basisqualifikation für Tugenden. Die Gesellschaft wird nicht mehr durch Stände und Zünfte zusammengehalten, sondern durch die individuelle Tugend. Diese zu fördern ist jetzt die Aufgabe von Bildung einschließlich der religiösen. Man kann Philanthropinismus und Sokratik von daher deuten als die Bewegung des aufstrebenden, sich emanzipierenden Bürgertums. Es ist die Zeit kurz vor der französischen Revolution.

3. Christian Gotthilf Salzmann (1744-1811)

3.1 Biographisches

Von 1761-1764 studiert Salzmann in Jena Ev. Theologie und begegnet hier einer gemäßigten lutherischen Orthodoxie. Nach seinem 1764 bestandenen theologischen Examen arbeitet er neben seiner Mithilfe im väterlichen Pfarrdienst an seiner Dissertation. Von 1768 an übt Salzmann eine vierjährige Tätigkeit als Pfarrer in einer kleinen, armen Dorfgemeinde aus, die ihn stark prägt (soziales Engagement). 1772 wird er Pfarrer an der Erfurter Andreaskirche und wird bald zum gerühmten Kanzelredner, aber auch zum engagierten geistlichen Schulaufseher. Die Pfarramtserfahrungen dieser Jahre bewirken ein primäres Interesse an der Religion als einer Angelegenheit des Menschen (so formulierte es der Zeitgenosse und bedeutende Berliner Aufklärungstheologe Johann Joachim Spalding, 1714-1804).

1780 erscheinen die beiden wichtigen Schriften Salzmanns »Anweisung zu einer zwar nicht vernünftigen, aber doch modischen Erziehung der Kinder« (seit der 3. Aufl. 1792 als »Krebsbüchlein« bekannt) und »Ueber die wirksamsten Mittel Kindern Religion beyzubringen«.

1781 folgt Salzmann einem Ruf an Basedows Philanthropinum in Dessau. Mitbedingt war dieser Schritt vom Geistlichen zum Religionslehrer durch seine Kollegen in Erfurt, die seinem Werk ketzerische Auffassungen unterstellten.

Salzmann meinte, die wesentlichen Ursachen des menschlichen Elends lägen im Menschen selbst und könnten auch durch vernünftige Erziehung beseitigt werden, die noch unverdorbenen Kinder könnten zu einem besseren Leben erzogen werden (man denke nur an den ersten Satz aus Rousseaus Émile: »Alles ist gut, wie es aus den Händen des Schöpfers kommt; alles entartet unter den Händen des Menschen.«) 1784 verließ Salzmann das Philanthropinum und gründete eine eigene Schule in Schnepfenthal/Thüringer Wald. Die Schule besteht noch heute. Daneben wirkte Salzmann durch volkserzieherisch motivierte Romane. Sein Begriff von »Gesinnung« wird von Rainer Lachmann als frühe Korrelation von Theologie und Pädagogik verstanden (LexRP 2, 1904).

3.2 »Über die wirksamsten Mittel, Kindern Religion beizubringen« (1780)

Salzmann ist für die Theorieentwicklung ganz allgemein deswegen von Bedeutung, weil er selbst zu den »Philanthropen« gehört, aber eine Art von Vermittlungsposition einnimmt. Vermittlungspositionen haben gerade in der Religionspädagogik viel für sich, weil deren Gegenstand die Vermittlung von subjektiver und objektiver Religion ist (so die spätere Begrifflichkeit Christian Palmers, 1811-1875). Es ist für solche Positionen nicht alles klar und eindeutig, wodurch sie offen im Hinblick auf verschiedene Aspekte und Situationen sein können. Salzmann stellt so eine Art Verbindung zwischen Katechismus-Tradition und Vernunft-Orientierung dar, indem er (wie Rousseau) die natürliche Religion vor die Katechismuslehren stellen will. Davor wiederum soll die Erzählung von lebensdienlichen Geschichten (Fabeln) und das gute Beispiel authentisch gelebten Glaubens treten. Damit entsteht ein 4-Stufen-Curriculum: Geschichten – gelebter Glaube – natürliche Religion – Katechismuslehren.

3.2.1 »Gesinnungsbildung«: Vom allgemeinen zum altersangemessenen religiösen Lernen

Für Luther und erst recht für die definierende lutherische Orthodoxie eines Chemnitz, Quenstedt und Hollaz war der Katechismus *einer* – für alle Altersstufen und alle Stände. Bei Salzmann hingegen ist der Mensch nicht mehr *allgemein* im Blick, sondern – im Gefolge Rousseaus – ist er im Blick als sich entwickelnder Mensch. Genau das ist *klassisch* für die Religionspädagogik.

Mit Salzmann beginnt das, was vor anderem Theoriehorizont im 20. Jahrhundert von Piaget, Erikson, Oser und Fowler beschrieben wurde. Religion lernt man nicht ganz allgemein, sondern entsprechend dem Lebensalter und der individuellen Entwicklung. Hinzufügen könnte man allerdings, dass der Begriff des *Individuums* vielleicht noch unangemessen ist: Denn im Blick ist ja das Individuum ganz allgemein, aufgrund seiner natürlichen Reife und nicht differenziert anhand seiner eigenen, ihm eigentümlichen Lebensgeschichte. (Dies werden wir erst in Schleiermachers Begriff des »individuellen Symbolisierens« finden.) Aber immerhin kommt es jetzt erstmals zu einer Art von *didaktischer Theologie*: Das Evangelium ist nicht an sich wahr, sondern es muss sich in verschiedenen Lebenssituationen als in unterschiedlicher Weise wahr werdend erweisen.

Salzmann will nach seiner Schrift: »Über die wirksamsten Mittel, Kindern Religion beizubringen« (1780, ^{3}1809) das Sokratisieren, also die Entwicklung von Religion aus dem vernünftigen Gespräch und aus der Vernunft erst als *dritten* Schritt verstanden wissen, nachdem bereits Gelerntes zur Verfügung steht. Die kirchlichen Lehren stehen dann ganz am Schluss, kurz vor der Konfirmation. Daraus ergibt sich – so würde man heute sagen – ein didaktisch reflektiertes Curriculum in vier Stufen. Dahinter steht die sensualistische Psychologie des Empirismus (etwa bei John Locke, 1632-1704), die einen Fortschritt von einfachen Wahrnehmungen hin zu komplizierten Zusammensetzungen und abstrakten Ideen annahm.

Zusammengehalten wird das Ganze durch einen Begriff, der seitdem vielfach verwendet wurde: die *Gesinnung*. Salzmann beschreibt seinen 4-Stufen-Unterricht unter dem integrierenden Begriff der *Gesinnung*. Es ist nicht einfach, den Begriff »Gesinnung« in die Gegenwartssprache zu übersetzen. Er umfasst Denken, Fühlen, Überzeugung und Handeln, eine Art Weltsicht oder vielleicht könnte man auch sagen: »Gesinnung« ist das Selbst-, Welt- und Gottesverhältnis im umfassenden Sinne, einschließlich der ethischen Orientierung. In der späteren Pädagogik und Religionspädagogik hat der ethische Aspekt dann oft die Oberhand gewonnen, so dass man »Gesinnung« hauptsächlich im Sinne der moralischen Integrität und des Verhaltens verstand. Bei Salzmann aber ist mehr gemeint: Die Weltsicht im umfassenden Verständnis.

Religion ist eine solche Gesinnung, mit der wir »Gott und andere Dinge, die auf uns eine nähere Beziehung haben, von der rechten Seite ansehen« (zitiert nach ThB 84, 192). Die Kenntnisse gehören noch nicht zur Gesinnung – sie sind nur »Beförderungsmittel derselben« (193). Man kann alle biblischen Geschichten kennen und doch eine schlechte Gesinnung haben – und umgekehrt. In Salzmanns eigener Formulierung lautet das so:

> »Religion nenne ich eine solche Gesinnung, nach welcher wir Gott und andere Dinge, die auf uns eine nähere Beziehung haben, von der rechten Seite ansehen und ihren wahren Wert, den sie im Verhältnis gegeneinander haben, bestimmen. [...] Wenn Religion Gesinnung ist, so kann ich die Kenntnis der biblischen Geschichte nicht mit zur Religion rechnen. Sie ist nur Beförderungsmittel derselben, und insofern sie es ist, werde ich sie empfehlen. [...] Denn man kann ja die biblische Geschichte, die Geheimnisse Gottes, die man oft als das Hauptwerk in der Religion ansah, alle wissen und doch eine schlechte Gesinnung haben. [...] Aber bei dem ersten Unterrichte in der Religion, den man Kindern gibt, halte ich es nicht nur für überflüssig, sondern auch für höchst schädlich, wenn man ihn auf Begebenheiten gründen will, die vor achtzehn Jahrhunderten in Palästina sich zugetragen haben, und auf Ideen, die die tiefdenkendsten Köpfe nicht fassen können. [...] Weit sicherer, dünkt mir, wird derjenige gute Gesinnung seinen Kleinen einprägen, der ihr moralisches Gefühl zu bilden sucht [...]. Man lehre hingegen die Kinder von Jugend auf die Dinge aus dem rechten Gesichtspunkte, nach ihrem wahren Werte beurteilen, gebe ihnen alsdann die Bibel in die Hand [...] wie geneigt werden sie sein, einem Buche zu glauben, das sie lauter Dinge lehret, von deren Richtigkeit sie schon überzeugt sind [...].« (C.G. Salzmann, Über die wirksamsten Mittel, Kindern Religion beizubringen, 1780, zit. nach Nipkow/Schweitzer Bd. 1, S. 192-197.)

Man könnte fast eine Parallele zu bestimmten Spielarten des »problemorientierten Unterrichts« (dazu s. Kap. 9) ziehen: Die Bibel soll nicht unvermittelt, sondern bezogen auf zuvor thematisierte Lebenssituationen der Lernenden zur Sprache kommen. Das natürlich und vernünftig Einsichtige steht vor dem Biblischen und dem Katechismus. Ein Zweischritt wird zweimal nacheinander abgeschritten: Fabeln – Bibel; natürliche Religion – Katechismus. Allerdings handelt es sich ja nicht um Unterrichtsreihen, sondern um das religiöse Curriculum vom 7. bis zum 14. Lebensjahr.

Salzmanns vier Stufen sind:

1. *Erzählen* von Fabeln oder Geschichten von Kindern, mit denen sich die hörenden Kinder identifizieren können (210);
2. Das Lehren von *Glauben* durch die Bekanntschaft mit *Christus* und durch Verhalten des Lehrers, welches Vertrauen schafft, die Schönheit von Natur und Welt aufzeigt und so das Zeugnis des heiligen Geistes erschließt (212f.). Dabei soll aber nicht die Erlösungstat durch besonders blutige Schilderung zu Tränen rühren, sondern die Herzlichkeit und Liebenswürdigkeit Jesu betont werden: »Sein ganzes Geschäft war wohlthun, und die Größe jeder andern Wohlthaten fassen die Kinder leichter als die Erlösung...« (214);
3. *Gespräch nach der sokratischen Methode*, in dem der Lehrer den Kindern »ihre wahre Meinung ablockt«. Dies ist »von einem katechetischen Examen sehr unterschieden.« (215);
4. *Bekanntmachen mit den »Geheimnissen« der Kirche wie Gottessohnschaft und Trinität.* Dies kann bis kurz vor der Konfirmation warten. Die Gesinnungen der Kinder können und brauchen davon nicht bestimmt werden: Denn Liebe und Vertrauen zu Gott und Jesus als Gesinnungen sind schon vorher erlernt worden. Die »Geheimnisse« sollen nur die Gesinnung befestigen.

Was wir hier vor uns haben, ist eine bis heute beeindruckende entwicklungspsychologische Konzeption zum Verstehen von Religion und kirchlicher Lehre. Die Religion ist hier vom Kind aus didaktisch entwickelt. Wenn man das in unsere heutige Begrifflichkeit übersetzt, dann könnte man von den vier Stufen sprechen 1. Vertrauen, 2. Glauben, 3. Reflektieren und Verstehen, 4. Katechismuslehren, die sich in Vertrauen, Glauben und Verstehen als Gesinnung einfügen und diese vertiefen. *Didaktisch* kann man diesen Zugriff nennen, weil Lebensvorgänge der Kinder der Inhalt des Unterrichts sind und die fundamentale reformatorische Einsicht des »sola fide« in Vertrauen und Empfinden der Welt wiedergefunden wird. Bleibend gültig ist Salzmanns entwicklungspsychologischer Satz:

> »Es ist ein großer Fehler, dass man Kinder an vielen Orten wie Erwachsene behandelt, so dass der Unterschied unter einem dogmatischen Kollegio, einer Predigt und einer Unterweisung der Kinder in der Religion sehr unmerklich ist...« (199)

Mit Salzmann hat damit in der Religionspädagogik etwas Klassisches, genuin Pädagogisches begonnen: *Das Ausgehen vom Kinde* und dessen psychologischer Entwicklung. Das schlägt sich nun aber auch im Methodischen nieder.

3.2.2 Methodisches: Von der Begriffskatechese zum schülerorientierten Unterrichtsgespräch

Salzmann setzt sich ab gegen die Katechetik der Aufklärungszeit, die dem Kind Begriffe beibringen wollte. Salzmann bringt dafür ein schönes Beispiel: »Fritz, was ist die Gefälligkeit?« – Ziel war es, die Definition für die Gefälligkeit durch geschicktes Fragen »herauszukatechisieren«. Ziel war dabei der Satz, Gefälligkeit sei »eine Bemühung, sich in allen billigen Fällen nach anderer Willen zu richten«. An Salzmann kann man noch heute studieren, was ein verfehltes und was ein angemessenes Unterrichtsgespräch ist. Häufig beginnen Anfänger im Unterrichten so, wie Salzmann es überzogen darstellt als die »alte Methode«. So sieht nach Salzmann die »alte Methode« aus, um den Begriff »Gefälligkeit« zu katechisieren, sein »Exempel der gewöhnlichen katechetischen Methode« (ThB 84, 216f.); sicher ist das Ganze ein wenig überzogen:

> »Wir sind, mein lieber Fritz, stehen geblieben bei der Gefälligkeit. Was ist denn die Gefälligkeit?
> Fritz stockt.
> *Lehrer.* Besinne dich doch! Was ist denn die Gefälligkeit?
> *Fritz.* Wenn man gefällig ist.
> *Lehr.* Recht, wenn man gefällig ist. Wenn man gefällig ist, da hat man die Gefälligkeit. Aber was ist denn die Gefälligkeit selbst? Es ist eine Bemühung –
> *Fr.* Es ist eine Bemühung –
> *Lehr.* Sich in allen billigen Dingen –
> *Fr.* Sich in allen billigen Dingen –
> *Lehr.* Es ist eine Bemühung, sich in allen billigen Dingen nach anderer Willen zu richten. Was ist also die Gefälligkeit?

Fr. Es ist eine Bemühung, sich in allen Dingen –
Lehr. Nicht in allen Dingen, in allen *billigen* Dingen nach anderer Menschen Willen zu richten. Noch einmal. Was ist die Gefälligkeit?
Fr. Sie ist eine Bemühung ...
Lehr. Nach wessen seinem Willen muß man sich also richten?
Fr. Nach anderer Menschen Willen.
Lehr. In allen Dingen?
Fr. Nein, in billigen Dingen.
Lehr. Hat man Nutzen davon?
Fr. Ja.
Lehr. Erwirbt man sich dadurch Freunde?
Fr. Ja.
Lehr. Siehe also, was Gefälligkeit für eine schöne Tugend ist!«

Insofern ist Salzmann zunächst *methodisch* ein Klassiker, als er das Unterrichtsgespräch von der Begriffsfragerei zum Gespräch über die Lebenssituation weiten will. Was hier karikiert wird und aber gleichwohl bis heute immer wieder falsch gemacht wird, hat man in der Theorie des Unterrichtsgespräches mehrfach begrifflich gekennzeichnet. Der Katechet beginnt mit einer verfehlten *Definitionsfrage*: »Was ist denn die Gefälligkeit?« Fritz wiederholt nur, dann versucht es der Katechet mit einer ebenfalls verfehlten *Ergänzungsfrage*: »Es ist eine Bemühung...«. Solche Ergänzungsfragen führen zu dem Gegenteil dessen, was pädagogisch erreicht werden soll: Eigentätigkeit des Kindes. Die Fragen führen das Kind nur an der Leine der Lehrerfragen und disziplinieren die Aufmerksamkeit. (Ergänzungsfragen wurden bisweilen in der Religionspädagogik »brüllender Löwe« genannt nach der verfehlten Katechese von 1. Petrus 5,8 »Der Teufel läuft umher wie ein brrr...brrrr... – ?? – Brüllender Löwe!«) Es folgt noch eine weitere W-Frage, die das Kind an der Leine führt, anstatt es selbst nachdenken zu lassen: »Nach *wessen* seinem Willen muß man sich also richten?« Schließlich stehen am Schluss noch zwei rhetorische Fragen, auf die die Antwort eben nur »Ja« lauten kann: »Hat man Nutzen davon?« und: »Erwirbt man sich dadurch Freunde?«

Man kann also aus dem verfehlten, von Salzmann karikierten Gespräch noch heute einiges lernen: Die schlechte *Definitionsfrage*, die schlechte *Ergänzungsfrage*, überhaupt schlechte »W«-Fragen und rhetorische Fragen. Dies ist eben das Abfragen von als richtig feststehenden Satzwahrheiten. Das »Sokratisieren« hingegen beschäftigt sich mit der im Kind vorhandenen Erfahrung und entwickelt daraus den Begriff, in diesem Fall ebenfalls den der »Gefälligkeit«, folgendermaßen:

»*Lehr.* Ei, wie so freundlich, mein Fritz? Es hat gewiss ein klein Geschenk gegeben.
Fr. Nein, wirklich nicht.
Lehr. Nun, da ist doch wenigstens ein Sommervogel ausgekrochen. Ja, ja! ich denke, ich habe es erraten.
Fr. Ein Sommervogel? gewiss nicht, die Püppchen liegen noch alle in guter Ruhe.
Lehr. Da möchte ich doch wirklich wissen, warum Fritz so vergnügt ist.
Fr. Ich will es Ihnen nur sagen; die Mutter hat mir erlaubt, diesen Abend bei Karln zu gehen.
Lehr. Drum! ich dachte ja wohl, daß es so etwas sein müsste. Aber warum kommt denn Karl nicht zu dir? Du bist ja erst vor kurzem bei ihm gewesen.
Fr. Ja, er ist unpässlich. Er darf nicht ausgehen.
Lehr. Unpässlich? der arme Karl! wenn er nur nicht etwa gar stirbt.
Fr. Warum denn nicht gar? Karl wird auch nicht sterben.
Lehr. Der kleine Ludewig ist doch auch gestorben, das weißt du ja.
Fr. Ah! machen Sie mir doch nicht angst!
Lehr. Ich will dir gar nicht angst machen. Aber wenn nun Karl stürbe, was wolltest du wohl anfangen?
Fr. Er wird auch nicht sterben.
Lehr. Wir wollen es nicht hoffen. Wenn er aber stürbe?
Fr. Da gäbe ich mich in meinem Leben nicht zufrieden.
Lehr. Da würdest du wohl den ganzen Tag auf deiner Stube bleiben?
Fr. Das wäre mir unmöglich, da müsste ich bei den kleinen Alexander gehen.
(Das war der Satz, den ich haben wollte: Der Mensch kann ohne Freund nicht recht glücklich sein.)
Lehr. Nun, da würdest du Karl bald vergessen.
Fr. In meinem Leben nicht.
Lehr. Alexander ist doch ein guter Knabe.
Fr. Das ist wahr. Aber – Karl! Karl! In der ganzen Welt gefällt es mir nicht so wie bei ihm.
Lehr. Da möchte ich doch nur wissen, warum es dir bei Karl eben so gefiele.
Fr. Ja, Karl hat hübsche Spielsachen. Wenn Sie es nur sehen sollten! Eine ganze Schachtel voll bleierne Soldaten – ein Damenbrett – eine Armbrust – ein –

Lehr. Der arme Alexander! warum kauft ihm doch sein Vater nicht auch solches Spielwerk?
Fr. Er hat des Zeuges genug. Er hat noch mehr als Karl.
Lehr. Da hast du also Karl wohl seines Spielwerkes wegen nicht lieb?
Fr. Freilich.
Lehr. Und warum hängst du denn so an ihm?
Fr. Ich weiß es selber nicht. Vielleicht, weil er mir allemal etwas Gutes vorsetzt.
Lehr. Das thut aber Alexander wohl auch?
Fr. Das ist wahr. Er brachte mir letzthin einen ganzen Teller voll Feigen. So etwas Delikates habe ich bei Karl nicht bekommen.
Lehr. Und bist ihm doch so gut?
Fr. Ach, es ist gar ein guter Junge. Wenn ich zu ihm komme, so läuft er mir entgegen und fragt: Nun, mein lieber Fritze, was wollen wir denn spielen? im Damenbrette? kegeln? nach dem Vogel schießen? sag nur, was du am liebsten spielst!
Lehr. Tut denn das Alexander nicht?
Fr. Ach der! der will, ich soll allemal mit ihm im Damenbrette spielen. Und wenn ich das nicht tue, so hängt er das Maul.
(Nun sind wir auf den Fleck gekommen.)
Lehr. Nach wessen Willen richtet sich Karl, nach seinem oder deinem Willen?
Fr. Nach meinem Willen.
Lehr. Wann macht man sich also beliebt, wenn man seinem eigenen Kopfe in allen Stücken folgt, oder wenn man sich nach anderer Willen richtet?
Fr. Wenn man sich nach anderer Willen richtet. (Wieder ein Satz.)
Lehr. Das ist Gefälligkeit, mein lieber Fritze, wenn man sich bemüht, sich nach anderer Willen zu richten. Ist das nun wohl etwas Gutes?
Fr. Ei freilich ...«

Hier bringt der Katechet das Gespräch unmerklich auf die Freunde und arbeitet dann heraus, dass man zum einen ohne Freunde nicht leben kann – wenn einer stirbt, dann wird man sich mit einem anderen anfreunden – und zum zweiten lässt er Fritz beschreiben, warum Karl ein so guter Freund ist: Weil er sich auf die Wünsche von Fritz einstellt. »Gefälligkeit« ist nach dieser Methode also das, was dem Schüler gefällt (bei seinem Freund) und was der Freund Karl tut, damit es ihm bei ihm gefällt. Karl richtet sich in den Dingen des Alltags nach den Wünschen des Freundes und ist ihm gefällig (mit »billig« ist das Rechte und Angemessene gemeint, das, was »recht und billig« ist). Allenfalls streiten könnte man darüber, ob das Unterrichtsziel denn sinnvoll ist: Fritz beizubringen, was »Gefälligkeit« eigentlich ist. Mit diesem Ziel, überhaupt einen *Begriff* einzuführen, bleibt Salzmann dem verhaftet, was er kritisiert.

Aber dennoch hat er ein an der Lebenssituation des Kindes orientiertes Unterrichtsverfahren kreiert und mit der Karikatur ein bis heute gültiges Beispiel gegeben, an dem man viel lernen kann. Darüber hinaus hat Salzmann methodisch überlegt, den Kindern durch *Erzählen* Gesinnung zu vermitteln: Er entwickelte als erster eine regelrechte Erzähltheorie.

4. Kurze Zusammenfassung: Bürger – Gespräch – Religion

Mit Salzmann haben wir die Rezeption der Aufklärung in der Religionspädagogik kennen gelernt. Klassisch daran sind die Entwicklung des *Unterrichtsgespräches* und die Orientierung an der Lebenssituation der Kindes. Wenn man mit einigen Religionspädagogen die »Religion des Kindes« als das Entscheidende ansieht, dann kann man von diesem Zeitpunkt an von der Religionspädagogik sprechen (obwohl es den Begriff explizit – wie bereits geschildert – erst seit 1889 gibt). Für die Philanthropen spielt die Religion als die sich entwickelnde, mit dem Leben wachsende und sich verändernde menschliche Haltung eine Rolle. Dieses Umfassende hat Salzmann mit der »Gesinnung« bezeichnet und damit einen lange wirksamen Begriff geprägt, der im Wesentlichen das ausdrückt, was wir heute mit »religiöser Erfahrung« oder »religiöser Wahrnehmung« zu umschreiben suchen: Ein mit dem ganzen Leben verbundenes Denken, Fühlen, Handeln und Anschauen der Welt.

Kultursoziologisch kann man das Ganze mit den Kategorien der Differenzierung der funktionalen Gesellschaft beschreiben (Luhmann) und damit als die Ablösung des Standesdenkens durch die Perspektive des Bürgers. Der Bürger braucht Vernunft und Gesprächsfähigkeit, um die in Fabrikation und Handel wachsenden Kommunikationsanforderungen zu bewältigen. Darum wird auch das *Gespräch* die bevorzugte Form, in der Religion kommuniziert wird, und nicht mehr die *Belehrung* durch die Autorität in Gestalt des Hausvaters, wie wir das bei Luther gesehen hatten. Dass die Realität sehr anders und autoritär mit bester Absicht sein konnte, haben wir am Rande bei A.H. Francke feststellen können. Aber die Grundorientierung ist von nun an das vernünftige Gespräch unter Individuen. Diese bürgerliche Kultur im besten Sinne ist dann bei Schleiermacher gänzlich zum Durchbruch gekommen.

Literatur

Werke von Salzmann

Salzmann, Christian Gotthilf: Über die wirksamsten Mittel, Kindern Religion beizubringen [1780, ²1782, ³1809], Ausschnitte in: Religionspädagogik. Texte zur evangelischen Erziehungs- und Bildungsverantwortung seit der Reformation, Bd. 1: Von Luther bis Schleiermacher hrsg. von K. E. Nipkow und F. Schweitzer, München 1991, 192-220 (ThB 84: nach diesem Kürzel zitiert).

Salzmann, Christian Gotthilf: Ameisenbüchlein oder Anweisung zu einer vernünftigen Erziehung der Erzieher, Paderborn ⁸1909 [1806] (= Sammlung der bedeutendsten pädagogischen Schriften 9).

Salzmann, Christian Gotthilf: Religionsbücher. (Erster Unterricht in der Sittenlehre für Kinder von 8-10 Jahren 1803/1805; Heinrich Gottschalk in seiner Familie oder erster Religionsunterricht von 10-12 Jahren 1804/1807; Unterricht in der christlichen Religion, 1808), Nachdruck, hrsg. von Rainer Lachmann, Köln u.a. 1994.

Sekundärliteratur

Ahlers, Botho: Die Unterscheidung von Theologie und Religion. Ein Beitrag zur Vorgeschichte der Praktischen Theologie im 18. Jahrhundert, Gütersloh 1980.

Bayer, Oswald: Sokratische Katechetik? Der Streit um den Kleinen Katechismus in der Aufklärung, dargestellt an der Rezeption durch Johann Georg Hamann, in: PTh 73 (1984), 394-413.

Bizer, Christoph: Art. Katechetik, in: TRE 17 (1988), 686-710.

Francke, August Hermann: Pädagogische Schriften, besorgt von Hermann Lorenzen, Paderborn 1957.

Jetter, Werner: Art. Katechismuspredigt, in: TRE 17 (1988), 744-786.
Lachmann, Rainer: Der Religionsunterricht C.G. Salzmanns, Bern/Frankfurt a.M. 1974.
Lachmann, Rainer: C.G. Salzmann, in: Klassiker der Religionspädagogik, hg. v. H. Schröer und D. Zilleßen, Frankfurt 1989, 98-114.
Lachmann, Rainer: Art. »Salzmann, C.G.«, in: LexRP Bd. 2, Neukirchen-Vluyn 2001, 1901-1904.
Meyer, Johannes: Historischer Kommentar zu Luthers kleinem Katechismus, Gütersloh 1929.
Meyer-Blanck, Michael: Art. »Philanthropinismus«, in: LexRP Bd. 2, Neukirchen-Vluyn 2001, 1505-1507.
Nohl, Herman: Die pädagogische Bewegung in Deutschland und ihre Theorie, Frankfurt/Main [2]1935.
Rang, Martin: Rousseau, Jean-Jacques (1712-1778), in: Klassiker der Pädagogik, hg. von Hans Scheuerl, Bd. 1, München 1979, 116-134.
Rousseau, Jean-Jacques: Emil oder über Erziehung, Paderborn u.a. [13]1998 (UTB 115).
Schian, Martin: Die Sokratik im Zeitalter der Aufklärung. Ein Beitrag zur Geschichte des Religionsunterrichts, Breslau 1900.
Schulze, Hagen: Kleine deutsche Geschichte, München [4]2001 [1998].
Schweitzer, Friedrich: Die Religion des Kindes. Zur Problemgeschichte einer religionspädagogischen Grundfrage, Gütersloh 1992.

3. Kapitel

Friedrich Schleiermacher (1768-1834) und das religiöse Individuum

1. Von der »vernünftigen Religion« zum »unmittelbaren Selbstbewusstsein« und zur religiösen Erfahrung

Das Jahr 1799 bedeutet für die Theologiegeschichte einen entscheidenden Einschnitt: Es erscheinen Schleiermachers »Reden über die Religion«. Im Übergang zu Schleiermacher vollziehen wir keinen historischen und sozialen, wohl aber einen großen geistesgeschichtlichen und theologischen Sprung. Von Salzmanns Werk »Über die wirksamsten Mittel, Kindern Religion beizubringen« von 1780 bis zum Jahre 1799 sind es weniger als zwei Jahrzehnte. Doch die Unterschiede sind groß: Setzte Salzmann bei der *Vermittlungsfrage* von Religion an, so wendet sich Schleiermacher grundsätzlicher der Frage zu, *was denn Religion überhaupt ist.* Folgte Salzmann im Wesentlichen dem Denken Rousseaus und der Aufklärung mit einem Vorrang der philosophischen Vernunft vor der Religion, so beschreibt Schleiermacher das Ineinander von philosophischer und religiöser Weltwahrnehmung. Aber er stellt heraus, dass die Religion keine Unterabteilung der (philosophischen und moralischen) Vernunft ist, sondern eine »eigene Provinz im Gemüt«. Und erst damit überwindet er das aufklärerische Verständnis von Religion, wie es bleibend in Kants »Religion innerhalb der Grenzen der bloßen Vernunft« von 1793, als Fundierung der Ethik, beschrieben ist.

Wir hatten gesehen, dass Salzmann die vernunftgemäße Unterrichtung in der Religion mit der überlieferten biblischen und kirchlichen Art und Weise kombinieren wollte: Zuerst die guten Fabeln, dann die Bibel, dann das vernünftige sokratische Gespräch und dann der Katechismus. Dabei hatten wir bei Salzmann einen gewissen Optimismus festgestellt: Das jeweils Zweite, also das Biblische (Stufe 2) und das Kirchliche (Stufe 4), werde jeweils nichts anderes zutage fördern als das Erste und die Kinder würden überrascht sein, dass sie in der Bibel und im Katechismus im Prinzip das bestätigt finden würden, wovon sie schon zuvor durch ihre Vernunft überzeugt wurden.

Schleiermacher überwindet nun diese hierarchische Anordnung von Vernunft und Religion, von Philosophie und Theologie durch eine Zuordnung, die man sich als zwei Brennpunkte in einer Ellipse vorstellen kann. Religion ist etwas Eigenständiges und Philosophie und Theologie müssen spannungsvoll oder – wie Schleiermacher gerne formuliert – »oszillierend« vorgestellt und beschrieben werden. Für Schleiermacher typisch ist die »Denkfigur der polaren Oszillation« zwischen Theologie und Philosophie (Kumlehn, 36ff. mit Bezug auf die um 1800 faszinierende Elektrizitätslehre). Dafür steht der Begriff des »unmittelbaren Selbstbewusstseins«, den man nicht intellektuell oder kognitiv missverstehen darf, sondern der vielmehr ganz nahe am Gefühl ist, welches wiederum nicht psychologisch oder affektiv kurzgeschlossen werden darf.

Wenn Schleiermacher vom »Gefühl« redet, meint er nicht das, was wir in der Pädagogik nach der gängigen Einteilung der Behavioristen als »emotional« oder »affektiv« bezeichnen. Wenn Schleiermacher vom »unmittelbaren Selbstbewusstsein« redet, meint er nicht das, was gängiger Weise als »kognitiv« bezeichnet wird. Gegen die Dimensionierung von kognitiv, emotional, motorisch bzw. pragmatisch in der Dimensionierung des Lernens ist nicht prinzipiell etwas Negatives zu sagen. Aber diese sinnvolle Unterscheidung ist nicht hilfreich, um das zu verstehen, was Schleiermacher mit dem unmittelbaren Selbstbewusstsein und mit dem Gefühl meint. Beides steht eher für das, was wir heute mit dem Begriff *religiöser Erfahrung* zum Ausdruck bringen. Denn das hat sich inzwischen als wichtigste und klassische Erkenntnis durchgesetzt: Die religiöse Erfahrung ist etwas, das eigenständig ist und nicht intellektuell oder ethisch ersetzt werden kann.

2. Einige Bemerkungen zu Schleiermachers Leben und Werk

Ohne Frage ist Schleiermacher ein Genius und nach Luther der bedeutendste evangelische Theologe. Und er ist darüber hinaus auch der Begründer der wissenschaftlichen Pädagogik. In dem Beitrag im Buch »Klassiker der Pädagogik« heißt es, dass die Pädagogik keinesfalls ein Schwerpunkt von Schleiermachers Tätigkeit war: »Vielmehr stellt sein pädagogisches Gedankengefüge ein Nebenprodukt seines vielfältigen Wirkens dar. Es ist eines der Zeichen seiner genialen Vielseitigkeit, dass es ihm gelang, gleichsam mit dem kleinen Finger die wissenschaftlichen Grundlagen einer ganzen Disziplin zu erstellen.« (Bd. I, 223). Über keinen anderen historischen Pädagogen erschienen so viele Hochschulschriften wie über Schleiermacher, heißt es in dem Beitrag (232). Wer Theologie für das Lehramt studiert, kann sich also kaum einen besseren Autor für die Geschichte der Pädagogik und Religionspädagogik aussuchen.

Neben diese Genialität Schleiermachers tritt auch die überaus lebendige und anregende Zeit um 1800. Denn es ist die Epoche rasanter geistesgeschichtlicher Entwicklungen in der Zeit der französischen Revolution. Dazu seien nur wenige Ereignisse aus dem Jahr 1799, dem Erscheinungsjahr von Schleiermachers »Reden« erwähnt: Es ist die Zeit der Romantik. Hölderlins Briefroman »Hyperion« erscheint und Friedrich von Hardenberg, genannt Novalis (1772-1801), schreibt, inspiriert von Schleiermachers »Reden« von 1799, seine Abhandlung »Die Christenheit oder Europa«. Darin beschwört Novalis das Mittelalter als die goldene christliche Vorzeit, auf die Reformation und Aufklärung folgten als das verlorene Paradies – jetzt aber bricht in Deutschland bereits das Reich des ewigen Friedens an. Die Jahrhundertwende wird als positive, ja als berauschende Zeitenwende erlebt. (Am Rande: Die romantische Begeisterung für das goldene Mittelalter wird sich im ganzen 19. Jahrhundert wiederfinden, ja sogar in der deutschen Jugendbewegung bis 1925.)

Noch einmal das Jahr 1799: Schiller siedelt in Goethes Weimar über. Herder veröffentlicht seine Kantkritik (»Metakritik zur Kritik der reinen Vernunft«). Schelling schreibt seinen »Ersten Entwurf eines Systems der Naturphilosophie«, Beethoven komponiert seine 1. Symphonie in C-Dur und in Berlin läuft die erste Dampfmaschine.

Schleiermacher gehört zur Welt der Berliner Romantik, wohnt seit 1797 zusammen mit Friedrich Schlegel (1772-1829, Bruder des Bonner Literaturprofessors und Shakespeareübersetzers August Schlegel, 1757-1845) und ist befreundet mit Henriette Herz (1764-1847). Im romantischen Salon entsteht das lebendige Gespräch als Grundvorstellung jeglicher kultureller Praxis, die dann auch auf das Grundbild der Pädagogik und Religionspädagogik ausstrahlte.

Schleiermachers Verständnis von Lehre besagt, dass die Lerninhalte nur über die lebendige Darstellung des Lehrers aufgefasst werden können. Der Lehrer teilt nicht einen Stoff mit und auch nicht eigene Erkenntnisse, sondern er soll den Prozess des eigenen Bemühens um die Sache vorführen, die Verbindung des Stoffes mit dem Verstehen gewissermaßen an seiner eigenen Person anschaubar werden lassen. Im Vorfeld der Neugründung der Berliner Universität 1810 hat Schleiermacher dazu den akademischen Lehrvortrag, also die Vorlesung beschrieben. Dies gilt jedoch nicht nur für die Universität, sondern wohl für jegliches Erklären, von der Familiensituation über den Lehrervortrag im Unterricht bis zum Seminarreferat oder öffentlichen Vortrag:

> »Der Lehrer muss alles, was er sagt, vor den Zuhörern entstehen lassen; er muss nicht erzählen, was er weiß, sondern sein eigenes Erkennen, die Tat selbst, reproduzieren, damit sie beständig nicht etwa nur Kenntnisse sammeln, sondern die Tätigkeit der Vernunft im Hervorbringen der Erkenntnis unmittelbar anschauen und anschauend nachbilden. [...] Sein Reproduzieren muss kein bloßes Spiel sein, sondern Wahrheit; so oft er seine Erkenntnis in ihrem Ursprung, in ihrem Sein und Gewordensein vortragend anschaut, so oft er den Weg vom Mittelpunkt zum Umkreise der Wissenschaft beschreibt, muss er ihn auch wirklich machen. Bei keinem wahren Meister der Wissenschaft wird das auch anders sein; ihm wird keine Wiederholung möglich sein, ohne dass eine neue Kombination ihn belebt; eine neue Entdeckung ihn an sich zieht; er wird lehrend immer lernen und immer lebendig und wahrhaftig hervorbringend dastehen vor seinen Zuhörern.« (Gelegentliche Gedanken über Universitäten in deutschem Sinn 1808, Päd. Schriften II, 107)

3. Mehr als Metaphysik und Moral: Schleiermachers Religionstheorie, ausgehend von den »Reden«

Nach der Zeit von Rationalismus und Aufklärung hat Schleiermacher wieder für das Eigenrecht von Religion gegenüber Metaphysik und Moral geworben. Religion sei eine »eigene Provinz im Gemüt«, die nicht auf Moralanweisungen und auf Spekulation zurückgeführt werden kann. Schleiermacher wirft den Gebildeten vor: »Ihr treibt ein leeres Spiel mit Materien, die sich einander nicht aneignen, ihr behaltet immer nur Metaphysik und Moral. Dieses Gemisch von Meinungen über das höchste Wesen oder die Welt und von Geboten für ein menschliches Leben (oder gar für zwei) nennt Ihr Religion!« (Reden 1799, OP, 44). Neigte die Orthodoxie dazu, bestimmte *Lehren* an die Stelle von Religion zu setzen, so die Aufklärung dazu, die Religion der *Tugend* und Gesinnung des Bürgers unterzuordnen. Bei Salzmann war diese Gefahr noch am ehesten vermieden; aber auch bei ihm gibt es die Tendenz, dass die Bibel und die Erschließung des Glaubens an Christus nichts anderes meinen, als was auch ohne sie zum Ausdruck gebracht werden kann (man denke noch einmal an das Salzmann-Zitat: Die Bibel lehrt in einem späteren Schritt die Kinder das, von dessen »Richtigkeit sie schon überzeugt sind«, vgl. dazu Kap. 2).

Terminologisch hat der frühe Schleiermacher von »Religion« gesprochen, der spätere Schleiermacher eher von der »Frömmigkeit« oder von der »Glaubensweise«. Im Zusammenhang unseres Faches »Religionspädagogik« legt es sich nahe, bei dem frühen und wissenschaftlich breit rezipierten Begriff »Religion« zu bleiben. (Kumlehn, 40, Anm. 112)

In seinen frühen »Reden über die Religion« von 1799 legt Schleiermacher die Grundlagen seiner Theologie. Er ist damals 31 Jahre alt und Prediger an der Berliner Charité. Schleiermacher beendet die Vernunft-Religion der Aufklärung. Er will sich weder zum Rationalismus noch zum Supranaturalismus schlagen. Gegen den Supranaturalismus stellt er fest: Die Religion ist nicht Wissen um übernatürliche Tatbestände. Dies hatte die Aufklärung kritisiert. Aber gegen den Rationalismus beharrt Schleiermacher darauf: Die Religion ist auch nicht Vernunft und Moral, was die Aufklärung gegen die klassische Metaphysik und Theologie herausgestellt hatte. Religion ist weder Metaphysik noch Moral. Sie konstituiert sich am Ort des Subjekts (Kumlehn, 51). Religion ist allein als Anschauung und Gefühl zu beschreiben. In seiner 2. Rede formuliert Schleiermacher über das Wesen der Religion:

> »Darum ist es Zeit, [...] mit dem schneidenden Gegensatz anzuheben, in welchem sich die Religion gegen Moral und Metaphysik befindet [...]. Ihr Wesen ist weder Denken noch Handeln, sondern Anschauung und Gefühl. Anschauen will sie das Universum, in seinen Darstellungen und Handlungen will sie es andächtig belauschen.« (Reden 1799, O.P., 50)

Und wenig später erfolgt dann die berühmt gewordene Kurzformel, die zwar keine Definition ist, aber die Grundgedanken knapp auf den Punkt bringt (aaO., S. 245):

> »Praxis ist Kunst, Spekulation ist Wissenschaft, Religion ist Sinn und Geschmack fürs Unendliche [...].« (Reden 1799, O.P., 52f.)

Religionspädagogisch ergibt sich daraus zunächst die Würde und die Wichtigkeit des individuellen religiösen Gefühls. Und damit ist die Betonung der individuellen religiösen Erfahrung als Punkt zentralen Interesses der Theologie insgesamt und des religiösen Lernens gegeben.

Wir werden im nächsten Kapitel sehen, wie man später diese Religionstheorie psychologisch auffasste und von daher religiöse Erlebnisse im Unterricht provozieren wollte. Bei Richard Kabisch wird diese charakteristische Veränderung gegenüber Schleiermacher vollzogen. Bei Schleiermacher aber stehen die Begriffe Anschauung, Gefühl und »unmittelbares Selbstbewusstsein« ganz nahe nebeneinander. »Gefühl« in diesem Sinne ist nicht emotional, sondern fundamentaltheologisch zu verstehen; es ist die Bedingung der Möglichkeit, Transzendenz, den Grund des Daseins zu beschreiben, eine transzendentalphilosophische und keine psychologische Kategorie.

In seiner »Dialektik« beschreibt Schleiermacher dieses näher (zum Folgenden vgl. Martina Kumlehn, 152ff.). Das Leben fluktuiert in einem ständigen Übergang zwischen Denken und Wollen. Der identische Übergangspunkt dazwischen – weder das eine noch das andere – ist doppelt zu beschreiben, als *unmittelbares Selbstbewusstsein* und als *Gefühl*. Dies ist vom reflektierenden Ich und von den individuellen Empfindungen, den Affekten, gleichermaßen zu unterscheiden. Das unmittelbare Gefühl ist situations- und personenübergreifend. Es verweist auf den transzendenten Grund von Denken *und* Wollen. Von daher ist das unmittelbare Selbstbewusstsein oder das Gefühl etwas Religiöses. Vielleicht kann man es als das Erleben und das reflektierende Anschauen der eigenen (aber gleichwohl geschenkten) Lebenskraft zugleich beschreiben.

Der transzendente Grund ist präsent im Gefühl. Aber es handelt sich nicht um einen Denkakt, sondern eben um eine Erfahrung, die Erfahrung des Denken- und Wollen-*Könnens* gewissermaßen, die Erfahrung, frei sein zu können und sich gerade darin als getragen zu erleben. Darum ist dieses Selbstbewusstsein ein *unmittelbares* und kein denkend gesetztes. Es ist so eine ungeteilte Lebensäußerung. Daraus erst entspringen dann Philosophie und Religion als die beiden Ellipsenbrennpunkte der Beschreibung dieser Erfahrung, ohne dass ein Punkt dem anderen hierarchisch überzuordnen wäre. Insofern ist »Gefühl« eben eine transzendentalphilosophische und eine religiöse Kategorie zugleich. Und darum darf das »Gefühl« nicht psychologisch eingeschränkt verstanden werden.

Zu Anfang des 20. Jahrhunderts wird das anders: Dann wird man stärker von der amerikanischen Religionspsychologie (William James) als von Schleiermacher beeinflusst sein (vgl. zu Kabisch im nächsten Kapitel). Um das psychologische Missverständnis zu verhindern, kann man versuchsweise bei Schleiermachers Begriff des Gefühls immer unseren Begriff von »Erfahrung« mithören, weil es sich dabei um eine grundsätzliche Kategorie handelt und nicht um einen handhabbaren und durch Unterrichtsplanung zu beeinflussenden oder gar herzustellenden Zustand wie bei James und Kabisch.

Bei Schleiermacher ergibt sich hingegen nahezu das Gegenteil zu dieser Auffassung. Und das beruht wiederum genau auf der Würde und Wichtigkeit des individuellen religiösen Gefühls: Bei Schleiermacher findet sich ein großer Zweifel, ob die Religion überhaupt lehrbar sei. Dieser beruht vor allem darauf, dass Schleiermacher die sokratische Unterrichtsmethode vor Augen hat. Er bezweifelt, dass man durch Fragen die natürliche Religion des Menschen zur Erfahrung bringen könne – man könne nur auf Sätze kommen, aber nicht die religiöse Anschauung, also die Religion selbst »operationalisieren«, wie wir heute sagen würden.

So heißt es in der dritten Rede:

> »Nicht einmal gewöhnen könnt Ihr jemand, auf einen bestimmten Eindruck, so oft er ihm kommt, eine bestimmte Gegenwirkung erfolgen zu lassen, viel weniger, dass Ihr ihn dahin bringen könntet, über diese Verbindung hinauszugehen und eine innere Tätigkeit dabei frei zu erzeugen. Kurz, auf den Mechanismus des Geistes könnt Ihr wirken, aber in die Organisation desselben, in diese geheiligte Werkstätte des Universums, könnt Ihr nach Eurer Willkür nicht eindringen, da vermögt Ihr nicht irgend etwas zu ändern oder zu verschieben [...]. Und von dieser Art ist die Religion; in dem Gemüt, welches sie bewohnt, ist sie ununterbrochen wirksam und lebendig, macht alles zu einem Gegenstande für sich, und jedes Denken und Handeln zu einem Thema ihrer himmlischen Phantasie. Alles was wie sie ein Kontinuum sein soll im menschlichen Gemüt, liegt weit außer dem Gebiet des Lehrens und Anbildens. *Darum ist jedem, der die Religion so ansieht, Unterricht in ihr ein abgeschmacktes und sinnleeres Wort. Unsere Meinungen und Lehrsätze können wir anderen wohl mitteilen [...]: aber wir wissen sehr wohl, dass das nur die Schatten unserer Anschauungen und unserer Gefühle sind [...].*« (Reden 1799, O.P., 138ff., Hervorhebungen MMBl.)

Hintergrund dieser kritischen Sicht ist die Pädagogik der Aufklärung, welche wie geschildert die Religion auf Vernunft und Moral reduziert und dann für lehr- und lernbar erklärt hatte. Schleiermacher kritisiert, die Kinder würden »mit moralischen Geschichten gelangweilt«, obwohl sie nach religiösen Gefühlen dürsteten, sie müssten es lernen, »wie schön und nützlich es ist, fein artig und verständig zu sein«.

Die rationalistische Begrifflichkeit erscheint uns heute fern. Aber die ständige Forderung an den Religionsunterricht nach einer sogenannten »Werteerziehung« ist so entfernt davon wiederum nicht. Es ist von Schleiermacher her nicht sinnvoll, die Religion in der Schule mit der Werteerziehung zu begründen. Klassisch ist Schleiermacher für unsere Überlegungen deswegen, weil er den Eigenwert des Religiösen betont, der über das rein Denkerische und über das rein Ethische hinausgeht. Gerade wenn man Schleiermacher liest, muss man sagen: Wir dürfen religionspädagogisch nicht das Religiöse der Religion verstecken und dieses in das Moralische einebnen. Für Schleiermacher war die Begründung dieser Sicht eindeutig:

> »Der Mensch wird mit der religiösen Anlage geboren wie mit jeder andern, und wenn nur sein Sinn nicht gewaltsam [...] verrammelt wird – [...] so müsste sie sich auch in jedem unfehlbar auf seine eigne Art entwickeln [...] Mit Schmerzen sehe ich es täglich, wie die Wut des Verstehens den Sinn gar nicht aufkommen lässt [...]. Wer hindert das Gedeihen der Religion? Nicht die Zweifler und Spötter; [...] sondern die verständigen und praktischen Menschen.« (3. Rede 1799, O.P. 144)

Man kann hier auf dem Gebiet der Religion noch eine Nachwirkung von Rousseau oder mindestens eine Parallele zu ihm feststellen. Man erinnert sich sogleich an den berühmten ersten Satz aus dem Émile von Rousseau: »Alles ist gut, wie es aus den Händen des Schöpfers kommt; alles entartet unter den Händen des Menschen.« (Rousseau, Émile, 9) Die Erziehung zerstört die guten naturgegebenen Anlagen des Menschen – so Rousseau; die sokratische Religionspädagogik in ihrer Verstehens- und Vernunftwut zerstört die natürliche religiöse Anlage des Menschen – so Schleiermacher.

Mir ist allerdings fraglich, ob man den Gegensatz von Natur und Kultur so aufstellen kann. Meine semiotische These lautet eher: Natur und Kultur kennen wir jeweils nur als Zeichen. Das heißt: Auch Natur gibt es gar nicht anders als in einer kulturellen Interpretation und damit in Lernprozessen. Ob die Frage nach der Religion von einem Menschen gestellt, beantwortet oder auch im christlichen Sinne beantwortet wird, dies ist keine Frage von Natur oder nicht, sondern eine Frage der *Interpretation* von Kultur *und* Natur. Man kann demnach die Religion nicht von der Naturbetrachtung als solcher ableiten. *Natürlich* sind für den Menschen die Fragen nach dem Anfang und Ende des Lebens, nach dem glücklichen oder unglücklichen Zufall und nach der Schuld. Mit ihnen muss sich jeder Mensch auseinandersetzen. Aber vielleicht ist auch dies schon zu viel gesagt. Vielleicht sind Kulturen denkbar, in denen der Mensch konsequent dazu erzogen wird, diese Fragen gar nicht mehr, wenigstens nicht mehr bewusst, zu stellen. Die Geschichte des Staatssozialismus im letzten Jahrhundert zeigt, dass viele Menschen auch ohne religiöse Antworten auf diese Fragen auskommen, jedenfalls explizit ohne diese Frage auskommen *wollen*.

Man kann die Position der dritten Rede Schleiermachers kurz so zusammenfassen: Die Religion als inneres Gefühl entwickelt sich, wenn die Religionspädagogik dies nicht verhindert durch Begriffe und durch Moralisieren. Die Religion aber muss und kann gar nicht in den Schüler hineingelegt werden, weil sie schon darin ist – als Sinn und Geschmack für das Unendliche. Bevor wir das genauer sehen, ist jetzt vor den religionspädagogischen Einzelheiten ein kurzer Blick auf Schleiermachers Ansatz von Pädagogik sinnvoll.

4. Schleiermachers Verständnis von Bildung und Pädagogik

Erziehung ist nur begrenzt machbar. Man kann aus einem Menschen nichts anderes machen »als das, was dem Verhältnis der Anlagen, wie sie ursprünglich in ihm sind, entspricht.« (Päd. Vorlesungen 1826, Einl., Päd. Schriften I, 17) Analoges gilt dann für die entsprechende Wissenschaft, die Pädagogik: Eine Lehre von der Erziehung kann keine festen Regeln und Vorschriften formulieren. Erziehung ist eine Kunst und darum ist die Pädagogik eine Kunstlehre. Sie kann zwar Regeln aufstellen, aber die Regeln enthalten nicht wie bei einer mechanischen Kunst schon die Anwendung. Klassisch formuliert Schleiermacher für die Pädagogik – und das gilt auch für die Kommunikation von Religion und die gesamte Praktische Theologie – »Die Dignität der Praxis ist unabhängig von der Theorie; die Praxis wird nur mit der Theorie eine bewusstere.« (Päd. Vorlesungen 1826, Einl., Päd. Schriften I, 11) Ein rein empirisches Verständnis von Erziehungswissenschaft, wie man es mehrfach seit 1970 vertreten fand, kann sich nicht auf Schleiermacher berufen. Erziehung ist mehr als Analyse der Voraussetzungen und die darauf folgende, schlüssig abgeleitete zielgerichtete Einwirkung auf die Lernenden. Dies seien mechanische Regeln, die auf das Rechnen zurückgehen: »Bei allem mechanischen ist die Anwendung in der Regel selbst gegeben und gehört dazu nur die Genauigkeit und Sicherheit der Ausführung.« (Prakt. Theologie, 37) Schleiermacher vergleicht demgegenüber die Erziehungskunst, Staatskunst und die Kunst der Kirchenleitung »mit den schönen Künsten« (Prakt. Theologie, 37).

Verblüffend aktuell ist in diesem Zusammenhang auch eine Bemerkung aus der Einleitung zu den pädagogischen Schriften. Schleiermacher legt dort dar, dass »Wissenschaft« nicht mit Berechenbarkeit gleichgesetzt werden darf.

> »Bloße Empirie kann nicht wissenschaftlich sein, wenngleich eine Menge von geistreichen und scharfsichtigen Beobachtungen aufgestellt werden können. Es muss im Gegenteil der Pädagogik das Spekulative zum Grunde liegen, da die Frage, wie der Mensch erzogen werden soll, nicht anders als aus der Idee des Guten beantwortet werden kann.« (Päd. Schriften 1,20)

Wenn man in dem Zitat das Wort »das Spekulative« durch »normativ«, »philosophisch« oder »einer grundlegenden Theorie folgend« ersetzt, dann ergibt sich eine hochaktuelle Äußerung, die gegen jede angeblich wertfreie, weltanschauungsfreie Pädagogik oder gar Religionspädagogik Widerspruch einlegt. Aus diesem Gedanken entwickelte sich dann die klassische, »geisteswissenschaftlich« genannte Pädagogik im Gefolge von Dilthey, Nohl und Weniger. Pädagogik hat es nach dieser Sicht immer mit grundsätzlichen geistigen Fragen zu tun, die man beschreiben, aber nicht im Letzten rational planen kann, sondern jeweils aktuell als Person verantworten muss.

Enzyklopädisch, von seiner Einteilung der Wissenschaften her, gehört die Pädagogik nach Schleiermacher nicht zur Theologie, sondern sie ist ein Teil der Philosophischen Ethik, in heutiger Terminologie würde man sagen: Sie gehört zur Kulturphilosophie. Schleiermacher definiert: »Die Pädagogik ist eine rein mit der Ethik zusammenhängende, aus ihr abgeleitete angewandte Wissenschaft, mit der Politik koordiniert.« (Päd. Vorlesungen 1826, Einl., Päd. Schriften I, 12, dort hervorgehoben) Was bedeutet diese Sicht für die pädagogische Praxis?

Was später in der Reformpädagogik einmal als die »Pädagogik vom Kinde aus« bezeichnet wird, hat einen Ursprung bei Schleiermacher. Denn dieser sieht das Kind nie als rein passiv an. Auch das als passiv Erscheinende hat immer einen Anteil von Aktivität (dem entspricht auch das, was im 20. Jahrhundert Jean Piaget als Lernen zwischen Aktivität und Passivität beschreiben wird, als Anpassung des Lernenden, Akkomodation einerseits und als Assimilation, Einverleibung der Welt andererseits). Bei Schleiermacher liest sich das so:

> »Die Passivität ist nie etwas Reines, es ist immer eine Mitwirkung oder Gegenwirkung vorhanden, die Selbsttätigkeit also nie ausgeschlossen. Der Mensch ist durchaus ein Selbsttätiges, auch in demjenigen, was überwiegend durch die Einwirkung anderer hervorgerufen wird [...] Daraus, dass der Mensch noch kein klares, vollständig entwickeltes Bewusstsein über eine Richtung seines Lebens hat, folgt noch nicht, dass diese zu seiner Selbsttätigkeit nicht gehöre.« (Päd. Vorlesungen 1826, Einl., Päd. Schriften I, 27)

Das Ziel der Erziehung schließlich wird gesellschaftspolitisch beschrieben. Sie hat so lange wirksam zu sein, bis die Selbsttätigkeit die erziehende Einwirkung übertrifft. Dann soll die Erziehung »den Menschen abliefern als ihr Werk an das Gesamtleben im *Staate*, in der *Kirche*, im allgemeinen freien *geselligen Verkehr* und im *Erkennen oder Wissen*.« (Päd. Vorlesungen, 27f.)

Das Wort »abliefern« klingt vielleicht verdinglichend. Das Gegenteil aber ist der Fall. Damit soll gerade das Ende der Erziehung beschrieben sein: Es gibt keine lebenslange Erziehung! Die Erziehung weicht der Selbsttätigkeit und die zu Erziehenden sind nun als Mitglieder der unterschiedlichen gesellschaftlichen Bereiche zu sehen: Sie sind nicht mehr »educandi«, sondern »abgelieferte« Kirchenglieder, Staatsbürger, Partizipierende an der allgemeinen Kultur und gebildete Bürger (»Wissen«).

Auch hier erkennt man wieder die im letzten Kapitel bei Salzmann angesprochene Veränderung der Gesellschaft vom Stand zum Bürgertum: Jetzt werden nicht mehr Kleriker oder Juristen oder andere Berufsstände ausgebildet, sondern die zu erziehenden künftigen Bürger partizipieren an allen Teilsystemen der Gesellschaft, an Politik, Religion, Kultur und Wissenschaft. Noch einmal ganz plakativ: Die ständische Gesellschaft braucht die Sozialisation (also das automatische Hineinwachsen in den überkommenen Beruf der Familie), die Bürgergesellschaft braucht die allgemeine Erziehung für alle Funktionssysteme der Gesellschaft. Dazu passt es schließlich, dass in Preußen 1794 im allgemeinen Landrecht die allgemeine Schulpflicht eingeführt wird. Erziehung ist eine neue Aufgabe der bürgerlichen Gesellschaft und Schleiermacher ist neben Herbart ihr erster Theoretiker, einer der Klassiker der Pädagogik des 19. Jahrhunderts.

Dabei gilt aber der wichtige Grundsatz, dass die Orientierung an der Zukunft nicht dazu führen darf, dass die gegenwärtigen Bedürfnisse des Kindes gering geachtet werden. Erziehung darf, so könnte man es sagen, den gegenwärtigen Menschen niemals als Mittel zu einem künftigen, noch so guten Zweck machen. Die Gegenwart hat ihre eigene Würde. Dieser schlichte Gedanke hat eine unauslotbare Tiefe. Die Gegenwart ist immer der Ernstfall. Eine noch so gut gemeinte Vorbereitung auf das Leben, die selbst nicht Leben ist, sondern Lebensbegrenzung und Lebensbeschneidung, hat keine den Menschen in seinen künftigen Lebensmöglichkeiten fördernde Funktion. Man sollte, folgt man der Lehre Schleiermachers, darum auch das studieren, was einem im Moment zur eigenen Einsicht und zum denkerischen Weiterkommen hilft und man sollte nicht nur nach den Arbeitsmarktprognosen gehen. Sonst würde man vielleicht nur die eigene Ausbildung berücksichtigen, aber nicht die eigene Bildung. In Schleiermachers eindrücklichen Worten:

> »Jede pädagogische Einwirkung stellt sich dar als Aufopferung eines bestimmten Momentes für einen künftigen; [...] Darf man überhaupt zugestehen, dass ein Lebensaugenblick als bloßes Mittel für einen anderen diesem anderen könne geopfert werden? Unsere ganze Lebenstätigkeit zeigt ein beständiges Widerstreben gegen ein solches Verfahren. [...] so muss auch jeder pädagogische Moment, der als solcher seine Beziehung auf die Zukunft hat, zugleich auch Befriedigung sein für den Menschen, wie er gerade ist.« (Päd. Vorlesungen 1826, Einl., Päd. Schriften I, 46. 48)

Soviel zur Allgemeinen Pädagogik Schleiermachers als Voraussetzung seiner Religionspädagogik.

5. Schleiermachers Religionspädagogik

5.1 Familie

Für Schleiermacher ist die Familie die Keimzelle der Erziehung. In ihr sind »ihrer Natur nach alle großen Lebensgemeinschaften repräsentiert.« (Päd. Vorlesungen 1826, Einl., Päd. Schriften I, 11) Das Hauswesen ist das erste organische Element der Gesellschaft und »Von dem häuslichen Leben hängt das Wohl des Staates ab.« (Päd. Vorlesungen 1826, Päd. Schriften I, 63)

Der entscheidende Einfluss für die religiöse Entwicklung des Kindes kommt nach Schleiermacher der Mutter zu. Den Müttern ist »die Äußerung der Frömmigkeit so natürlich, daß sie ihr eigenes religiöses Leben und ihre religiösen Bewegungen in die Kinder übertragen. [...] Dieser natürliche Prozeß darf nicht gehemmt werden«, heißt es ebenfalls in den Pädagogischen Vorlesungen von 1826 (Päd. Schriften 1,223). Es müsse die allgemeine Regel gelten, »nichts in den Kindern zu hemmen, was aus der inneren Entwicklung natürlich hervorgeht«. Man müsse ja sonst der Mutterliebe Gewalt antun, wenn sich die damit verbundenen frommen Gemütszustände den Kindern nicht mitteilen sollten.

5.2 Mitteilung und Darstellung von Religion in der Gemeinde

Zunächst ist *terminologisch* zu beachten: Schleiermacher redet in seiner Praktischen Theologie zwar vom »Religionsunterricht der Jugend« (347-417), meint damit aber den Konfirmandenunterricht. Von daher ist hier auch nicht so ein differenzierter Stufenplan zu finden wie bei Salzmann, der mit den Schritten Vertrauen – Glauben – sokratisches Verstehen – Katechismuslehre ein Gesamtgefüge von der Erstunterweisung bis zur Konfirmation beschrieben hatte.

Methodisch setzt Schleiermacher sich in den späteren praktisch-theologischen Vorlesungen explizit mit der didaktischen Konzeption der Sokratik auseinander. Er weist genau die Schwäche der aufklärerischen Unterrichtskonzeption und ihrer sokratischen Methode auf: Sie sei für spekulativ-philosophische Tatbestände geeignet, also für das, was er in den Reden »Metaphysik« genannt hat. Die ganze sokratische Methode beruhe darauf, dass jeder Mensch bestimmte Grundvorstellungen habe, die man im Gespräch herausbringen kann. Solche allgemeinen Wahrheiten könne man mäeutisch entwickeln. Beim christlichen Glauben sei aber eben dies nicht der Fall – dieser lasse sich nicht unter Vernunfteinsichten eines logischen, fragend-entwickelnden Unterrichtsgesprächs subsumieren. Über die »sokratische Methode« sagt Schleiermacher (Prakt. Theologie, 371):

> »Wenn man sich nun den christlichen Glauben vorstellt als auf diesem speculativen Gebiet gelegen, so dass die christlichen Glaubenssätze als allgemeine Wahrheiten vorgestellt werden, die aus jedem eben so entwickkelt werden können, und wenn man sie auch jedem müßte demonstrieren können: so würde eine Anwendung dieser Methode stattfinden. Wenn wir aber davon ausgehen, dass *dem christlichen Glauben Thatsachen zum Grunde liegen: so sieht man wol dass diese Methode so gradezu nicht anwendbar sein kann.* Allerdings kann man in einem jeden unter der bloßen Voraussetzung des Gewissens das Bewußtsein der Sünde erwekken indem man nur auf Thatsachen allgemeiner Form zurückzuweisen braucht; auch läßt sich allerdings in solchem Alter eine gewissen Ahndung davon entwikkeln, dass der einzelne für sich selbst diesen Streit nicht werde hinwegräumen können [...]. *Aber dass Christus als der Erlöser aufgefaßt werden soll läßt sich unmöglich von innen heraus entwickeln; daher der Ansicht, die sokratische Methode an und für sich und das ganze Gebiet umfassend in Anwendung bringen zu können, immer eine Täuschung zum Grunde liegen muss.«* (Hervorhebungen MMBl)

Es ist von daher falsch, wenn man gerade Schleiermacher unterstellt hat, bei ihm werde der christliche Glaube vom individuellen Erleben her auf die Beliebigkeit gestellt. Das Insistieren auf dem Gefühl, also der religiösen Erfahrung, dient vielmehr der Überwindung der sokratischen Methode. Mit gutem pädagogischen Gespür bringt Schleiermacher ein wichtiges Medium religiösen Lernens wieder zu Bewusstsein: die *Person* des Lehrenden. Methoden wie die differenzierte und professionelle Fragetechnik reichen nicht aus.

Eine Parallele kann man zur Curriculum-Diskussion um 1970 ziehen. Damals hatte man gemeint, man könne Unterricht objektiv wissenschaftlich konzipieren, wenn man die Lernenden, die gesellschaftlichen Herausforderungen und die Inhalte genau wissenschaftlich analysiere. Die lernzielorientierte Didaktik und die Idee des »programmierten Unterrichts« (Saul B. Robinsohn, Robert F. Mager), die auf dem amerikanischen Behaviorismus fußen (Input – »black box« – Output – Beobachtung – neuer Input) sollten das lehrerzentrierte, persönlichkeitszentrierte Bildungskonzept in Deutschland ablösen und durch ein wissenschaftliches ersetzen. Die Begeisterung währte allerdings nur kurz, weil man bald merkte: Die Lehrerpersönlichkeit ist ein besonders wichtiges Medium im Lernprozess, wenngleich diese sich selbst immer unter Reflexion auf die Unterrichtsrolle in den Unterricht einbringt. Gerade dies hat die neueste niedersächsische Religionslehrerstudie eindrücklich gezeigt (Feige u. a. 2001).

Ähnliches hält nun Schleiermacher nach der methodischen Begeisterung in Aufklärung und Sokratik fest. Religion lässt sich nur durch Religion lehren. Die Gefühle des Getragenseins und Erlöstseins, der »Sinn und Geschmack fürs Unendliche« lassen sich nicht aus vernünftig-theoretischem Gespräch entwickeln. Diese Gefühle benötigen das, was Schleiermacher »Mitteilung« des Glaubens nennt. Dies wird man auch heute noch als einen glücklichen Terminus ansehen können. Wer mitteilt, übergibt etwas (eine Botschaft); aber er vollzieht das so, dass er zugleich an sich selbst Anteil gibt. Etwas übergeben und etwas von sich geben sind im Begriff der »Mitteilung« zusammengefasst. Nur so kann christlicher Glaube gelehrt werden.

Am Rande noch eine terminologisch nicht unwichtige Einzelheit zur *Unterrichtsmethode*: In Auseinandersetzung mit und Abgrenzung von der Sokratik beschreibt Schleiermacher nun zwei Lehrformen: den zusammenhängenden Vortrag und die Gesprächsführung, den Dialog. Diese Unterscheidung ist sehr folgenreich gewesen. Die Katechetik nach Schleiermacher unterscheidet in der Regel diese beiden Lehrformen. Entsprechend der Bemühung um wissenschaftliche Begrifflichkeit (mit Schleiermacher beginnt erst die wissenschaftliche Praktische Theologie) heißt es dann:

- akroamatische Lehrform (Vortrag: von ακροασθαι, hören)
- erotematische Lehrform (Dialog: von ερωταν, fragen)

(Achelis 2, 1911, 463-472)

Man wird aber insgesamt sagen können, dass Schleiermacher die Religion des *Lehrenden* wieder stark gemacht hat gegenüber der bloßen Konzentration auf die *Lernenden* bzw. auf die allen Menschen gemeinsame natürliche, vernünftige Religion in der Sokratik und Aufklärung allgemein. Religion muss im Erleben der Lernenden aufgesucht werden: Dies ist von Salzmann bleibend zu lernen. Religion kann aber nicht aus ihnen selbst heraus entwickelt werden, sie muss im Gottesdienst dargestellt und mitgeteilt werden und im Unterricht noch einmal in jugendgemäßer Form mitgeteilt werden. Schleiermacher verfolgt ein doppeltes Prinzip:

α) im Dialog muss der Lehrer nah bei dem Lernenden sein;

β) im Vortrag muss er nahe bei sich selbst bleiben.

Diese Einsichten verdienen es, festgehalten und mit je einem auch heute bedenkenswerten Zitat erläutert zu werden.

> Zu α bemerkt Schleiermacher:
> »Je mehr die Jugend die Vorstellungen selber entwikkeln hilft, desto vollkommener wird der Unterricht sein. Die dialogische Form entspricht ihrem Zwekke nur, wenn der Lehrer alle Abweichungen der Schüler wahrnimmt. [...] Es ist daher im einzelnen unmöglich sich für jede katechetische Unterredung ein bestimmtes Ziel zu stekken, weil es dabei auf die Schüler zu sehr ankommt.« (Prakt. Theol., 367, Hervorhebungen dort)
> Zu β heißt es:
> »Der Geistliche wird als religiös erregt gedacht und die reine dialogische Form hemmt eigentlich seine religiöse Erregung, und notwendig muss sie an gewissen Punkten ausbrechen und das Gleichgewicht in der Darstellung wieder herstellen. [...] Wo der Geistliche das Bewußtsein hat daß die dialogische Form trokken wird: [...] so wird er nothwendig homiletische Massen dazwischen schieben.« (Prakt. Theol., 368f.)

An einem wichtigen Punkt stimmt Schleiermacher übrigens mit den Philanthropen überein: Ein fester Katechismus wie der lutherische ist für den Unterricht nicht sinnvoll. Wenn Luther den Katechismus für die »einfältigen« Pfarrer geschrieben habe, bemerkt Schleiermacher apodiktisch: »Nun soll es keine einfältigen Pfarrer geben, sie sollen verschwinden und damit auch die Nothwendigkeit der Katechismen.« Der beste Katechismus sei der, den der Pfarrer *»sich jedesmal selbst macht«* (376, dort kursiv). Auch gegenüber dem Auswendiglernen ist Schleiermacher skeptisch (380f.); es komme vielmehr darauf an, »einen religiösen Gedankenerzeugungsproceß« in den Konfirmanden anzuleiten.

Damit wird das subjektbezogene Moment sehr stark gemacht. Der »Gedankenerzeugungsproceß« ist die eigentliche Methode religiösen Lernens. Damit geht Schleiermacher sowohl über den Katechismusunterricht des 16. und 17. als auch über den vernünftig-sokratisierenden Ansatz des 18. Jahrhunderts hinaus. Religion kommt situationen-

und personengegeben zur Darstellung durch Mitteilung und sie kann nicht vorab fixiert werden.

Andererseits gibt es bei Schleiermacher ebenso objektive Momente, die über das Situative hinausgehen bzw. dieses überhaupt erst ermöglichen. Der Christusbezug war schon im Zusammenhang der Abkehr von der sokratischen Methode erwähnt worden. Den Bezug zur Kirche jedoch muss man bei Schleiermachers KU-Konzeption als integralen Teil berücksichtigen.

1. KU soll Vorbereitung sein »für den Cultus« (383), von dem gilt, dass der Geistliche als Liturg »auf die Kinder in der Kirche nicht Rücksicht zu nehmen« hat (385). Die Liturgiedidaktik ist inzwischen schon etwas weiter und die neue KU-Agende der VELKD und der EKU von 2001 legt darauf besonderen Wert.
2. Die Bibel ist »der eigentliche Centralpunkt« (387) des Unterrichts: *»Ein wirkliches Leben in der Schrift ist die Grundlage zu aller religiösen Bildung.«* (399, dort kursiv)
3. Neben den Schriftgebrauch tritt »auch die Beziehung auf das Glaubensbekenntniß, um der großen Zügellosigkeit zu wehren« (401). Jeder Christ soll das Credo kennen, aber nicht nur als Formel, sondern als Zusammenfassung der »Keime aller seiner religiösen Zustände« (402).

5.3 Schulische Religionspädagogik

Für Schleiermacher ist die vertrauensvolle Beziehung beim religiösen Lernen einerseits und die Befürchtung rationalistischer Verengungen staatlicher Bildungsprozesse andererseits so bedeutsam, dass er dem schulischen RU gegenüber skeptisch bleibt. Das Urbild religiöser Mitteilung sieht er in der Familie, darauf baut der Konfirmandenunterricht auf. Schleiermacher denkt religionspädagogisch zunächst an die Familie, dann an die Gemeinde. In der Schule droht die »Verstehenswut« auch gegenüber der Religion. Darum kommt es zu dem berühmten Satz in den pädagogischen Vorlesungen von 1826: Der Religionsunterricht, »der in öffentlichen Anstalten erteilt wird, […] so bin ich der Meinung, dass dieser ganz erspart werden kann« (Päd. Vorlesungen 1826, Päd. Schriften I, 339). Statt Religion lehre man dann auf den Gymnasien schon Theologie, und diese sei eben nur etwas für Theologen (dies ist bekanntlich generell die Meinung Schleiermachers gewesen – Theologie ist nur für die Kirchenleitung; auch im Gottesdienst hat das eigentlich Theologische nach Schleiermacher nichts zu suchen).

Schleiermachers Stellung zum RU ist allerdings schwankend und darum nicht genau zu bestimmen (Wißmann, 243-290). Als Mitglied einer Sektion für den öffentlichen Unterricht unter dem Vorsitz von Humboldt 1810-1815 hat Schleiermacher einen Plan für den RU vorgelegt (Päd. Schriften II, 141ff.). Einen allgemeinen Religionsunterricht hat er dabei um der Juden willen abgelehnt: »Der Unterricht muss vielmehr christlich sein, dabei aber streben, sich von der Polemik der einzelnen christlichen Parteien gegeneinander frei zu halten.« (141) Auf der untersten Stufe solle es sich um Bibelunterricht handeln; während der Zeit des KU (des »kirchlichen Religionsunterrichts«) solle es auf jeden Fall nur einen Unterricht geben – entweder den gemeindlichen KU oder den schulischen RU, der dann auch zur Konfirmation führt. Auf der oberen Stufe nach dem KU gehe es darum, bei den Jugendlichen »den Skeptizismus, der sich in ihnen gebildet haben mag, zur Sprache zu bringen und zu zügeln« (143) und das spekulative Vermögen zu entwickeln, damit sich die Philosophie gut aus der Religion entwickeln lasse. Das Ziel sei dabei die Einsicht, während »die Belebung der Gesinnung die Nebensache« sei (144). Hier begegnet wieder der Begriff der »Gesinnung«, den wir schon bei Salzmann gefunden hatten. Eine ähnliche Zuordnung findet sich auch in der Praktischen Theologie, die ja dem KU gilt (357).

Schleiermachers Position zum schulischen RU bleibt schwankend; es ist für uns heute aber auch nicht wichtig, seine Position zu bestätigen oder abzulehnen. Wichtiger ist sein sowohl individueller als auch kirchlicher Begriff von Religion, die beim religiösen Lernen miteinander zu vermitteln sind, ohne dass man dabei Religion auf Kenntnisse und Moral reduziert.

6. Religiöse Bildung und Bildungsverantwortung nach Schleiermacher heute

Man wird das Beschriebene so zusammenfassen können: Schleiermacher überwindet die Entgegensetzung von orthodox-examinierender und aufklärerischer, sokratisierender Lehrart, indem er die objektive

Religion evangelischen Christen- und Kirchentums im Medium subjektiver Mitteilung erfahrbar zu machen sucht. Hier wird nicht die »Religion des Kindes« zum alleinigen Maßstab wie bei den Philanthropen, ebenso wenig wie der zu examinierende Katechismusstoff im 16. und 17. Jahrhundert. Die subjektive Religion ist vielmehr das bevorzugte Medium der Darstellung objektiver Religion; objektive Religion als Religion wiederum ist aber nur existent in der Form der Mitteilung von Subjekten.

Die Unterscheidung von subjektiver und objektiver Religion wurde nach Schleiermacher geläufig. Sie findet sich dann in der einflussreichen Katechetik von Christian Palmer (1811-1875). Die Aufgabe des Katecheten ist es nach Palmer, eine »Copulation« von subjektiver und objektiver Religion anzubahnen. Diese zweifache Sicht der Religion, wie sie sich schon in Schleiermachers Reden findet, hat nichts von ihrer Aktualität verloren.

Die für die Kirche sich daraus ergebende Verantwortung für das Verständnis von Bildung überhaupt, die mehr ist als die religiöse Bildung, hat jüngst die Ev. Kirche der Union (EKU) in einer Bildungsstudie im Anschluss an Schleiermacher herausgestellt: »In der Bildung von Gewissheit ist der Mensch unvertretbar.« (Bildung in evangelischer Verantwortung, Schleiermacherstudie der EKU 2001, 44) Es ist unsere Aufgabe als Pädagogen und als Geisteswissenschaftler, diesem Satz weiterhin Gehör zu verschaffen.

Literatur

Werke von Schleiermacher

Schleiermacher, Friedrich D.E.: Kritische Gesamtausgabe, hrsg. von Hans-Joachim Birkner u. a., Berlin/New York 1980ff.

Schleiermacher, Friedrich D.E.: Der christliche Glaube nach den Grundsätzen der evangelischen Kirche im Zusammenhang dargestellt, Berlin ^{6}1884.

Schleiermacher, Friedrich D.E.: Pädagogische Schriften, 2. Bde. Unter Mitwirkung von Theodor Schulze hrsg. v. Erich Weniger (= Ullstein TB, Frankfurt 1983), Düsseldorf/München 1957.

Schleiermacher, Friedrich D.E.: Praktische Theologie, Berlin/NewYork 1983 (= Berlin 1850).

Schleiermacher, Friedrich D.E.: Über die Religion. Reden an die Gebildeten unter ihren Verächtern. Hrsg. v. Rudolf Otto, Göttingen [7]1991 (zitiert nach der Original-Paginierung, »O.P.,...«).
Schleiermacher, Friedrich D.E.: Die Weihnachtsfeier. Ein Gespräch, Darmstadt 1984 (Reihe »Libelli« Bd. 11, mit einer Einführung von G. Wehrung).

Sekundärliteratur

Achelis, Ernst Christian: Lehrbuch der praktischen Theologie, 3 Bde., Leipzig [3]1911 [1890].
Bildung in evangelischer Verantwortung auf dem Hintergrund des Bildungsverständnisses von F.D.E. Schleiermacher. Eine Studie des Theologischen Ausschusses der Evangelischen Kirche der Union, Göttingen 2001.
Birkner, Hans-Joachim: Schleiermachers Christliche Sittenlehre im Zusammenhang seines philosophisch-theologischen Systems (TBT 8), Berlin 1964.
Feige, Andreas und Bernhard Dressler, Wolfgang Lukatis, Albrecht Schöll: ›Religion‹ bei ReligionslehrerInnen. Berufsbiographische Fallanalysen und eine repräsentative Meinungserhebung unter evangelischen ReligionslehrerInnen in Niedersachsen, Münster 2001.
Frost, Ursula: Einigung des geistigen Lebens. Zur Theorie religiöser und allgemeiner Bildung bei Friedrich Schleiermacher, Paderborn u.a. 1991.
Kumlehn, Martina: Symbolisierendes Handeln. Schleiermachers Theorie religiöser Kommunikation und ihre Bedeutung für die gegenwärtige Religionspädagogik, Gütersloh 1999.
Nipkow, Karl Ernst: Die Individualität als pädagogisches Problem bei Pestalozzi, Humboldt und Schleiermacher. (Marburger Päd. Studien 1, hrsg. v. E. Blochmann), Weinheim 1960.
Rousseau, Jean-Jacques: Emil oder über Erziehung, Paderborn u.a. [13]1998 (UTB 115).
Schmidt, Günter R.: Friedrich Schleiermacher (1768-1834). In: Klassiker der Pädagogik, hrsg. von H. Scheuerl Bd. 1, München 1979, 217-233.
Schröer, Henning: Friedrich Daniel Ernst Schleiermacher (1768-1834). In: Klassiker der Religionspädagogik, hrsg. von H. Schröer und D. Zilleßen, Frankfurt 1989, 115-135.
Wißmann, Erwin: Religionspädagogik bei Schleiermacher. (SGNP 15), Gießen 1934.

4. Kapitel

Richard Kabisch (1868-1914) und das Erlebnis

Im Jahre 1868, genau 100 Jahre später als Schleiermacher, wird Richard Kabisch geboren. Mit ihm beginnt die Religionspädagogik des 20. Jahrhunderts. Kabisch ist demnach der erste Klassiker nach dem neuen (1889 von Reischle geprägten) Begriff »Religionspädagogik«. Aber Kabisch ist weit mehr: Er ist auch der erste Theoretiker des schulischen Religionsunterrichts. Mit ihm kommen wir aus der Historie ganz nah an die auch heute noch diskutierten Fragen. Kabisch ist zudem der erste »Empiriker«, indem er die damals modernste Psychologie und Religionspsychologie, diejenige von Wilhelm Wundt (1832-1920) und William James (1842-1910) rezipiert. Der uns so vertraute Begriff »Erfahrung« ist dabei der Schlüssel des Wirklichkeitsverständnisses von Wundts Psychologie: Psychologie ist Wissenschaft von der *unmittelbaren* Erfahrung und Naturwissenschaften sind Wissenschaften von der *mittelbaren* Erfahrung (Heesch, 96).

Kabischs Schlüsselbegriff »Erlebnis« ist schillernd und weist die verschiedensten Bezüge auf. Dazu gehört die damalige Lebensphilosophie im Gefolge von Friedrich Nietzsche und Wilhelm Dilthey (1833-1911). Darüber hinaus kann man auch an die gegenwärtigen kultursoziologischen Überlegungen zur »Erlebnisgesellschaft« denken, wie sie von Gerhard Schulze angestellt wurden. Die Kategorie des Erlebens ist so »modern« wie vor 100 Jahren: Auch dieser Begriff »modern« war damals wie heute eine Schlüsselkategorie. Wahrscheinlich formulierte Kabisch seinen Buchtitel in Anlehnung an das damals erschienene Buch »Wie predigen wir dem modernen Menschen?« von Friedrich Niebergall (Heesch, 11).

Das Modernste an Kabischs Werk aber ist dieses: Er entwickelt die erste schulische Religionsdidaktik und damit auch eine Berufstheorie des Religionslehrerstandes. Die Katechetik als die Wissenschaft, die das Lehren von Religion zunächst für Pfarrer und dann auch, davon abgeleitet, für Lehrer an Schulen konzipiert, wird verlassen. So hatten die großen Katechetiker in der zweiten Hälfte des 19. Jahrhunderts gedacht (etwa Christian Palmer und C.A.G. von Zezschwitz). Die Lernorte Schule und Gemeinde werden aber seit Kabisch deutlich unterschieden. Wiederum in der Terminologie von Niklas Luhmann formuliert: Das Religionssystem und das Erziehungssystem differenzieren sich aus. Lehrer als Berufsstand entwickeln ein eigenes Selbstbewusstsein. Hinzu kommt die grundsätzliche Kritik am Religionsunterricht.

Dies lässt sich an einer historischen Begebenheit ablesen: Im Bremer Streit um den Religionsunterricht stellt man dieses Schulfach erstmals grundsätzlich in Frage. In der »Bremer Denkschrift« von 1905 fordert die Bremische Lehrerschaft den Staat auf, den RU an den öffentlichen Schulen abzuschaffen: »Die Schule ist eine Veranstaltung des *Staates*; Religion aber ist *Privatsache*« (zit. nach Bloth 1959, 124). Der Unterricht solle sich darauf beschränken, Sittenunterricht zu sein und allgemein das »Gefühl der Ehrfurcht vor dem Erhabenen« lehren (aaO., 130) – aber nicht die biblischen und kirchlichen Lehren: »Es ist ein Unding, Kinder in den ersten Jahren des Schulbesuchs mit den Sitten, Gebräuchen und Gedankengängen syrisch-arabischer Beduinen der Vorzeit zu behelligen« (133). Allenfalls eine Religionskunde ab dem 7. Schuljahr sei vorzusehen (»allgemeine Religionsgeschichte«, 134). Die Bibel galt schließlich als ein aus historischen und ästhetischen (und nicht aus kirchlichen) Gründen wichtiges Dokument (Bloth 1959, 83) und es kam in Bremen zum Unterrichtsfach »Biblische Geschichte« ohne Kirchenbezug.

Ganz anders urteilt Kabisch. Er weist die Bremer Argumente gegen den RU explizit zurück (Kabisch ^{3}1913, 19-23). Er will den konfessionellen Religionsunterricht beibehalten (Kabisch ^{3}1913, 18f.) und ihn didaktisch sichern, indem er ihn entklerikalisiert und schulisch beschreibt. Er will so den RU den Pfarrern entziehen, weil nur die Lehrer Religion auf der Höhe der Kultur unterrichten könnten. Der ethische Hintergrund ist die *Staatsgesinnung* – denn sie biete die Voraussetzungen echter Religiosität (Heesch, 173). Richard Kabisch ist es gelungen, in der Zeit einer ersten grundsätzlichen Bestreitung des Religionsunterrichts eine eigenständige schulische Form und damit eine didaktische Plausibilisierung des RU vorgelegt zu haben. Dass diese wiederum Probleme aufwarf, steht auf einem anderen Blatt und wird uns noch beschäftigen. Schon eine der ersten Rezensionen des Buches »Wie lehren wir Religion?« fällte das Urteil: »Das neueste, beste und schlimmste Buch über Religionsunterricht« (zit. nach Ritter, 181). Das Buch erlebte bis 1931 sieben Auflagen. Es ist aber auch zu berücksichtigen, dass Kabisch durch den psychologischen Ansatz die Kirchlichkeit des RU erneut begründete und so auch an die Kirchlichkeit der Katechetik im 19. Jahrhundert anschloss (so Bloth 1959, 97).

Auf die verwendete Auflage ist bei Kabischs Hauptwerk genau zu achten! Denn nach dem Tod von Kabisch 1914 nahm ab der 4. Auflage 1917 und erst recht ab der 5. Auflage 1920 der Bearbeiter Hermann Tögel (1869-1939) Aktualisierungen aus der Sicht nach 1918, aber auch zahlreiche nicht gekennzeichnete Veränderungen vor, bei denen er Kabischs Werk »je länger desto gründlicher verdarb« (Bloth 1968, 177). So ersetzte er z. B. Fremdwörter penibel durch Eindeutschungen. Statt »Rationalisieren« (^{3}1913, 223) schreibt Tögel »Vernünfteln« (^{5}1920, 197), statt »Surrogate der Bibel« (^{3}1913, 225) »Ersatzmittel der Bibel« (^{5}1920, 198), statt »Reaktion« des Kindes »Antwort« und statt »liturgisch« und »kultisch« »gottesdienstlich« (dazu vgl. die beiden Inhaltsverzeichnisse). Die Tendenz zum Deutschtum ist erst recht in der 7. Auflage von 1931 erkennbar, in der Kabischs Text ohne Tögels Veränderungen wieder hergestellt ist. Nun hat Tögel seine eigene Konzeption angefügt (^{7}1931, 231-346), u. a. auch den Abschnitt »Deutscher Religionsunterricht« mit den Themen »Rasse, Volk und Religion« und »Germanenglaube« (284-302). Tögels Differenzen zum Germanenglauben verloren sich bis 1935 mehr und mehr (Kliss, 213 f.). – In der Regel wird im Folgenden nach der 3., von Kabisch noch selbst bearbeiteten Auflage zitiert; aus der 5. Auflage 1920 ist jedoch ein Aufsatz über die Wunder im Religionsunterricht aus Kabischs Nachlass herangezogen, den Tögel zum Abdruck bringt (^{5}1920, 306-310).

Mit dem Aufkommen der dialektischen Theologie verfiel Kabischs explizit psychologische Religionspädagogik dem Verdikt. Seit dem Ende der zwanziger Jahre stand Kabisch für alles, was schlimm war. In der dialektischen Theologie und in der von der Lutherrenaissance beeinflussten Theologie (Karl Holl, Rudolf Herrmann, Heinrich Bornkamm) und Religionspädagogik war die empirische Beschäftigung mit Religion und schließlich der Rekurs auf den Religionsbegriff selbst schon dem Verdikt verfallen. Noch Helmuth Kittels bekannte Schrift »Vom Religionsunterricht zur Evangelischen Unterweisung« von 1947 ging mit der Parole »Nie wieder Religionsunterricht« von der Negativfolie Richard Kabisch aus. Die Psychologisierbarkeit und die Lernbarkeit von Religion überhaupt galten dann als der theologische Kardinalfehler. Das werden wir im nächsten Kapitel bei Gerhard Bohne feststellen können.

Dass Kabisch jedoch die schulische Religion vom »Erlebnis« her und nicht von bloßen Kenntnissen her begründet hat, das sicherte ihm damals die Begeisterung seiner Lehrerkollegen und das sichert ihm heute einen Platz unter den Klassikern der Religionspädagogik. Der Preis dafür war allerdings eine sehr einseitige und darum später umstrittene These: *Religion ist lehrbar.* Wohlgemerkt: Gemeint ist damit nicht, religiöse *Kenntnisse* seien lehrbar, sondern Religion selbst. Er meint: Religiöse Gefühle und religiöse Vorstellungen sind ganz eng miteinander verbunden und sie lassen sich vom Lehrer auf die Schüler übertragen. Die Folgerung lautet darum: Der Unterricht schaffe Erlebnisse!

1. Einige grundlegende Bemerkungen zu Kabischs Biographie und Werk

Richard Kabisch wird 1868 als pommerscher Pfarrerssohn geboren und studiert in Greifswald und Bonn Germanistik, Geschichte und Theologie. In Bonn promoviert er (mit einer Arbeit zum 4. Esra) und ist dann im Schul- und Seminardienst tätig, zuletzt von 1910-1914 als Regierungs- und Schulrat in Düsseldorf. Er ist demnach ein Schulpraktiker und Lehrerausbilder mit Überblick in der schulischen Realität aufgrund seiner Aufsichtstätigkeit (mit Publikationen auch zur Geschichtsdidaktik). Wie so viele stirbt Kabisch als Kriegsfreiwilliger an der Westfront in den ersten Kriegsmonaten. Die Erschütterung der Lehrerschaft über seinen Tod ist groß. Kabischs Neuansatz eines psychologischen RU hatte bei den Lehrern aus mehreren Gründen starke Beachtung gefunden: Der RU wurde nicht mehr von der kirchlichen Katechetik her begründet, sondern von der Schule her und der Memorier-Materialismus, das Repetieren wurde abgelöst durch lebendiges Erzählen und gemeinsames Bedenken der Inhalte. Dadurch wurde der Unterricht für die Schüler interessanter und für die Lehrer befriedigender.

Bei Kabisch wird die Religion darüber hinaus auch anders verstanden als in der zeitgenössischen Pädagogik um die Jahrhundertwende, etwa bei Ziller 1884, der in seiner »Lehre vom erziehenden Unterricht« Religion mit Sittlichkeit und Ethik nahezu identifiziert hatte. Die Sittlichkeit nimmt nach *Ziller* von selbst religiöse Formen an. Bei *Kabisch* ist es grundsätzlich anders. Die Religion gilt als eigentümliches religiöses Erlebnis, das nicht auf Ethik reduziert wird. An dieser Stelle denkt Kabisch im Gefolge Schleiermachers, der Religion als eigenständig gegenüber Metaphysik und Moral beschrieben hatte. Das Gefühl kosmischer Ergebenheit und Abhängigkeit ist das Ziel religiöser Lernprozesse. Die Terminologie klingt nach Schleiermacher. Aber inzwischen ist die empirische Psychologie als Wissenschaft entstanden. Auf diesem Hintergrund hält nun Kabisch – ganz anders als Schleiermacher – Gefühle für psychologisch operationalisierbar. Das ist das Neue, das Großartige und das Bedenkliche an seiner Theorie, die endgültig auszuarbeiten ihm sein früher Kriegstod keine Zeit mehr ließ.

2. Die Lehrbarkeit der Religion

»Es ist von vielen Seiten her reichlich der bisherige Unterricht kritisiert worden: er sei Zwangsunterricht, er verfahre zu dogmatisch und autoritär, er pauke zu viel Stoff, er verfahre zu mechanisch; immer wieder ist darauf hingewiesen worden, dass zwar die Kinder Religion, aber nicht den üblichen Unterricht in ihr gern hätten. Es hat nichts geholfen; man konnte sich von den alten Vorurteilen nicht lösen«, bilanziert Friedrich Niebergall in seinem RU-Kapitel 1919 (Praktische Theologie 2,249). Und entsprechend sind Schülererinnerungen um 1900, die Kabisch in seinem Hauptwerk zitiert:

> »Vom Religionsunterricht der Schule habe ich nicht mehr gehabt als von der strammen Zucht zu Hause. Denn wir wussten gar bald, dass diese Geschichten ›lange nicht wahr‹ wären und dass sie nur darum gelernt werden müssten, weil es der geistliche Kreisschulinspektor beim Examen verlangte. Wir ahnten auch, dass es unsern Lehrern selber nicht recht Ernst mit diesen Stunden sein könne (eine mörderische Ahnung, wenn sie Kindern aufgeht!), so sehr wir sie in andern Fächern auch hochschätzten und liebten.« (Kabisch ^{3}1913, 87)

Auch der Unterricht auf dem Lehrerseminar sei nichts anderes als »pauken« von biblischen Geschichten, »Drill« und »Schablone« und »kein Versuch zu Stunden der Andacht und religiöser Weihe (Bach, Händel, ...)« (ebd.).

Das ist das Umfeld, in dem Kabisch nach religiösen Erlebnissen ruft: Paukunterricht, geistliche Schulaufsicht, landläufige Klage über Langeweile und Widerwillen einerseits; daneben aber die theologische Theorie andererseits, Religion lasse sich eben nicht lehrend in der

Schule vermitteln; man könne und müsse sich auf religiöse Kenntnisse beschränken. Es sind also zwei klassische Probleme des schulischen RU, auf die Kabisch reagiert: Die Klage über einen der Sache der Religion nicht angemessenen Unterricht einerseits und die Verlegenheitsauskunft, mehr als Wissen müsse ja im schulischen Religionsunterricht sowieso nicht vermittelt werden.

Vor gut 100 Jahren, im Jahre 1902, veröffentlicht Kabisch in der schon damals erscheinenden »ZThK« seinen Aufsatz »Über die Lehrbarkeit der Religion«. Er rekurriert dabei zunächst auf den Unterschied von »objektiver« und »subjektiver« Religion, den schon Christian Palmer in seiner Katechetik von 1844 geläufig gemacht hatte. Kabischs These im Gefolge Palmers: Auch die subjektive Religion ist lehrbar. Sie ist übertragbar durch Vorstellungen im Vollsinne. Gemeint sind damit nicht Begriffe, sondern die Vorstellungen als Einheiten von Denken, Tun und Wollen des Lehrers, wie beim lehrenden Maler, Turner oder Musiker (20). Der Hintergrund dieser Ansicht ist die Assoziationspsychologie im Gefolge von Herbart, die Vorstellungen und Gefühle aneinander assoziiert ansah. Gefühle sind (nach Herbart) dabei den Vorstellungen untergeordnet (Heesch, 187). Religion ist lehrbar, so Kabisch 1902, in diesem Ineinander von Vorstellungen und Gefühlen. Man solle darum das Gefühl auch nicht überschätzen (24). Die Lehrbarkeit hafte gerade an dem Vorstellungsgehalt. In seinem späteren Hauptwerk, nach der Bekanntschaft mit William James, wird sich Kabisch umorientieren und dem Gefühl eindeutig den Primat einräumen. Aber eines bleibt: Religion ist lehrbar – ganz anders als Schleiermacher das gesehen hatte.

3. Von Schleiermacher zu Kabisch – von der Transzendentalphilosophie zur empirischen Psychologie (theoretische Vertiefung)

3.1 Kabisch und Schleiermacher

Kabischs religionspädagogische Position knüpft bei dem an, was wir bei Schleiermacher kennen gelernt haben und bezieht die Erkenntnisse der grundsätzlichen wie empirischen Psychologie von Wilhelm

Wundt und der experimentellen Psychologie von William James mit ein. So versteht sich Kabisch selbst als Schüler Schleiermachers. Doch er orientiert sich theoretisch ganz anders, eben naturwissenschaftlich-experimentell und operationalisierend, während Schleiermacher das Gefühl nicht empirisch gemeint hatte, sondern transzendentalphilosophisch. »Gefühl« bei Schleiermacher war die Kategorie, in der das Anschauen des Ganzen, der Grund der Existenz thematisiert wird. Im Gefühl war das Ganze der beschriebenen Ellipse von theologischer und philosophischer Weltorientierung beschrieben. Im Gefühl als »unmittelbarem Selbstbewusstsein« war die Bedingung der Möglichkeit thematisiert, sich selbst als frei und als in der Freiheit gehalten und gegründet zu beschreiben, als sich setzend und als im Sich-Setzen als nicht-gesetzt-habend zu erfahren. Kurz: »Gefühl« war für Schleiermacher eine grundlegende religionsphilosophische und keine eingeschränkt psychologische Kategorie. Bestimmen wir darum im Folgenden zunächst das Verhältnis von Kabisch zu Schleiermacher; danach wenden wir uns den psychologischen Theorien selbst zu, auf die sich Kabisch bezieht.

Vom Gefühl zur Emotion

Zunächst gibt es für Kabisch wie für Schleiermacher ein »religiöses Apriori«: Jeder Mensch ist von Natur aus religiös und kann religiös angesprochen werden. So hatte es Schleiermacher in der 3. Rede über die Religion formuliert: »Der Mensch wird mit der religiösen Anlage geboren wie mit jeder andern, und wenn nur sein Sinn nicht gewaltsam [...] verrammelt wird – [...] so müsste sie sich auch in jedem unfehlbar auf seine eigne Art entwickeln« (3. Rede 1799, O.P. 144).

Religion wird nun von Kabisch (wie bei Palmer) als das Ineinander von subjektiver und objektiver Religion verstanden. Der Hauptpunkt des Interesses dabei aber ist die genaue psychologische Beschreibung und Zerlegung von Vorstellungen, Emotionen und Wollen. »Gefühl« wird jetzt eine Dimension des Erlebens wie Vorstellungen und Willensorientierungen. Es handelt sich jetzt um eine *psychologische Dimensionierung der religiösen Erfahrung*. Bei Schleiermacher war es um eine *philosophische Kategorisierung der religiösen Erfahrung* gegangen. Um den Unterschied zu benennen, ist an dieser Stelle ein uns heute geläufiger Begriff einzusetzen, der Begriff der Emotion. Er macht den Unterschied zu Schleiermachers grundsätzlicher Sicht des Gefühls sofort deutlich. Obwohl Kabisch den Begriff der Emotion selbst nicht verwendet, bringt er wahrscheinlich den Unterschied am besten zum Ausdruck.

Beim Gefühl kosmischer Ergebenheit und Abhängigkeit *meint* Kabisch damit nur an Schleiermacher anzuknüpfen. (Schleiermacher hatte von dem »Gefühl schlechthinniger Abhängigkeit« her seine »Glaubenslehre« entworfen.) Religion ist lehrbar, insofern sie religiöses Erlebnis, oder wie Kabisch auch sagen kann: »religiöse Ansteckung« ist. Religiöse Erlebnisse sind wie religiöse Vorstellungen unterrichtlich zu erzeugen und zu vermitteln. Mit diesem Punkt unterscheidet sich Kabisch sowohl von Schleiermacher als auch von Palmer und knüpft vielmehr an William James an. Schleiermachers grundsätzliche Gefühlskategorie ist operationalisiert worden.

Die »subjektive« und »objektive« Religion als »Phantasie-Religion« und »Erfahrungsreligion«

Neu ist bei Kabisch die psychologische Perspektive sowohl bei der subjektiven als auch bei der objektiven Religion. Dafür führt Kabisch zwei neue Begriffe ein, die beim ersten Hören leicht auf die falsche Fährte führen. Kabisch nennt die objektive Religion die »Phantasie-Religion«. Das ist insofern verwirrend, als wir ja bei dem Wort »Phantasie« immer geneigt sind, uns das Individuelle, Kreative, vielleicht auch das Träumerische vorzustellen. Bei Kabisch aber meint Phantasie-Religion das auf die Vorstellungen Bezogene. Erfahrungsreligion hingegen meint das Erleben des Kindes. Die Erfahrungsreligion des Kindes liegt im Naturerleben (Gewitter, Schönheit des Waldes) und im ethischen (»sittlichen«) Erleben, im Erkennen eigener Schuld.

Am Rande: Liest man bei Kabisch genauer nach, so kommt neben dem modernen psychologischen Gewand doch auch die autoritäre Form damaliger Erziehung deutlich heraus. Denn für die erlebte Sittlichkeit als Form der Erfahrungsreligion bringt Kabisch das folgende Beispiel: »Was hast du getan? – Gelogen. – Was muss Mutti jetzt? – Hauen, – all diese Zeugnisse der notwendigen Zustimmung des inneren Gefühls zu der Aufrechterhaltung des Gesetzes reden eine deutliche Sprache.« (^{3}1913, 99). Die Erfahrung, dass der Erzieher »schmerzerfüllt strafe«, sei das beste für die Vertiefung des sittlichen Gefühls (^{3}1913, 101).

Aber daneben gehören die Krankheit der Eltern, Misserfolge (97) ebenfalls zur Erfahrungsreligion. Und eben diese Grunderfahrungen sucht das Kind dann mit Vorstellungen zu verarbeiten und schafft sich dazu eine »Phantasiereligion«. Die Phantasiereligion gestaltet die Erlebnisse durch Vorstellungen (102, Anm. 1) und es gilt:

> »In der Religion der Erfahrung herrscht die Wirklichkeit und das Erlebnis; in der Religion der Phantasie herrscht die Dichtung und das Symbol.« ([3]1913, 95; Kabisch-Tögel [5]1920, 64 steht »Sinnbild« statt »Symbol«).

Wichtig ist noch die Ergänzung: Eine Verstandes-Religion gebe es neben diesen beiden Formen nicht – das seien nur künstliche unterrichtliche Systeme (105). Die Vorstellungen, die Phantasien, die Lehren sind also das Sekundäre, die Erlebnisse sind das Primäre. Die Phantasien sind von daher auch flüchtig. Sie müssen gewissermaßen immer wieder mit Gefühlen »unterfüttert« werden, damit sie Bestand haben. Die Phantasieformen *können* als Stütze der Erfahrungsreligion dienen. Das gilt dann, wenn sich das Wirklichkeitsgefühl die inneren Erlebnisse in den Vorstellungen angeeignet hat. (104) Hier erkennen wir eine für die liberale Theologie typische Denkform, diejenige von Schale und Kern. Das sittliche und das religiöse Krafterleben sind das Eigentliche; die biblischen Geschichten sind Formungen davon. Wir werden das unten bei den Wundergeschichten noch sehen.

Es gilt nach Kabisch, im erziehenden Unterricht das Sittliche und das Kraftgefühl zu lehren; die Vorstellungen können dazu hilfreiche Vehikel sein, sie *können* aber auch zum Hindernis werden. Das eigentlich Wichtige aber sind das innere Krafterleben und das kosmische Empfinden. Man kann dabei an die bekannte Wendung Kants vom »gestirnten Himmel über mir und dem moralischen Gesetz in mir« als Parallele denken, in der diese beiden Aspekte als das eigentlich Religiöse zusammengefasst sind:

> »Zwei Dinge erfüllen das Gemüt mit immer neuer und zunehmenden Bewunderung und Ehrfurcht, je öfter und anhaltender sich das Nachdenken damit beschäftigt: Der bestirnte Himmel über mir, und das moralische Gesetz in mir. Beide darf ich nicht als in Dunkelheiten verhüllt, oder im Überschwänglichen, außer meinem Gesichtskreise, suchen und bloß vermuten; ich sehe sie vor mir und verknüpfe sie unmittelbar mit dem Bewußtsein meiner Existenz.« (I. Kant: Kritik der praktischen Vernunft, Beschluss, Weischedel-Taschenbuch-Ausgabe Bd. 7, 300)

Man kann insgesamt kritisch feststellen, dass bei Kabischs Prinzip der Beeinflussung des kosmischen Empfindens das Religiöse als Grund *jeglicher Erfahrung* in der Denkform Schleiermachers verloren zu gehen droht. Kabisch denkt von den Möglichkeiten des schulischen Unterrichts her. Und so wird das Religiöse zu einem Spezialgefühl, das derselben Formbarkeit und Lernbarkeit wie andere Gefühle auch unterliegt. Denn grundsätzlich, so meint Kabisch, ist die Religion nicht von anderen geistigen Vorgängen völlig verschieden, was ihre Erlernbarkeit angeht. Zudem bieten sich viele Beispiele religiösen Seelenlebens, die im Unterricht auf die Schülerinnen und Schüler zu übertragen sind. Kabisch beruft sich dazu auf die Formulierung eines Lehrplanentwurfes: »›Gefühle lassen sich nicht unterrichten!‹ – aber sie stecken an!« (53). Gefühle seien mit dem Aspekt der Gewöhnung verbunden. Kabisch bringt hier das nicht eben glückliche Beispiel vom Rauchen: Die meisten Menschen müssten sich beim Rauchen erst allmählich von der Unlust zur Lust daran umgewöhnen (52). Ähnlich sei es mit der Angst: Also seien Gefühle lehrbar. Hier wird man kritisch ein behavioristisches Lernverständnis ausmachen: Lernen ist hier nicht als selbstständige Bildung, sondern als Konditionierung eines bestimmten Verhaltens verstanden. Gut behavioristisch heißt es dann auch, Gelerntes könne man wieder verlernen und für die Religion gelte wie für »alle Zweige des Lehrens und Lernens«, dass Gelerntes in Übung bleiben muss (64).

Bei aller Kritik wird man jedoch auch den mit unserer Erfahrung gegebenen Wahrheitsgehalt dieser Sicht fest zu halten haben. Das lerntheoretisch unbestrittene Vorbild-Lernen wird in der deutschen Religionspädagogik vor dem Hintergrund von Bildung und Subjektivität bisweilen zu wenig beachtet. Aber es ist dabei immer ein *bildendes* Lernen in Rechnung zu stellen, dem der Schüler nicht passiv unterworfen werden kann, sondern gegen das er sich immer wieder entscheiden können muss, ja gegen das sich kritisch zu verhalten er sogar immer erneut aufgefordert werden soll. Insofern ist es richtig und falsch zugleich, wenn Kabisch schreibt, dass sich bei den meisten Menschen Religion an dem religiösen Leben anderer entzündet (67).

Diese Theorie hat auch eine lebenspraktische und damit eine ethische Dimension und Kabisch denkt beim Lernen und Verlernen auch an das Wollen. Denn das Wollen ist mit Wundt verstanden ein Vorstellungsgefühl mit einer Spannungskomponente, die auf Lösung dringt. Wundt hatte drei Hauptrichtungen von Gefühlen beschrieben (Heesch, 102):

- Lust und Unlust
- Erregende und beruhigende Gefühle (bei Niebergall heißt das dann später »Motive und Quietive«)
- Spannende und lösende Gefühle.

Solche Spannungs-Lösungs-Zustände aus Vorstellungen und Gefühlen, meint nun Kabisch, ließen sich unterrichtsmethodisch beeinflussen. So entdeckten etwa hypochondrische Männer bei Militärübungen unter Zwang mit Freuden ihre Leistungskraft (60). Daraus folgt dann: Lehren ist mehr als Gedanken lehren. Es gilt vielmehr:

> »Etwas lehren heißt: einen andern durch planmäßige Einwirkung in den Stand setzen, eine geistige oder körperliche Tätigkeit, die er bis dahin nicht oder nur unvollkommen beherrschte, ganz oder in vollkommnerem Grade auszuüben bezw. einen geistigen Zustand, der ihm sonst ganz oder teilweise fremd war, zu erleben oder zu steigern.« (63)

Dazu passen auch die Aussagen über die Lehrbarkeit der Religion. Man kann das Subjekt planmäßig dahin bringen, die eigene Unzulänglichkeit zu empfinden und danach die Wirksamkeit der oberen Welt (63). Aus dieser Passage ergibt sich sofort, wie problematisch der Ansatz ist! Man braucht nur an eine (im schlechten Sinne pietistische) Bekehrungspsychologie zu denken, die die Jugendlichen neurotisieren kann durch das planmäßige Sündenerleben, das dann empfänglich machen soll für das Evangelium. Bei Kabisch ist der Hintergrund ein liberaler. Aber das Machbarkeitskonzept dahinter ist nicht weniger problematisch. Bei Kabisch heißt es nun genauer didaktisch so (66):

> »Für das Abhängigkeitsgefühl und das aus der Einfühlung in die Abhängigkeitsquelle wieder erwachsende Kraftgefühl bieten sich in der Mitteilung religiöser Vorstellungen, in der Äußerung religiös ergriffenen Seelenlebens, in dem Umgang mit religiösen Persönlichkeiten, in der Wirklichkeit wie in der Phantasie [...] eine Menge von Hilfsmitteln, die nach der Kausalität geistigen Lebens nach höherer Einsicht [...] religionserzeugend wirken [...]«.

Das Zitat steht insgesamt für das über Schleiermacher Hinausgehende. Während Schleiermacher das Gefühl schlechthinniger Abhängigkeit nicht eigentlich erlebnisbezogen meinte, sondern fundamentaltheologisch, so ist bei Kabisch mit Hilfe von James der Ansatz Schleiermachers psychologisiert und in verschiedene Erlebnisse spezifiziert worden. Dies ersieht man aus dem Beginn des Zitats. Für Schleiermacher gibt es das schlechthinnige Abhängigkeitsgefühl als grundlegende Aussageform des Bewusstseins, das sich der Gegründetheit seiner selbst außerhalb seiner selbst bewusst wird. Diese Reflexion ist aber nicht an spezifische Erlebnisse geknüpft, sondern sie kann sich an verschiedensten Lebenskontexten entzünden, etwa am Erleben von Natur, Geschichte und Kunst. Schleiermachers Abhängigkeitsgefühl ist eher eine anthropologisch-phänomenologische Beschreibung dessen, was Glaube für das sich seiner selbst vergewissernde Individuum bedeutet. Insofern ist das schlechthinnige Abhängigkeitsgefühl bei Schleiermacher unteilbar. Es ist eine philosophisch-theologische Kategorie in psychologischem Gewand.

Anders ist es bei Kabisch. Er schreibt, er könne nicht mehr wie Schleiermacher das Abhängigkeitsgefühl als ausreichende Beschreibung in der jüdisch-christlichen Religion ansehen. Schleiermachers Abhängigkeitsgefühl sei vielmehr »nur die unerlässliche erste Hälfte« des religiösen Vorgangs (40). *Das Abhängigkeitsgefühl ist damit bei Kabisch psychologisch zu einer Vorstufe des Kraftgefühls geworden.* Abhängigkeit und Kraft sind zwei Komponenten eines beschreibbaren und damit eines planbaren Erlebnisprozesses. Darum werden »das Abhängigkeitsgefühl und das aus der Einfühlung in die Abhängigkeitsquelle wieder erwachsende Kraftgefühl« als Phasen eines Prozesses unterschieden. Diese Interpretation wird durch einen anderen Unterschied gestützt: Wie bereits angedeutet, war Schleiermacher sehr skeptisch gegenüber dem Gedanken, Religion zu lehren – Unterricht in der Religion hielt Schleiermacher in der dritten Rede über die Religion für ein »abgeschmacktes und sinnleeres Wort« (so das Zitat, s. o.). Das religiöse Gefühl kann nach Schleiermacher nicht zur didaktischen Verfügungsmasse gemacht werden. Das Abhängigkeitsgefühl ist eine phänomenologische Beschreibung von Religion, kein Mittel zum Zweck, Religion zu erzeugen.

Grundlegend anders verhält es sich für Kabisch: Das Abhängigkeitsgefühl ist für ihn eigentlich nur die negative Folie für das ihn stärker interessierende *Kraftgefühl* und daraus ergibt sich wohl auch der emphatische, damals wohl geradezu begeisternde Ton des Buches. Man denke nur an den Kathederunterricht mit theoretischen Besprechungen von Sachverhalten und Begriffen und setze dagegen einen solchen Satz über das religiöse Erlebnis:

> »Das Ich ist in seinem Lebensgefühl gesteigert und nicht nur über sich, sondern über die ganze Welt, die ja in ihm doch auch nur ein Teil seines Ichs ist, hinweggehoben. [...] Es sind Abhängigkeitsgefühle und doch durch die Identität, die jene höchste Quelle der Abhängigkeit mit dem Ich des religiösen Subjekts eingeht, Kraftgefühle von unvergleichlicher Größe.« (Kabisch ^{3}1913, 34; Kabisch-Tögel ^{5}1920, 9 steht statt »Identität« dann »Verbindung«.)

Ein weiterer Hintergrund ist die damalige Lebensphilosophie von Dilthey und Nietzsche, wenn es einfach heißt, »dass Jesus eben keine Theologie bringt, sondern Leben.« (36) Dem sollen auch die Inhalte des RU dienen – dem religiösen Erleben: »Der Religionsunterricht will objektive Religion vermitteln, um subjektive zu erzeugen« (106).

3.2 Kabisch und die Psychologie

Die Veränderung gegenüber Schleiermacher beruht wie beschrieben auf der Rezeption von William James (1842-1910). So beschreibt Kabisch in Anlehnung an James das religiöse Gefühl in zwei Stufen, nämlich zunächst als »Unruhe« und dann als »Hebung« der Unruhe (38f.). Die Unruhe ist ein Gefühl der Unzulänglichkeit, ein unlustvolles Abhängigkeitsgefühl, das auf die Erhebung vorbereitet, »ohne das es nie zur religiösen Erhebung kommen kann« (38). Danach aber – so stellt Kabisch mit James fest – wird der Mensch gewahr, dass sein besserer Teil mit etwas Höherem im Universum in Verbindung steht, zu dem er sich hinübersetzen kann.

William James (1842-1910) gehört in die große Strömung der aufkommenden experimentellen Religionspsychologie in den USA. Um die Jahrhundertwende wurde dort die Religionspsychologie als eigenständige Wissenschaft begründet. Diese ging von verschiedenen, genau zu beschreibenden, beobachtbaren religiösen Phänomenen aus. Von großem Einfluss war James' Werk *The varieties of Religious Experience* und Eilert Herms bezeichnet James im Nachwort zur deutschen Ausgabe dieses Buches als »Klassiker« der amerikanischen Wissenschaft (James 1979 [1901/1902], 481). Bevorzugter Gegenstand von

James' Forschungen war die religiöse Bekehrung (James 1979, 185-247). Der theoretische Hintergrund ist der amerikanische Pragmatismus, jene Theorie, nach der eine Idee nach ihren praktischen Erträgen und Konsequenzen beurteilt werden muss. James verfasste auch 1892 das am meisten gelesene Psychologie-Lehrbuch in den USA: *Talks to Teachers on Psychology* (New York 1899) war ein pädagogischer Klassiker und bestimmte jahrzehntelang die starke Orientierung der amerikanischen Pädagogik an der Psychologie.

Nach der Methode von James arbeitete auch die deutsche beschreibende Religionspsychologie. Hier sind die Namen Oskar Külpe, Klaus Koffka und Wilhelm Stählin zu nennen. Sie nahmen religiöse Experimente vor, besonders mit Hilfe der so genannten »Reizwort-Methode«. Den Versuchspersonen wurden bestimmte religiöse Reizwörter oder Texte vorgelesen und sie sollten ihre Empfindungen dabei aufzeichnen bzw. sich merken. Interesse fanden auch hier Bekehrung, Gebet, mystische Erlebnisse, aber auch die Kindheits- und Jugendreligiosität. Die deutsche »Gesellschaft für Religionspsychologie« gab seit 1914 das »Archiv für Religionspsychologie« heraus, das noch heute erscheint. Dem deutschen Ansatz der beschreibenden Religionspsychologie wurden hauptsächlich zwei Kritikpunkte entgegengehalten:

- sie sei einseitig kognitiv orientiert,
- die Reizwort-Methode sei künstlich und könne wirkliche religiöse Erlebnisse gar nicht erfassen.

In diesem Kontext verfasst nun Richard Kabisch seine einflussreichen Schriften. Mit der empirischen Beschreibung religiöser Phänomene hatte sich die Frage zugespitzt, wie denn dann die Religion durch Unterricht in dem einzelnen Schüler zu beeinflussen wäre, wenn diese als empirisches Phänomen zugänglich ist.

Jetzt wird Kabischs didaktische Schlussfolgerung verständlich: Religion kann über religiöse Erlebnisse erzeugt, vermittelt, gelehrt werden. Dies ist eine Schlussfolgerung aus der Religionspsychologie von William James. Gleich auf den ersten Seiten seines Buches bringt Kabisch ein fast zwei Seiten langes Zitat von William James. Er will damit begründen, dass wir in der Religion das Gefühl als »die allerhöchste Wirklichkeit« anzunehmen haben. Wir bilden uns innere Sinnbilder religiöser Objekte, verfügen aber nicht über diese. Statt dessen formuliert Kabisch den Spitzensatz: »Nur unser Gefühl ist uns eigen« (28). Dieser Gedanke wird nun mit dem langen James-Zitat begründet. Ein Ausschnitt dieses James-Zitates bei Kabisch lautet so:

> »Jenes Gefühl persönlicher Art, das jeder für sein eigenes Erleben hat, mag als Egoismus verunglimpft und als unwissenschaftlich verhöhnt werden: doch ist es das einzige, das uns tatsächlich gegeben ist. Alles, dem ein solches oder ähnliches Gefühl mangeln würde, wäre nur halbe Wirklichkeit.« (W. James, zit. nach Kabisch [3]1913, 30)

Was James am Studium der Bekehrungserlebnisse herausgestellt hatte, überträgt Kabisch auf die Religion allgemein. Religion ist eine Erregung, welche melancholische Gemütszustände überwindet und den Menschen über sich erhebt. Kabisch formuliert:

> »Und das ist nun das Wesen der Religion, dass sie immer durch die unmittelbare Beziehung unseres beschränkten Ich auf ein größeres Ich, das als Gottheit [...] gefühlsmäßig erlebt wird, dass sie durch diese Beziehung immer eine Erregung der Gefühle mit der Spannungskomponente, also eine Steigerung des Lebens bedeutet. *Die Religion ist unmittelbarste Wirklichkeit des über sich selbst hinaus gesteigerten Lebens«.* (30f., Hervorhebung dort.)

Religion wird als »durch das Unterbewusstsein in das Bewusstsein einströmende[n] Lebenskraft« verstanden (38). Bei dieser Rede vom »Unterbewussten« ist eine Beeinflussung durch die Psychoanalyse allerdings auszuschließen (Heesch, 25). Es handelt sich eher um eine Art von psychologischem Dualismus von Erleben. Eine rationale Vorstellungspsychologie ist von einer irrationalistischen Theorie »überwölbt« (Heesch, 27). Religion im Bewusstsein ist gefährdet, aber die Religion im Unterbewusstsein ist unzerstörbar. Dies ist das Konzept religiöser Erfahrung bei James (Heesch, 134).

In einer Fußnote grenzt sich Kabisch gegen Wilhelm Wundt ab. Wundt hatte die individualistische Einführung der amerikanischen Bekehrungs-Religionspsychologie kritisiert. Die dort erhobenen Daten seien sehr zufällig und müssten durch den Bezug auf Gemeinschaften, mithin auf die Völker objektiviert werden. Religion dürfe nicht als individuelles Phänomen verengt werden. Statt dessen müsse religionsgeschichtliches Material herangezogen werden, was damals bekanntlich auch in der Exegese Schule machte. Kabisch entscheidet sich klar für James gegen Wundt: »Hier müssen wir von Wundt abweichen, dessen Religionspsychologie [...] eben den Fehler macht, das Wesentliche der Religion bei der Masse suchen zu wollen statt bei ihren Helden« (132, Anm. 1).

Dennoch ist Kabisch auch von Wundt beeinflusst, was Matthias Heesch ausführlich nachgewiesen hat. Dies zeigt sich vor allem an der Theorie der psychophysischen Spannungszustände, die wir oben kennen gelernt haben. Für Kabisch gehören Fühlen, Wollen und Vorstellen zwar gleichermaßen zur Religion (42). Aber primär sind doch die Gefühlsvorgänge, denn die Vorstellungen gelten als die »intellektuellen Bilder, zu denen nun die Menschen die Gefühlsvorgänge gestalten« (41). Die objektivierten Formen müssten den Erlebnissen entsprechen (44).

4. Religiöse Persönlichkeiten und Wundergeschichten: Zur Praxis im RU

Auch im didaktischen Teil bezieht sich Kabisch auf die von William James konzipierte Religionspsychologie. So kommt es für Kabisch beim lehrhaften Stoff auf seine »Wirksamkeit in der Seele« an (131-135). Darum sollen in der Lehre vor allem die Gefühlszustände der hervorragenden religiösen Persönlichkeiten thematisiert werden. Kabisch über das religiöse Leben in dem didaktischen Abschnitt »Der lehrhafte Stoff«:

> »Das gilt natürlich auch für das religiöse Leben. Man erkennt auch seine Gesetze, wie die alles Seelenlebens, nach *James* mit besonderer Klarheit, wo man seine ausgeprägtesten, ins Abnorme gehenden Fälle vornimmt«. (132; Kabisch-Tögel [5]1920, 127 heißt es »ins Außergewöhnliche« statt »ins Abnorme«.)

Nach Kabisch ist die Religion als religiöses Gefühl lern- und lehrbar. Die Stoffe haben von dieser grundsätzlichen Zielbestimmung her eine dienende, positiv könnte man auch sagen, eine didaktische Funktion. Die Inhalte dienen dem subjektiven Lernprozess der Schüler. Dies entspricht dem bereits erwähnten Prinzip, objektive Religion zu vermitteln, um subjektive zu erzeugen (106). Es geht um religiöse Erlebnisse, die mit Hilfe religiöser Persönlichkeiten in Wirklichkeit und Phantasie, also auch aus der Bibel, entstehen sollen. Das Abhängigkeitsgefühl und das Kraftgefühl können demnach didaktisch erzeugt werden durch Identifikation (66). Oberste Regel dabei ist:

> »*Der Unterricht schaffe Erlebnisse.* Es handelt sich im Religionsunterricht nie und nirgend um ein bloßes Wissen. Was aus dem religiösen Leben anderer objektiv geworden ist und nun als objektive Religion mitgeteilt wird, wird lediglich mitgeteilt, damit sich die subjektive Religion daran entzünde, und zwar im evangelisch-christlichen Religionsunterricht im evangelisch-christlichen Sinne«. (120)

Erstes Mittel dazu ist die Erzählung. Anders als bei den Herbartianern wie Tuiskon Ziller (1817-1882) und Wilhelm Rein (1847-1929) sollen nicht theoretische Begriffe oder Katechismussätze aus den biblischen Geschichten erhoben werden, sondern Erlebnisse und Gefühle. Erlebnisse sind durch Erzählungen zu schaffen. Entscheidend ist dabei nicht die historische Tatsache, die in den Geschichten erzählt wird, sondern das historische Gefühl. Gegenwärtiges Schülergefühl und historisches religiöses Gefühl der biblischen Gestalten sollen aufeinander bezogen werden. Daran spiegelt sich u. a. Kabischs Reaktion auf die Ergebnisse historisch-kritischer Forschung:

> »In wie viel tausend israelitischen Seelen der Durchzug durch das rote Meer als religionsschöpferisches Ereignis nacherlebt worden ist, vielleicht frischer, gefühlswärmer, erhebender als von den ersten Teilnehmern selbst, davon gibt so manches Blatt des Alten Testaments beredtes Zeugnis. Und dass der Überwindertod Jesu in Millionen, die ihn in der Phantasie nacherlebt haben, eine Kraft des Lebens geworden ist, davon redet die Geschichte der christlichen Kirche von den Märtyrertagen bis in unsere Zeit. Es kommt hier nur alles auf eins an: auf die Kunst, durch lebenswahre Erzählung Vergangenes wieder lebendig zu machen. Davon wird deshalb die Methodik des Religionsunterrichts vor allem andern zu reden haben«. (122)

Kabisch hat damit nicht zuletzt das Verdienst, die religionspädagogische Engführung auf Ethik und Sittlichkeit überwunden zu haben. Auch reflektiert er bereits auf die historische Kritik. Didaktisch ist seine Bibeldidaktik, indem er statt der bloßen Orientierung am *Stoff* die emotionale Dimension der Schülerinnen und Schüler und damit *bildende Inhalte* des Unterrichts im Blick hat. Ihm geht es allein darum, »dass die Schüler in der Religionsstunde bewundern und verehren, hassen und lieben, sich entrüsten und begeistern, sich grauen und erheben, sich bedrückt und befreit fühlen« (123, dort gesperrt). Ohne dies ist alles Wissen tot. Es muss zum »religiösen Erlebnis« kommen, zum Gefühle der eigenen Erniedrigung und Erhebung durch Gottes Kraft.

Wichtig ist also die »religionszeugende Wirkung des Stoffs« (123), egal ob es sich um wirklich Geschehenes oder um Sage oder Legende handelt. Erst später geht es darum zu besprechen, dass »der Kern dessen, was wir als geschichtliche Grundlage und damit als erstes Zeugnis für die Erlebbarkeit unserer Religion anführen, auch wirklich erlebt worden, auch wahr ist« (124). Hier finden wir erneut die bekannte, vor dem 1. Weltkrieg verbreitete Unterscheidung von »Schale« und »Kern« im biblischen Zeugnis, mit der sich noch Bultmanns existentiale Interpretation auseinander setzte. War das Kriterium der liberalen Theologen in der Regel der sittliche »Kern« in der historisch zweifelhaften »Schale« (so Bultmanns Kritik an Harnack im Entmythologisierungsaufsatz, dort 24), so ist bei Kabisch das Kriterium eben das religiöse Erlebnis.

Der liberal-theologische Hintergrund erhellt auch aus Kabischs Auseinandersetzung mit der Frage nach dem Alten Testament im Unterricht. Er plädiert dafür, sieht sich aber genötigt, die damals gängigen Einwände zu diskutieren: Das AT stehe auf einer vorchristlichen Stufe der christlichen Religion und Sittlichkeit, das Gottesbild sei massiv anthropomorph statt geistig. Für Kinder sei es schwierig, sich zuerst an den »wandelnden, redenden, grollenden und liebenden Menschen-Gott« zu gewöhnen und sich dann umzugewöhnen an den unsichtbaren und allgegenwärtigen Gott (126). Darum müssten auch die alttestamentlichen Erzählungen vom 1. Schuljahr an in der Sicht des Christentums erzählt werden. Die Berufung des Mose (Ex 3,1-14) müsse von daher als Ruf in der Seele erfahrbar werden, so dass Gott nicht als plötzlich lodernde Flamme gedacht werde. Auch hier ist also das innere Erlebnis das Entscheidende. Das Alte Testament behält in dieser Sicht seinen Wert als Vorstufe des Christusglaubens. Hier findet sich eine Denkweise, die zu Recht als tendenziell antijudaistisch bezeichnet wird – die sich noch (allerdings differenzierter) bei Rudolf Bultmann finden wird (das Alte Testament als Geschichte unseres Scheiterns im Glauben vor und ohne Christus). Bei Kabisch heißt es – typisch für die Zeit um 1914:

> »Auf welche Weise sollen sie (sc.: die Schüler, MMBl) die Reinheit und Größe unseres Glaubens recht schätzen und würdigen, Jesu weltüberragende Größe fühlen und sein Werk als eine wirkliche Erlösung begreifen,

> wenn sie nicht sehen, wie auch die Frömmsten und Besten, von denen sein Volk vor ihm mit Stolz sich erzählte, doch so dürftig und befleckt erscheinen, sobald sie mit seinem Maß gemessen werden. Ich halte diesen kindlich einfachen Einblick in die Mängel der Religion des Alten Testaments geradezu für unerlässlich [...]«. (131)

Besonders um das Verstehen der Lernenden bemüht ist Kabisch auch bei der Frage der *Wunder im Religionsunterricht* (Kabisch-Tögel [5]1920, 306ff., aus dem Nachlass Kabischs). In mancher Hinsicht kann man dies als Vorstufe zu Bultmanns »existenzialer Interpretation« ansehen. Denn schon Kabisch befürchtet, es könne statt zu einem *inneren* Verhältnis zu einem äußeren Fürwahrhalten kommen, zu einem »Denken über historische Tatsachen« (307). Die Wunder gehören nicht zur Erfahrungsreligion, sondern zur Phantasiereligion. Hier ist durchaus mitzuhören: Sie gehören zum bloß Phantasierten, weil es sie in der Wirklichkeit nicht gibt. Darum sind die Wunder etwas Unwesentliches. Denn nicht die Wunder machten Jesus zum Gottessohn. Wunder seien »nicht als Zeichen irgendwelcher Zauberwirkungen, sondern der Gesinnungen Jesu und seiner Geistesverwandten, seiner Hilfsbereitschaft, Ruhe, Geistesgröße« aufzufassen.

An dieser Stelle erkennt man sogleich den Unterschied zur Hermeneutik und Didaktik nach Bultmann: Kabisch argumentiert nicht formgeschichtlich von den überliefernden Gemeinden und ihrem Wunderverständnis her, sondern von der überragenden Persönlichkeit Jesu her. Er verbleibt damit im Umkreis der Leben-Jesu-Forschung, deren Ende Albert Schweitzer 1906 erstmals eingeläutet hatte. Als Unterrichtsbeispiel bringt Kabisch denn auch eine eher rationalistische Auskunft. Bei der wunderbaren Brotvermehrung hätten die Leute wohl durch Jesu Predigt »gelernt, wie man gut und fromm sein muss« und geteilt (308f.). Oder sie hätten »über seinen herrlichen Worten und Predigten« das Essen vergessen und die zwölf Körbe habe noch jemand dazu erfunden.

Vor allen Dingen aber – und hier hören wir doch wieder die moralisierende Pädagogik von Ziller und Rein, die Kabisch theoretisch überwinden wollte, mit der Stufe der »Anwendung« – sollten wir ja nicht lernen, wie man ohne Arbeit Brot wachsen lassen kann, »sondern wir sollen lernen, wie wir uns kümmern müssen um die Not unserer Mitmenschen, sie fromm machen, selig machen, auch in Angst und Armut helfen und dem lieben Gott dankbar sein für alle Kraft«

(309). Schüler sollten die Männer bewundern, die in der Bibel das Wort Gottes gehört und weitergegeben haben, aber sie sollen die »Einkleidungen« davon als Überlieferungsunsicherheit ansehen (310). Hier sieht man, wie die formgeschichtliche Betrachtungsweise angebahnt, aber noch nicht erreicht ist. Wie bei Ziller und Rein geht es um den »Gesinnungsunterricht«, in dem durch geschichtliche und religiöse Stoffe der Einzelne sittlich gebildet werden soll. Leitvorstellung pädagogischen Handelns ist die *Persönlichkeit*, die der angenommenen gerechten Weltordnung nachstrebt (Heesch, 73-88). Im Geschichts- wie im Religionsunterricht sind die Inhalte nur Mittel zum Erreichen von kulturell guter Gesinnung (Heesch, 174).

Anders als die Herbartianer hält Kabisch in der Methode wenig von der *Besprechung* biblischer Geschichten. Die Erzählung soll eben das Eigentliche leisten: Sie soll die religiösen Gefühle erzeugen. Kabisch schreibt, er erlebe es immer wieder, »wie das Beste vorüber ist, sobald die Besprechung beginnt. Während des Erzählens lebten die Schüler in der heiligen Welt. Da war lautlose Stille und etwas in den Augen, was in die Weite sah. Nun sind wir wieder in der Schulstube, ich bin der Lehrer und sie sind die Schüler und es wird ein wenig langweilig« (212).

Kabisch plädiert statt der Besprechung zunächst für das Wiedererzählen durch die Kinder. Dann geht es ihm aber doch noch um die Verknüpfung oder »Assoziation«, wie das in der Theorie der Formalstufen hieß. Dabei wird das Wesentliche und Allgemeine des konkret erzählten biblischen Inhaltes aufgezeigt. Bei Kabisch meint das etwa bezüglich der Sturmstillung (Mk 4,35-41): Diese zeigt, wie wahrhaft mit dem himmlischen Vater verbundene Menschen Nöte durchstehen und anderen Gottvertrauen einflößen können (214). Und schließlich folgt auch noch die Anwendung, die Verbindung mit der Erfahrungswelt der Schüler. Kabisch will diese aber nicht als eigenen Abschnitt der Besprechung. Denn diese monotone Stundengliederung hatte die Langeweile des *Formalstufen-Unterrichts* verursacht. In vielen Fächern herrschte immer die gleiche Reihenfolge von der Vorbereitung und Darbietung über die begriffliche Verknüpfung und Zusammenfassung zur Anwendung. Bei Wilhelm Rein (1847-1929) heißen die fünf Stufen einer konkreten Unterrichtsstunde: »Vorbereitung – Darbietung – Verknüpfung – Zusammenfassung – Anwendung«. Dies klingt dann folgendermaßen:

> »Hiernach nimmt der Unterricht in jeder methodischen Lehreinheit folgenden Verlauf. Er hat zunächst das Ziel anzugeben und sodann
> 1. durch eine Vorbesprechung das neue Pensum einzuleiten und vorzubereiten;
> 2. das Neue selbst darzubieten;
> 3. dasselbe unter sich und mit anderem zu vergleichen und zu verknüpfen;
> 4. die begrifflichen Resultate abzuleiten und in systematischer Ordnung zusammenzustellen, und
> 5. das erlangte Wissen durch Anwendung in den Gebrauch zu überführen.
> In der Durcharbeitung der methodischen Einheiten nach den fünf formalen Stufen liegt die Artikulation des Unterrichts, bei der innerhalb jeder Einheit der Lernprozess mit seinem Fortschritt von der Anschauung zum Begriff und seinem Wechsel von Vertiefung und Besinnung zum naturgemäßen Ablauf kommt.« (W. Rein u. a., zit. nach Meyer 1994, 172)

Der Unterricht verläuft demnach jeweils vom Anschaulichen zum Abstrakten und zur moralischen Nutzanwendung und ist lehrerzentriert. Kabisch will stattdessen die Anwendung in die Darbietung selbst einflechten. Das Schlimmste sei die immer wiederkehrende Formel »so sollen auch wir«. Seine Alternative am Beispiel der Sturmstillung lautet dann als Einflechtung in die Erzählung so:

> »Und denkt doch nur nicht, dass die Jünger hier kleingläubiger oder aufgeregter gewesen wären, als die meisten Menschen sind: [...] Bei einem Schiffsuntergang kürzlich sind die Männer auf die Frauen, die ihnen den Weg in die Rettungsboote nehmen wollten, mit Messern losgestürzt. Alles, was sie sonst geglaubt und so fromm geredet haben, das ist im Nu verpufft, und sie glauben wie die Heiden nur noch an Wasser und Sturm, gar nicht mehr an Gott«. (216)

Jedoch auch bei Kabisch findet man die lähmenden, aus heutiger Sicht grundsätzlich überwundenen, gewaltsam katechesierenden Stundenentwürfe mit den typischen (»W«-) Fragen, die viele Anfänger beim Unterrichten unbewusst reproduzieren. Dazu lohnt es sich, die Katechese zu dem Katechismussatz »Ich glaube an den heiligen Geist« nachzulesen (268-272). Diese beginnt so: »Woran merkt ihr denn, dass ich einen Geist habe? – Weil Sie zu uns sprechen. – Was teile ich euch durch meine Worte mit? – Ihre Gedanken. – Was ist also Geist? – Geist ist Gedanke. [...]« Die Katechese verläuft dann über Petrus, der zunächst einen weltlichen Geist hatte, bis der heilige Geist in ihm lebendig wurde.

5. Fazit: Kabisch und der Erfahrungsbegriff in der Religionspädagogik

Kabisch ist von der Religionspädagogik nach deren Neuorientierung an der Wort-Gottes-Theologie schwer gescholten worden. Dennoch gebührt ihm aus heutiger Sicht das Verdienst, die rein kognitive und ethische Engführung der Herbartianer (W. Rein) konstruktiv kritisiert zu haben. Er hat die emotionale Dimension des Religionsunterrichts ganz neu herausgestellt.

Er hat darüber hinaus eingeschärft, was heute selbstverständlich ist: Der RU hat mit der *Erfahrung* der Schülerinnen und Schüler zu tun. Und der Unterricht kann nicht einfach schon gemachte religiöse Erfahrungen aus Familie, Gemeinde und peer-group aufgreifen. Kabisch hat es stattdessen gewagt, die Religion als religiöses Gefühl in den RU selbst hineinzubringen, ähnlich wie das später die ästhetische und symbolische Didaktik versucht hat (ab 1980, das werden wir bei Peter Biehl noch genauer sehen). Dass Kabisch dabei im Gedanken der Erzeugbarkeit von Religion dem Empirizismus oder, wie M. Heesch sagt, dem »Szientismus« verfallen ist in Begeisterung für die Rezeption psychologischer Theorien, das kann man bedauern. Aber man wird sagen können: Gerade auch darin ist er ein Klassiker, dass er uns die grundsätzlichen Fragen im Rückgriff auf psychologische Modelle einschärft. Denn bei der Rezeption der religionspsychologischen Modelle von Erikson, Oser und Fowler in unseren Tagen stellen sich dieselben wissenschaftstheoretischen Grundfragen.

Kabisch hat sich den Rückfragen an sein Konzept nicht mehr stellen können, weil er wie so viele seiner Generation als Kriegsfreiwilliger 1914 zu Tode kam. Seine Meldung als Soldat passte zu seiner Auffassung, dass der Lehrer dem Staat und seiner Kultur verpflichtet ist. Wie wir sahen, gründet sein Staatsverständnis in seinem Religionsverständnis. Und damit steht dann Kabisch doch für eine religionspädagogisch-theologische Epoche, die mit dem 1. Weltkrieg zu Ende ging.

Literatur

Werke von Kabisch

Kabisch, Richard: Über die Lehrbarkeit der Religion, in: ZThK 12 (1902), 316-344, auch in Auszügen in: Religionspädagogik. Bd. 1: Der evangelische Weg, hrsg. von Klaus Wegenast, Darmstadt 1981, 19-25.

Kabisch, Richard: Wie lehren wir Religion? Versuch einer Methodik des evangelischen Religionsunterrichts für alle Schulen auf psychologischer Grundlage, Göttingen ^{3}1913 [1910].

Kabisch, Richard/Tögel, Hermann: Wie lehren wir Religion? Versuch einer Methodik des evangelischen Religionsunterrichts für alle Schulen auf psychologischer Grundlage, Göttingen ^{5}1920, hrsg. und bearbeitet von Hermann Tögel (sowie dies.: Göttingen ^{7}1931).

Kabisch, Richard: Wie lehren wir Religion? Auszüge in: Religionspädagogik. Texte zur evangelischen Erziehungs- und Bildungsverantwortung seit der Reformation, Bd. 2/1: 19. und 20. Jahrhundert, hrsg. von K.-E. Nipkow und F. Schweitzer, München 1994, 197-223.

Sekundärliteratur

Bloth, Peter C.: Der Bremer Schulstreit als Frage an die Theologie. Eine Studie zur Problematik des Religionsunterrichts in der Volksschule des frühen 20. Jahrhunderts, Diss. theol. Münster 1959.

Bloth, Peter C.: Religion in den Schulen Preußens. Der Gegenstand des evangelischen Religionsunterrichts von der Reaktionszeit bis zum Nationalsozialismus, Heidelberg 1968.

Bockwoldt, Gerhard: Richard Kabisch, Aachen ^{2}1982 [Berlin 1976].

Bultmann, Rudolf: Neues Testament und Mythologie. Das Problem der Entmythologisierung der neutestamentlichen Verkündigung, in: Hans-Werner Bartsch (Hg.), Kerygma und Mythos I. Ein theologisches Gespräch, Hamburg-Bergstedt ^{5}1967 [1948]. 15-48.

Heesch, Matthias: Lehrbare Religion? Studien über die szientistische Theorieüberlieferung und ihr Weiterwirken in den theologisch-religionspädagogischen Entwürfen Richard Kabischs und Friedrich Niebergalls, Berlin/New York 1997.

James, William: Die Vielfalt religiöser Erfahrung. Eine Studie über die menschliche Natur, übersetzt und hrsg. von Eilert Herms, Olten/Freiburg 1979 [amerik. 1901/1902: The Varieties of Religious Experience].

Kant, Immanuel: Kritik der praktischen Vernunft, Werkausgabe Bd. VII, hrsg. von Wilhelm Weischedel, Frankfurt/Main ^{6}1982.

Kliss, Oliver: »Tögel, Hermann«, in: LexRP Bd. 2, Neukirchen-Vluyn 2001, 2130-2132 (dort auch Hinweise auf neuere weiterführende Literatur).

Meyer, Hilbert: Unterrichtsmethoden I: Theorieband, Frankfurt/Main ^{6}1994.

Niebergall, Friedrich: Praktische Theologie. Lehre von der kirchlichen Gemeindeerziehung auf religionswissenschaftlicher Grundlage, 2 Bde., Tübingen 1918/19.

Palmer, Christian: Evangelische Katechetik, Stuttgart ^{2}1846 [1844].

Religionspädagogik. Texte zur evangelischen Erziehungs- und Bildungsverantwortung seit der Reformation, Bd. 2/1: 19. und 20. Jahrhundert, hrsg. von K.-E. Nipkow und F. Schweitzer, München 1994.

Ritter, Werner: Richard Kabisch (1868-1914), in: Klassiker der Religionspädagogik, hrsg. von H. Schröer und D. Zilleßen, Frankfurt 1989, 181-196.

Ziller, Tuiskon: Grundlegung zur Lehre vom erziehenden Unterricht, Leipzig ^{2}1884 [1865].

5. Kapitel

Gerhard Bohne (1895-1977) und die Theologie der Krise

Richard Kabisch wollte den RU allein den Lehrern übertragen wissen, weil nur diese Religion auf der Höhe der *Kultur* unterrichten könnten. Der ethische Hintergrund war die *Staatsgesinnung* – denn sie bot nach Kabisch die Voraussetzungen echter Religiosität. Nach 1918 ist aber nichts mehr so, wie es vorher war. »Unserer Jugend ist [...] auf Grund ihrer unmittelbaren Erfahrung mit unserer gesamten Kultur auch das Christentum als *Bestandteil dieser Kultur* fraglich geworden«, schreibt Gerhard Bohne 1930 (zit. nach Wegenast, Religionspädagogik 1, 118).

Mit 1918 stehen wir vor einer ähnlichen gesellschaftlichen Veränderung wie bei Salzmann im 18. Jahrhundert. Damals begann das bürgerliche Zeitalter. Dieses endet selbstverständlich nicht 1918, aber das bürgerliche Selbstverständnis erfährt die Herauslösung aus bisherigen Selbstverständlichkeiten. Gleichzeitig entwickelt sich eine plurale Musik- und Theaterkultur neben dem bisher nahezu allein vorherrschenden großbürgerlichen Kulturbetrieb, wobei die erste breitere Bekanntschaft mit der amerikanischen Unterhaltungsmusik von vielen als kultureller Niedergang abqualifiziert wird (Jazz als »Negermusik«). Die zwanziger Jahre entsprechen in manchen Punkten dem Modernisierungsschub seit etwa 1970. Denn mit den zwanziger Jahren ist auch eine frühere Form von Individualisierung gegeben: Die Wahlmöglichkeiten hinsichtlich der schulischen und beruflichen Bildung vergrößern sich im neuen demokratischen Staat. Die staatlichen und kirchlichen Institutionen verlieren an Selbstverständlichkeit und an Bindungskraft. Kabisch hatte dem jungen Staatsbürger im erziehenden Unterricht sein eigenes staatsbürgerliches Bewusstsein mitgeben wollen. Bohne hingegen bemerkte 1925, man könne die Schüler nur vor eine Sache stellen, mit der die Auseinandersetzung erst später beginne. Daraufhin erntete er auf einer religionspädagogischen Tagung »Entrüstung und Gelächter« (zit. nach Krotz, 137).

Mit Gerhard Bohne beginnt die später nach Helmuth Kittels Programmschrift von 1947 so genannte »Evangelische Unterweisung«, die sich dann nach dem 2. Weltkrieg auch terminologisch bewusst als ein Gegensatz zum »Religionsunterricht« verstehen wollte. Fast 30 Jahre lang, nämlich von Gerhard Bohnes Fundamentalwerk »Das Wort Gottes und der Unterricht« 1929 über Helmuth Kittels kleine Schrift »Vom Religionsunterricht zur Evangelischen Unterweisung« 1947 bis zu Martin Stallmanns Buch »Christentum und Schule« von 1958, das den »Hermeneutischen RU« einleiten sollte, beherrschte die Evangelische Unterweisung Religionspädagogik und Religionsunterricht einschließlich der Schulbücher und Materialien. Dabei ist allerdings zu beachten, dass sich die Konzeption der »Evangelischen Unterweisung« flächendeckend erst im Nachkriegsdeutschland nach 1945 durchsetzen konnte und an den öffentlichen Schulen für längere Zeit – bis ungefähr 1960 – faktisch zum alleinigen Ansatz für den Religionsunterricht wurde. Ich selbst erinnere mich noch daran, dass ich als Grundschüler keinen »Religionsunterricht« hatte, sondern auf meinen Zeugnissen findet sich das Fach »Ev. Unterweisung«. Bis in die Terminologie hinein ist die kleine Schrift Helmuth Kittels von 1947 folgenreich gewesen. Allerdings sind Bohne wie Rang von dieser späteren Entwicklung deutlich abzuheben (so auch Rickers, 61.65, der sich ausführlich und kritisch mit Kittel beschäftigt).

Die frühe Ev. Unterweisung von Bohne und Rang enthält noch manche wichtige und klassisch zu nennende religionspädagogische Einsichten – entgegen allen Vorurteilen in der Literatur, die bisweilen nur vom langweiligen Bibelunterricht und von der »Verleugnung des Kindes« (Loch 1964) spricht, anstatt die damals klassisch formulierten Grundfragen genauer darzustellen. Da hier demnach ein großer Informationsbedarf besteht, werden in diesem Buch der frühen evangelischen Unterweisung von Bohne und Rang zwei Kapitel gewidmet. Auf Helmuth Kittel wird hingegen verzichtet; nicht zuletzt deswegen, weil bei ihm in der Tat vieles von der seit den siebziger Jahren immer wieder geäußerten Kritik zutreffend ist. Bei Gerhard Bohne und Martin Rang hingegen gibt es vieles zu entdecken. Von ihnen kann man auch noch heute religionspädagogisch einiges lernen.

1. Einige Bemerkungen zu Bohnes Biographie und Werk

Gerhard Bohne wurde am 2.4.1895 in Zeutsch (Thüringen) als Pfarrerssohn geboren. Seit 1913 studiert er Theologie und ist beeindruckt vor allem von Adolf Schlatter (1852-1938) in Tübingen. 1915/16 ist Bohne Soldat in Frankreich und erlebt dort den Stellungskrieg mit. Diese Erfahrung ist prägend für seinen Neuansatz nach 1918 und für seine Zuordnung von Religion und Kultur. 1930 vergleicht der junge Bohne den Umbruch nach 1918 mit der Wende vom Mittelalter zur

Neuzeit: Wie der mittelalterliche Mensch an die Kirche als Autorität gebunden war, so war der junge Mensch der Vorkriegszeit gebunden an »die Geltung der Religion innerhalb der Kultur und des Bildungsganzen« (Religionsunterricht und religiöse Entscheidung 1930, zit. nach Wegenast 1981, 118). Und noch 1966 beschreibt der alt gewordene Bohne diesen totalen Umbruch so:

> »Verdun beendete eine Epoche der deutschen Geistesgeschichte. Keiner, der dort mitkämpfte, konnte in die geistige Welt der Vorkriegszeit wie in eine Heimat zurückkehren. Diese Welt war ihm fremd, ja schlimmer: sie war unwahr geworden. [...] Das höchste Erzeugnis des Geistes und der Kultur: eine Maschinerie der Vernichtung. An dieser Erkenntnis zerbrach der Glaube, dass die Kultur wirklich die tragende Grundlage des Lebens sei«. (zit. nach Vrijdaghs, 226)

Hans Bernhard Kaufmann hat 1995 Ausschnitte aus Bohnes Lebenserinnerungen zugänglich gemacht. Darin kann man den Kulturbruch durch den 1. Weltkrieg in einzigartig verdichteter Fassung nachlesen. In Bohnes Schulzeit trat der »griechische oder römische Geist [...] nie ernsthaft in Konflikt mit den christlichen Grundwahrheiten. Neben die antike Welt trat mit gleichem Gewicht die nationale«. (Bohne zitiert nach Kaufmann 1995, 9) Bohne schildert, wie er sich im Schützengraben mit einem Kameraden nach vorne kämpfen muss, um anderen ein 25-Liter-Fass Tee zu bringen. Die Granaten schlagen über ihm zusammen und er rechnet mit dem sicheren Tod:

> »Aber Gott offenbarte sich nicht. Er wartete nur auf mich. Die Gedanken arbeiteten weiter. Goethe und Schiller tauchten auf und ich hatte eine dunkle Vorstellung ihrer ästhetischen Religion. Fast visionär sah ich ein eigenartiges Bild: Ich sah die Weltkugel und Goethe und Schiller rutschten über sie hinunter und verschwanden hinter ihr. In mir war ein Grinsen. Da waren sie hin, die Götter der Schule, die gepriesenen Ideale. Vor dieser Wirklichkeit hielten sie nicht. Schönheit hatten sie, aber nicht Kraft.« (Bohne zitiert nach Kaufmann 1995, 15)

Dies bleibt eine erste Grundlinie Bohnes: die kulturkritische und doch zugleich kulturbezogene Kontur seiner religionspädagogischen Konzeption. Nach einer Verwundung schließt Bohne 1917 das Theologiestudium ab, danach auch das Pädagogikstudium, das er von

1917-1919 bei Eduard Spranger absolviert. Er promoviert bei Spranger, was damals noch selten ist, mit einem grundlegenden religionspädagogischen Thema: »Die religiöse Entwicklung der Jugend in der Reifezeit. Aufgrund autobiographischer Zeugnisse« (Leipzig 1922). Es handelt sich also um eine empirische entwicklungspsychologische Studie. Dies bleibt seine zweite Grundlinie: die pädagogische und entwicklungspsychologische Kontur seiner religionspädagogischen Konzeption. Die Krisis der Kultur und die Entwicklung der Jugendlichen sucht er künftig aufeinander zu beziehen und gerade diese Verbindung ist ihm als widersprüchlich vorgehalten worden (Krotz, 138. 146; Frühling, 206).

Von 1920 bis 1930 hat Bohne zehn Jahre Praxis als Studienrat in Altenburg und dann in Jena. Und das kann man wohl als die dritte Grundlinie bezeichnen: die kritischen Fragen von Gymnasiasten an die Religion in den zwanziger Jahren. Schonungslos schreibt Bohne, dem »evangelischen höheren Schüler bis in die Prima hinauf« sei nichts fremder als Offenbarung und das dazu gehörende Bewusstsein von Sünde ([3]1964, 114). Die Begegnung mit Schülern wird ihm zum Anlass der radikalen Kritik an Kabisch. Die Erlebniskonzeption von Kabisch habe dazu geführt, dass die Schüler irgendwelche besonderen, angeblich religiösen Aufgeregtheiten für Religion gehalten hätten. Dadurch hätten sie Religion für eine Art von exzeptionellem Abenteuer gehalten anstatt für ein das ganze Leben durchdringendes Gewiss-Sein. Damit habe man letztlich die Schüler belogen. Man habe ihnen weisgemacht, Religion sei machbar durch Empfindungen von Lebenssteigerung, wie Kabisch das propagiert hatte. Und neben diese Lüge sei dann auf der Seite der Jugendlichen die Haltung getreten: Religion im Sinne von Lebenssteigerung und Kraftgefühl können wir ja auch selbst produzieren, wir brauchen dazu keine biblische Religion. Dazu ein längeres, mit Kabisch »abrechnendes« Zitat:

> »Wie viele tausend Schüler haben, angeregt – sagen wir ruhig: belogen – durch den RU, die Gründe der Religion in sich selbst gesucht, gewartet auf jenes Gefühlserlebnis, jene Lebenssteigerung, wie Kabisch sie beschreibt, und haben sie nicht erlebt und sich darum enttäuscht abgewandt und aufgehört, Gott zu suchen. Und wie viele Tausend meinten, wiederum belogen durch den RU, Gott zu suchen und suchten doch nur *ihr* Gefühlserlebnis, ihren Frieden, ihre Lebenssteigerung. [...] Eine Obersekunda war einmal maßlos erstaunt, als sie entdeckte – sie musste es erst entdecken!

> – dass Jesus keine Vision gehabt habe, und suchte verzweifelt, irgendeine solche zu konstruieren, um einen Grund für seine Gottesgewissheit zu finden [...]. Ja, dürfen wir uns wundern, wenn die gesunde, selbstbewusste Jugend kein Verständnis für diese ihnen gelehrte Pseudoreligion der Lebenssteigerung hat, weil sie in ihrem jugendlichen Selbst- und Kraftgefühl naiv der Anschauung lebt: Ich decke meinen Bedarf an Religion (gleich Lebenssteigerung) selbst.« (Bohne, [3]1964, 82f., Hervorhebung dort)

Es fällt uns heute schwer, die damalige Situation zu erfassen. Für uns erscheint die »Evangelische Unterweisung« nach deren jahrzehntelanger Kritik leicht als eine konservative Verengung auf die Lehren der Kirche, woraufhin später die Weitung auf allgemeine Fragen der Religion und der Lebenswelt der Schüler erfolgen musste. Damals war es genau umgekehrt: »Religion und Kultur« – diese Verbindung war herkömmlich, traditionell und damit die Sache der älteren Generation. »Krise«, »Spannung«, »Gott« und »Gericht«: Diese sind für viele (jedenfalls in der christlich beeinflussten Jugendbewegung der zwanziger Jahre) die letzten, die radikalen und damit auch die jugendlichen Fragen. In diesem Zusammenhang hat das Wort Gottes im Unterricht für Bohne etwas Aufregendes, während die religiös-kulturellen Empfindungen Kabischs im Hinblick auf Jugendliche nach 1918 etwas Abgestandenes, ja etwas Verlogenes geworden sind. Selbstverständlich ist dabei wie auch bei späteren Konzeptionen zu berücksichtigen, dass es sich zunächst um das Erleben der *Lehrer*generation und erst über diese vermittelt auch um Wichtiges für die jeweilige *Schüler*generation handelt.

1930 ist Bohne Dozent, später Professor an der Pädagogischen Akademie in Frankfurt/Oder, 1932 ist er in Elbing und seit 1933 an der Pädagogischen Hochschule Kiel. Auch Bohne ist dem »3. Reich« gegenüber zunächst positiv eingestellt, denn politisch erlebe man »eine in der Geschichte des deutschen Volkes nie gekannte Einheit« (Evangelische Religion 1934, 4 und dazu Rickers, 196). Bohne wird SA-Mann und Parteigenosse. Der Gedanke des »Führers« aus dem politischen Raum wird dabei sogar zum Interpretament der Jesusnachfolge (Evangelische Religion 1936, 54). Andererseits heißt es in dieser 2. Auflage des Buches auch, dass der »deutsche Christ [...] von Natur gebunden ist an das Böse« und dass er Christus darum sucht, »dass er davon freikommt« (55) und im Vorwort wird die Befürchtung ausgesprochen, in der Gegenwart würde man »das Christentum als die

Grundlage unseres Lebens beseitigen« (3). Die Äußerungen aus den ersten Jahren des »3. Reiches« sind zwiespältig.

1935 wird Bohne jedoch wegen seiner Abgrenzung gegenüber dem Nationalsozialismus die Ernennung zum Ordinarius verweigert (wegen »Unzuverlässigkeit«) und 1938 erhält er Schreibverbot. Ein Amtsenthebungsverfahren wird 1940 eingestellt, nachdem Bohne erneut zum Wehrdienst eingezogen wurde. 1945 wird er aus der Kriegsgefangenschaft entlassen und 1946 zum Professor an der Pädagogischen Hochschule (PH) in Flensburg ernannt. Seine Mitgliedschaft in der NSDAP verschweigt er gegenüber den Studierenden nicht (Bohne zitiert nach Kaufmann 1995,31). Von 1948-1961 wirkt er wieder an der PH Kiel. Auch nach der Emeritierung prägt er noch die Lehrerschaft in Schleswig-Holstein. Sein Werk »Das Wort Gottes und der Unterricht« von 1929 hat »die Religionspädagogik in ähnlicher Weise bewegt und gespalten« wie genau zehn Jahre vorher Barths »Römerbrief« die Theologie (so Vrijdaghs, 224) und man kann hinzufügen: Ähnlich wie das zwanzig Jahre vorher erschienene Buch von Kabisch hat es kaum jemanden kalt gelassen.

2. Die Theologie der Krise: Bohne und die dialektische Theologie

1938 formulierte Karl Barth in einem Vortrag: »Es gibt im Vollzug jener Krisis eine göttliche Verneinung, Verwerfung und Beseitigung des menschlichen Bildungsstrebens.« (Ev. u. Bildung, 15) Die Bildungsversuche des Menschen seien am Kreuz Jesu Christi »ein für allemal erledigt worden« (17). Dies klingt nun direkt wie die Umsetzung der dialektischen Theologie Barths in die Pädagogik.

In der religionspädagogischen Forschung ist der Einfluss der Barthschen Theologie auf die Religionspädagogik umstritten. In einer Dissertation aus dem Jahre 1964 versuchte Jürgen Fangmeier die Abhängigkeit vieler evangelischer Pädagogen von Karl Barth zu zeigen. Knapp 20 Jahre später vertrat Fritz Krotz in seiner Marburger Habilitationsschrift »Die religionspädagogische Neubesinnung« exakt das Gegenteil: Die angenommenen Zusammenhänge zwischen der Theologie Barths und der Religionspädagogik der zwanziger und dreißiger

Jahre beruhten auf Vorannahmen, entsprächen aber nicht der Realität (weiteres dazu s. bei Grethlein 1998, 108). Krotz sieht die gemeinsamen Punkte wie Religionskritik, Gemeindebezug und Verkündigungskonzeption als allgemeine Orientierungen und nicht als direkten Einfluss Barths. Einen mittelbaren Einfluss Barths leugnet damit auch Krotz nicht, wenngleich er mit der These der Barthrezeption zunächst »aufräumen« will (Krotz, 21). Krotz meint sogar, dass bei Bohne »die kulturprotestantischen Voraussetzungen in ihrer Negation weiterleben« (147).

Immer wieder kann man hören, Bohnes Werk sei der unmittelbare Ausfluss der Theologie Karl Barths in die Religionspädagogik. Um sich eine erste Orientierung und eine historische Einordnung zu verschaffen, mag diese Zuordnung angehen. Aber diese Zuordnung ist im Grunde genommen doch eher irreführend. Dieser Zusammenhang sei im Folgenden genauer erläutert und das Wichtigste dazu sei in drei Punkten vorangestellt:

1. Barth und Bohne verbindet im Wesentlichen das Erleben derselben Zeit: Ihre Theologie formt sich gleichermaßen nach dem Ende des ersten Weltkrieges. Darum ist ihnen das Krisenbewusstsein gemeinsam und das Erleben fundamentaler Umbrüche im Verhältnis von Theologie und Kultur.
2. Bohne ist zweifellos wie alle damaligen theologisch Denkenden beeinflusst von der dialektischen Theologie und er setzt sich auch explizit mit ihr auseinander. Neben Barth sind aber auch die Namen von Rudolf Bultmann (1884-1976) und Friedrich Gogarten (1887-1967) zu nennen. Barth, Bultmann und Gogarten kommen gleichermaßen in Bohnes Hauptwerk »Das Wort Gottes und der Unterricht« vor – in Zustimmung wie Abgrenzung. Dabei ist jüngst erneut die größte Nähe zu Bultmann unterstrichen worden (Frühling, 83), während das »diastatische Element« als typisch für eine dialektische Theologie bei Bohne gerade fehle (Frühling, 88).
3. Bohne ist ein eigenständiger Didaktiker, den – ganz anders als häufig behauptet – sowohl die psychologisch zu beschreibende Entwicklung als auch die alltagskulturelle Umgebung des Schülers interessiert und der keinesfalls für den RU als »Kirche in der Schule« plädiert (das ist erst bei Martin Rang der Fall, wie wir im nächsten Kapitel sehen werden – wobei diese Formel auch längst nicht das Wichtigste über Rang zum Ausdruck bringt).

Die Wirklichkeit ist sehr viel komplizierter, als sie in vielen Nebensätzen der Literatur begegnet. Bohne denkt so sehr viel pädagogischer als Barth, dem er selbst explizit die »typische Stellung des Nur-Dogmatikers« ankreidet ([3]1964, 119).

Im Vorwort seines im Sommer 1929 erstmals abgeschlossenen Buches »Das Wort Gottes und der Unterricht« finden sich die oftmals überlesenen Sätze:

> »Die dialektische Theologie konnte dem RU dabei [bei den Grundfragen des RU, MMBl] nicht helfen. Sie deckte nur die Not auf und formulierte, was wir auf Grund des Kriegserlebnisses und der neuen Gotteserfahrung selbst mit mehr oder weniger Klarheit erkannt hatten, aber einen Weg zeigte sie nicht; denn sie verstand nicht, dass der RU seinem ganzen Wesen nach *notwendig* in die Kultur hinein verflochten ist, da er seinen von Gott gegebenen Auftrag nur *innerhalb* der Kultur durch Teilnahme an der Erziehung erfüllen kann. Sie forderte eine Herauslösung des RUs aus der Kultur, statt ihn nur in die bewusste Spannung zu stellen.« ([3]1964, 13, Hervorhebungen dort)

Den Unterschied im Verständnis der Kultur kann man sich an dem erst später erschienenen Vortrag von Karl Barth über das Verhältnis von »Evangelium und Bildung« aus dem Jahre 1938 klarmachen. In diesem Vortrag unternimmt Barth etwas ähnliches wie in seinem berühmten »Tambacher Vortrag« von 1919 und darum muss man den Bogen etwas weiter spannen. Auf einer Tagung des »Neuwerk«-Kreises im thüringischen Tambach hatte Barth von dem erkrankten Leonhard Ragaz, einem der bekanntesten religiösen Sozialisten (1868-1945), den Hauptvortrag übernommen; das Thema lautete »Der Christ in der Gesellschaft«. Dort fiel der berühmte Satz, die gegenwärtige Lage sei gekennzeichnet durch eine Bewegung, freilich nicht die sozialistische noch die religiös-soziale Bewegung,

> »sondern *die* Bewegung, die sozusagen senkrecht von oben her durch alle diese Bewegungen hindurchgeht, als ihr verborgener transzendenter Sinn und Motor, *die* Bewegung, die nicht im Raum, nicht in der Zeit, in der Kontingenz der Dinge ihren Ursprung und ihr Ziel hat [...] ich meine die Bewegung der Gottesgeschichte [...], deren Kraft und Bedeutung enthüllt ist in der Auferstehung Jesu Christi von den Toten. Darum handelt es sich, wenn uns die Lage des Christen in der Gesellschaft [...] zum Problem geworden ist.« (K. Barth, Tambacher Vortrag 1919, 40)

Es ist September 1919, wenige Wochen nach dem Inkrafttreten der Weimarer Reichsverfassung (im August 1919). In diesem Vortrag, der Barth berühmt machte und der ihm die Freundschaft mit Gogarten brachte, formulierte Barth ganz gegen die Erwartung, er werde zeigen, wie sich denn der Christ in der neuen Weimarer Gesellschaft zu verhalten habe, einen im Grunde einfachen Gedanken: »Der Christ in der Gesellschaft«, dies müsse verstanden werden als die Frage nach dem *Christus* in der Gesellschaft. »*Der Christ* – wir sind wohl einig darin, dass damit *nicht die Christen* gemeint sein können: weder die Masse der Getauften noch etwa das erwählte Häuflein der Religiös-Sozialen [...]. Der Christ ist *der Christus*.« (34) Im Zusammenhang mit Kabischs Konzept von Religionspädagogik wichtig ist, dass sich Barth schon 1919 kritisch gegen das »sogenannte ›religiöse Erlebnis‹« ausspricht, indem er diesem die Bewegung von Gott her entgegen setzt (41).

Analog argumentiert Barth im Kontext der Bildung. Eine ähnliche christozentrische Argumentationsfigur wie in Tambach findet sich in Barths Zuordnung von Evangelium und Bildung im Jahre 1938. Dort lautet der zweite Leitsatz, das Evangelium bezeichne die der Kirche aufgetragene

> »Botschaft von Jesus Christus, dem einen und einzigen ›gebildeten‹ Menschen, der von Gott gekommen, vor Gott für alle eintritt [...]«. (K. Barth, Evangelium und Bildung, 6)

Dabei handelt es sich um eine Art von »Geniestreich«, bei dem die Spannung von Religion und Bildung von Christus her als aufgehoben bezeichnet wird, weil eben Christus der einzig gebildete Mensch ist. Die Anführungszeichen, in denen das »gebildet« bei Barth steht, zeigen allerdings die Unsicherheit bei Barth selbst an, ob man denn so die Frage nach der Bildung lösen könne. Denn hier ist das pädagogische Problem der Bildung, also ein anthropologischer Zusammenhang, kurzerhand durch einen christologischen Zusammenhang ersetzt worden. Auf der Ebene der Christologie, im Zusammenhang der Menschwerdung Gottes kann man sicher sagen, dass Christus der einzig im Sinne der Einheit mit dem Vater gebildete Mensch war. Damit ist »gebildet« zum Synonym von »inkarniert« geworden. Jesus Christus, so Barth mit Kolosser 1,15, ist »das Bild des unsichtbaren Gottes« (11).

Doch trägt dieser Geniestreich Barths wenig aus für die Frage, wie die von Bohne beschriebene Spannung zwischen Religion und Kultur pädagogisch zu bearbeiten ist. Das Evangelium wird dabei nicht als eine interpretative Kategorie *innerhalb* aller menschlichen Kategorien verstanden, sondern als die »Botschaft von einer Größe, die als solche nur verstanden wird, wenn sie allen anderen Größen [...] zum vornherein in und an sich übergeordnet ist« (8). Damit ist das Evangelium auch »die radikale Krisis aller menschlichen Bildungspläne«; dabei heiße Krisis zwar nicht »Verwerfung«, aber eine solche Verwerfung könne doch die Folge solcher Krisis sein (12). Und insgesamt ist wie häufig beim früheren Barth der Gegensatz (hier: von Evangelium und Bildung) und damit die Negation stark ausgearbeitet, die Position weniger stark. So heißt es schließlich im 5. Leitsatz, das Evangelium von Jesus Christus »widersteht allen in Selbstgenügsamkeit und Grenzenlosigkeit vom Menschen her unternommenen Bildungsversuchen.« (15) Bohne wie jeder andere Theologe im schulischen Umfeld hätte wohl diesem Leitsatz zugestimmt, aber gleichzeitig die Aporie eines solchen Satzes bemerkt. Denn die Kritik an Selbstgenügsamkeit und Grenzenlosigkeit der Pädagogik allein hilft nicht weiter, wenn es darum geht, *positiv* Ziele von Bildung und religiöser Bildung zu beschreiben.

Positiv lässt sich Barths Überlegung jedoch dahingehend aufnehmen, dass der Begriff der Bildung im biblischen Verständnis immer an die Grenzen des Machbaren führt. Zutreffend ist noch heute Barths Beschreibung von Bildungsbemühungen im Gefolge der Rechtfertigung im Glauben. Für diese gilt: »In ihnen findet kein Himmelssturm statt, weil in ihnen kein Traum von Gottähnlichkeit geträumt wird.« (19)

Gültig an dieser Beschreibung Barths bleibt die Einsicht: Lernen ist zwar ein im psychologischen oder sozialen Sinne zu planender Vorgang. Der Begriff »Bildung« erinnert demgegenüber aber auch immer an die *Grenzen* des Machbaren: Bildung ist de facto ein *religiöser* Begriff. Er erinnert an das, was der Mensch wird, ohne es zu machen, auch wenn er dabei selbst beteiligt ist. Der Begriff »Bildung« betont das Moment des Unverfügbaren, im Gegensatz zum Lernbegriff. Und dieses Moment des Unverfügbaren kann religiös, christlich oder auch nicht religiös interpretiert werden. Theologisch kann dann gelten, was K.E. Nipkow für die religionspädagogische Wiederbelebung des Bildungsbegriffes 1990 geltend gemacht hat:

»Bildung als Reflex der Lebenserneuerung im Glauben bezieht sich nicht primär auf unser Tun, sondern spiegelt Gottes Tun an uns, und das ist unverfügbar.« (Nipkow, Bildung als Lebensbegleitung und Erneuerung, 56)

Obwohl die Akzente bei Bohne deutlich anders liegen als bei Barth, besteht auch bei ihm hier die Schwäche: Er redet ebenfalls stark von der Spannung und von der Krise der Bildung, aber was sich aus der Spannung an positiv zu bestimmenden Bildungszielen ergibt, wird nicht so deutlich. Bei Bohne sind die Prinzipien »in der Spannung bleiben«, und »RU als Störung der Bildung« die stärksten Ausdrücke. Damit wird auch das Klassische dieser Position benannt sein, indem die Sperrigkeit des RU in der Schule bleibend zum Ausdruck gebracht ist.

Der Religionsunterricht ist nach Bohne »seinem ganzen Wesen nach notwendig in die Kultur hinein verflochten«, weil er seinen Auftrag nur *innerhalb* der Kultur erfüllen kann. Anders als Barth im Tambacher Vortrag will Bohne hier nicht die Konfrontation von Christus und Gesellschaft, sondern die Konfrontation von Gotteswort und Menschenwort *innerhalb* des gesellschaftlich verankerten RU. Bohne spricht sich gegen die Herauslösung des Religionsunterrichts aus der Kultur aus; er will ihn vielmehr in die bewusste Spannung stellen. Diese Spannung aber besteht zunächst zur Bildung insgesamt und sie besteht dann auch innerhalb des RU selbst.

Bevor Genaueres zu den Begriffen »Spannung« und »Entscheidung« gesagt werden kann, sind nach Hinweisen auf Karl Barth nun noch ergänzende Bemerkungen zur dialektischen Theologie insgesamt notwendig. Denn wahrscheinlich hat Bohne seinen Begriff der Krise erstmals bei Friedrich Gogarten (1887-1967) gefunden: Gogarten hatte in einem Vortrag auf der Wartburg am 1. 10. 1920 »Die Krisis unserer Kultur« thematisiert. Die Religion, so Gogarten, vollziehe das Gericht an der Kultur; und zwar nicht das Gericht über irgendwelche Fehler in der Kultur, sondern das Gericht treffe die Kultur *als* Kultur.

Bohnes Schlüsselkategorie der »Entscheidung« schließlich weist nicht auf Barth, sondern klar auf das Jesusbuch von Rudolf Bultmann (1884-1976), das erstmals 1926 erschien. Bohne hat darauf hingewiesen, dass er das Buch bei der Ausarbeitung von »Das Wort Gottes und der Unterricht« zunächst noch nicht gekannt habe; er habe aber später den Abschnitt über die »Entscheidung« eingefügt und damit habe Bultmann Einfluss auf die Ausformulierung seiner Konzeption gehabt. Damit ist belegt, was einem bei der Lektüre sofort auffällt: Der

Zusammenhang des zentralen Kapitels »Die Entscheidung« (^{3}1964, 131-177) mit Bultmanns Jesusbuch. Bei Bultmann begegnet der Begriff »Entscheidung« weit über hundert Mal und Bohne beginnt sein 7. Kapitel mit dem Abschnitt »Jesus und die Entscheidung vor Gott«, wobei er gleich in der ersten Fußnote auf Bultmanns Buch verweist. Dabei ist zu berücksichtigen, dass die Kategorie der »Entscheidung« für die Theologie der zwanziger Jahre insgesamt charakteristisch und auf die Rezeption von Sören Kierkegaard zurückzuführen ist, der den Begriff in kategorialer Weise verwendete. Dieser Einfluss betrifft die gesamte dialektische Theologie und geht über diese hinaus (so bei Tillich, vgl. Herms 1982, 696-699).

Kurz zusammengefasst: Bohne rekurriert nicht allein auf Barth, sondern insgesamt auf die drei großen Dialektiker der zwanziger Jahre. Bohne setzt sich in seinem Kulturverständnis wegen seiner pädagogischen Grundorientierung deutlich von Barth und Gogarten ab. Bultmann kommt dem letztlich hermeneutischen Denken Bohnes näher als Gogarten und Barth. Und darüber hinaus sagt Bohne als Religionspädagoge unverwechselbar Eigenes. Er ist wahrscheinlich weniger direkt von den drei Dialektikern beeinflusst, vielmehr sind alle vier von derselben kulturellen Herausforderung durch die Umbrüche nach 1918 geprägt.

3. Religionsdidaktik in Spannung und Entscheidung

Damit sind die für Bohnes Abgrenzung wie Nähe zur dialektischen Theologie entscheidenden Kategorien gefallen: Der Begriff *Spannung* und das damit gegebene Verhältnis zur *Kultur*. Bohne stellt den RU und die Kultur nicht als Gegensätze hin. Genauso wie Barth hat er die *Krise* der humanistischen Kultur durchlebt. Wie Barth sieht er auch das *Wort Gottes* und die menschliche Bemühung um die Wahrheit im Gegensatz zueinander. Aber der RU ist eben *nicht* Verkündigung des Wortes Gottes im Sinne von Predigt. Der RU ist vielmehr die Konfrontation mit dem Wort Gottes im Raum der öffentlichen Schule, im Kontext der Bildung und damit im Raum der Kultur. An diesem kleinen Unterschied zwischen Barth und Bohne liegt alles.

Noch einmal anders gesagt: Bei Bohne wird das Wort Gottes *als in kulturellen Bedingungen* zu hörendes, als ein den Menschen *innerhalb* seines Lernens und seiner Entwicklung konfrontierendes vorgestellt; bei Barth hingegen wird das Wort Gottes als von außen in die Kultur hineinsprechend, als selbst nicht zur Kultur gehörend vorgestellt. Man könnte auch sagen: Bei Bohne handelt es sich um ein im weiteren Sinne *hermeneutisches* Denken. Explizit heißt es bei Bohne, Gott wirke »nicht magisch supranatural, indem er sein Wort spricht, sondern er spricht es in menschlichen, in kausalen Zusammenhängen, durch Menschen und Tatsachen.« (Religionsunterricht und religiöse Entscheidung 1930, zit. n. Wegenast, 129) Das Wort Gottes und das Bemühen des Menschen um Selbstfindung begegnen einander als Gegensätze unter denselben Bedingungen von Kultur und Schule. Darum kann der Mensch, der Lehrer wie der Schüler, der Spannung nie ausweichen.

Es heißt darum auch nicht – wie man pietistisch missverstehen könnte –, der Schüler müsse sich für das Wort Gottes oder dagegen entscheiden und wenn er sich für Jesus entschieden habe, dann sei es gut. Bohne über seinen eigenen Unterricht: »Niemals habe ich zum Glauben oder gar zur Entscheidung aufgerufen. Ich würde das geradezu als Bankrott meines Unterrichts aufgefasst haben.« (Bohne zitiert nach Kaufmann 1995,23)

Gemeint ist vielmehr von Bohne, der Mensch sei *in* die Entscheidung gestellt. Denn die Entscheidung kann nie ein für allemal gefällt werden, sondern die Entscheidung ist stets aufgegeben. Anders als bei Barth kann darum auch die Spannung nicht dadurch beseitigt werden, dass man sich auf die Seite des Christus stellt und – gewissermaßen von außen auf das Bildungsgeschehen blickend – ein theologisches Axiom gewinnt, von dem aus kritisch analysiert und damit von der eigenen Spannung befreit werden kann. Hier spielen bei Bohne sicher auch existenzphilosophische Einflüsse eine Rolle. Bohne will also den RU nicht aus der Kultur lösen, sondern ihn innerhalb der Kultur in die bewusste Spannung stellen. Was ist damit gemeint, um welche Spannungen geht es? Die Spannung in Bohnes Verständnis ist eine doppelte: es handelt sich um

- die Spannung des RU zur Bildung insgesamt
- die Spannung innerhalb des RU selbst, nämlich zwischen der Religion als *Bestandteil* der Kultur und als *Infragestellung* der Kultur (Bohne, ^{3}1964, 66ff.).

Wichtig sind demnach Präzisierungen zum Begriff der Entscheidung. Explizit schreibt Bohne, diese »Entscheidung« sei »nicht mit der pietistischen Bekehrung gleichzusetzen« (Religionsunterricht und religiöse Entscheidung 1930, zit. n. Wegenast, 125). Hier hört man die Nüchternheit des Schulpraktikers und erfahrenen Pädagogen: Es gehe nicht darum, künstlich einen Bruch herbeizuführen – dies könne vielmehr »zu schwerwiegenden religiösen Krankheitserscheinungen, zu Heuchelei oder Verklemmung führen«.

Man wird an diesem Punkt Ähnliches sagen können wie zu dem viel zitierten »Bruch« im seelsorgerlichen Gespräch nach dem Seelsorgelehrbuch von Barths Gefährten Eduard Thurneysen (1888-1974). »Bruch« und »Entscheidung« sind keine *methodischen,* sondern es sind *fundamentale* Kategorien. »Bruch« (Thurneysen 1948, 114-128) heißt nicht, einen Bruch im Gespräch herbeizuführen (»So, jetzt hast Du mir alles erzählt, jetzt hören wir aber auf das Wort Gottes«). »Entscheidung« bei Bohne meint nicht: »Entscheide dich für Gott oder gegen ihn«, sondern: Bei der Frage nach der Religion geht es um das Ganze des Lebens, um Wahr und Falsch, um Leben und Tod, um Gott und Nicht-Gott (dazu s. schon Bloth 1963). Bei dem Begriff Entscheidung muss man immer das Ganze des biblischen Begriffes von »Krisis« mithören: Krise, Entscheidung, Gericht, Umbruchzeit, Neubeginn, Offenbarung. In geläufiger pädagogischer Begrifflichkeit: *»Entscheidung« bei Bohne ist eine didaktisch-theologische und keine methodische Kategorie.*

So hat sich Bohne im Vorwort der zweiten Auflage auch gegen die Missverständnisse seines Entscheidungsbegriffes gewandt. Man habe ein Zerrbild beschrieben, wenn man statt »in die Entscheidung stellen« gelesen habe »*vor* Entscheidung*en* stellen« und wenn man aus der Entscheidung *vor* Gott die Entscheidungen *über* Gott und religiöse Fragen gemacht habe, als ob, so Bohne, »solche Entscheidungen mit tausend methodischen Mitteln, wie man sie gewöhnt ist, ›absichtlich‹ gemacht werden sollen« (zit. nach ^{3}1964, 17).

4. Die Berücksichtigung des Jugendlichen in der Didaktik Bohnes

Bohne schrieb 1930, den Begriff der »Entscheidung« habe er nicht »aus dogmatischer Engherzigkeit« aufgestellt, sondern weil er meinte, dass sich die Forderung nach der Entscheidung *»aus der inneren Lage der Jugend überhaupt und ihrer besonderen Lage in der Gegenwart mit Notwendigkeit ergibt.«* (Religionsunterricht und religiöse Entscheidung 1930, zit. n. Wegenast, 126, Hervorhebungen dort)

Ausgangs-punkt

Oben hatten wir bereits gesehen: Die Fragen nach Gott und nach der Krise waren nach 1918 die radikalen, die jugendlichen Fragen. Die religiös-kulturellen Empfindungen Kabischs waren den Jugendlichen nach 1918 nicht mehr zu vermitteln. Bohne ist als Unterrichtspraktiker am Gymnasium der zwanziger Jahre zu seiner Konzeption gelangt. Es ist demnach keineswegs so, wie man häufiger sagt, dass zu jener Zeit die Situation noch kirchlicher gewesen sei und darum die Evangelische Unterweisung mit ihrer konservativen Wort-Gottes-Theologie »noch habe landen« können. Dies wird man gerade nicht sagen können, denn die Situation war schon damals von Modernisierung und Traditionsabbruch gekennzeichnet. Die Konzeption Bohnes verstand sich nicht als bewahrend, sondern als der Radikalität jugendlicher Ablehnung von Religion entsprechend.

Die Situation von Modernisierung und Traditionsabbruch in den zwanziger Jahren

Man muss nur einmal die folgenden Sätze aus »Das Wort Gottes und der Unterricht« hören, die einem fast wie eine Beschreibung zu Beginn des 21. Jahrhunderts anstatt von 1929 vorkommen mögen:

> »Wir haben in Deutschland kein christliches Elternhaus in nennenswertem Umfange mehr [...]. Und wo ist denn das ›Leben‹ der Gemeinden [...]? Worauf sollen wir unsere Schüler hinweisen, wenn sie uns nach dem ›Leben‹ der Gemeinde fragen? Die Gottesdienste geben ihnen in den meisten Fällen nichts, ja sie stoßen sie oft – nicht zu Unrecht – ab! Und die Zahl der Besucher, die in den großen Städten oft genug nicht einmal 1 % der Gemeinde ausmacht, wird ihnen auch kaum Eindruck machen können. Oder sollen wir die Jugend in die Bibelstunden schicken, die zu mehr als

> 90 % von Frauen – alten und älteren – besucht sind? [...] Das ist um so schwerwiegender, als heute das gesamte *öffentliche Leben* religiös nahezu völlig entleert ist. [...] Was die große Masse unserer Jugend an öffentlichem Geist erlebt, ist entweder religiös neutral oder gar der Religion feindlich!« (Bohne ^{3}1964, 189f.)

Zur radikalen Ablehnung von Religion in den zwanziger Jahren

Es ist also keine heile kirchliche Welt, für die die Wort-Gottes-Konzeption von Unterricht entworfen wird – im Gegenteil. Es handelt sich um die Reaktion auf das Desinteresse, ja auf die Ablehnung von Religion, Kultur und Kirche. Der eigentlich mitreißende Schritt in der Gedankenführung Bohnes – wie auch in großen Teilen der dialektischen Theologie, hier sieht man wieder die Parallele – ist es nun, dass die Kritik an Religion, Kultur und Kirche übernommen und radikalisiert wird. Und der Ausdruck dieser Radikalität ist eben die Kategorie der unmittelbaren Konfrontation mit der Wirklichkeit Gottes:

> »Die Wahrheit Gottes begeistert nicht [dies richtet sich gegen Kabisch, MMBl], aber sie lässt auch nicht gleichgültig. Sie schafft Wärme oder Kälte, Entscheidung. Unser RU aber ist so oft lau – und belanglos.« (Vorwort zur 1. Auflage, in Bohne ^{3}1964, 12)

Bohne will mit seinem Konzept auf Gleichgültigkeit reagieren. Der junge Mensch, so seine Erfahrung, bekämpfe Gott gar nicht, sondern lasse ihn vielleicht sogar gelten, als Privatsache für die anderen (1930, zit. n. Wegenast, 119). Der Jugendliche befinde sich selbst Gott gegenüber in der Haltung der Autonomie – wie der Renaissance-Mensch (ebd.). Der junge Mensch lasse die Religion für sich selbst nicht gelten. Er erwarte darum, dass die Lehrenden im RU die Religion verteidigen. Bohne ruft aber nun zu einer anderen Vorgehensweise auf: »Wir aber müssen ihnen mit dem *Gegenangriff* begegnen. [...] Die Religion ist das Gericht über dich, der Ort, wo du, der Mensch Gott begegnest, wo deine Herrschaft ein Ende hat und die Herrschaft *Gottes* beginnt – oder der Kampf!« (1930, zit. nach Wegenast, 123) Und noch radikaler heißt es dann, in einem theologischen, nicht mehr pädagogisch vermittelten Spitzensatz: »Wir geben ihm das Wort Gottes, das uns gegeben ist, ob's ihm lieb oder leid ist, ihn fördert oder zerbricht« (^{3}1964, 105).

Wir stellen demnach etwas Widersprüchliches und Unausgeglichenes fest zu dem, was Bohne an anderer Stelle über die Förderung der religiösen Entwicklung des Schülers sagt, worauf im Folgenden noch einzugehen ist. An dieser grundlegenden Stelle wird man auf jeden Fall Kritik an Bohne anbringen müssen. Denn hier werden die theologischen und die psychologischen Begriffe von Autonomie nicht zureichend unterschieden (von hier aus gibt es auch eine Verbindung zu Bohnes positiver Einschätzung des autoritären Staates 1933/34).

Religionspädagogisch ist jedenfalls daran zu erinnern, dass entwicklungspsychologisch die Autonomie kognitiv wie sozial eine notwendige Stufe auf dem Weg zum eigenen Glauben ist. RU darf also nicht die Autonomie beklagen, sondern er muss sie gezielt fördern und provozieren. Auch der »Übergangs-Atheismus« im Jugendalter (so im Anschluss an die Theorie des »religiösen Urteils« von Fritz Oser) *kann* von einer intensiven Auseinandersetzung zeugen und muss nicht Gleichgültigkeit bedeuten. Bohne ist allerdings insofern wiederum Recht zu geben, als der RU gerade die Auseinandersetzung und die radikalen Fragen provozieren muss, um die kognitive Weiterentwicklung zu fördern. Ein unbiblischer, zurechtgestutzter und moralisch passend gemachter Gott, der genau das sagt, was die Jugendlichen empfinden, fördert die Auseinandersetzung nicht und damit auch nicht die Autonomie. Kurz: Bohnes Insistieren auf den radikalen Fragen kann auch heute noch zugestimmt werden. Aber die jugendliche Autonomie gegenüber Gott darf nicht vom psychologischen Gebiet sofort auf die Frage der Rechtfertigung übertragen werden.

Es ist aber andererseits gerade nicht so, dass nach Bohne das Wort Gottes »senkrecht von oben« (so Barths Tambacher Vortrag) dem Schüler gesagt werden soll, ohne Rücksicht auf dessen psychologische und lebensweltliche Situation. An dieser Stelle halten sich die falschen Urteile, als sei religionspädagogisch erst ab 1970 nach der Schülerwirklichkeit gefragt worden.

Neben der didaktisch grundsätzlichen Kategorie der Entscheidung steht methodisch das genaue entwicklungspsychologische Interesse Bohnes (dazu erinnere man sich an das Promotionsthema bei Eduard Spranger). Gerade die Konfrontation mit dem Anspruch Gottes im Sinne Bohnes verlangt die psychologisch-pädagogische Variabilität und die pädagogische Einfühlung. Zunächst müsse der Lehrer, gerade der Religionslehrer, auch außerhalb der Schule den Zugang zum Schüler suchen ([3]1964, 129).

Weil der junge, werdende Mensch in ständiger Wandlung begriffen sei, darum müsse weiter das Wort des RU auch eine viel »größere Wandlungsfähigkeit und Gelöstheit von der Form besitzen, als irgendein anderes, etwa das der Predigt« (1930, zit. nach Wegenast, 129). Deshalb müsse sich auch die Form des Unterrichts stärker verändern, der Lehrer müsse ständig »um die Form des Unterrichts ringen«, damit er mit der Klasse in gutem sozialem Kontakt und in menschlicher Nähe bleibt (ebd.). Gerade das Ringen »um die Lebendigkeit des Wortes« zwinge zu einer »dauernden sorgfältigen psychologischen Anknüpfung an die Lage der Schüler« (ebd.).

In seinem Hauptwerk bejaht Bohne ausdrücklich die Frage nach der religiösen Entwicklung als wichtiges Thema der Religionspädagogik. Der humanistische wie der dogmatische RU werden gleichermaßen abgelehnt. In der Spannung gelte es vielmehr, die menschliche Seite des RU zu bejahen. Hier formuliert Bohne einen Satz, den man sich in der dialektischen Theologie in der Tat kaum vorstellen kann:

> »Sagen wir's konkret: Wir wollen mithelfen, den jungen Menschen in seiner religiösen Entwicklung, die mit seiner Gesamtentwicklung in engster Beziehung steht, zu fördern.« (³1964, 102)

Hier geht es nicht mehr um das Wort Gottes, egal ob es den Schüler fördert oder zerbricht. Hier geht es um das ihn Fördernde. Die Spannung findet sich also in Bohnes Aussagen selbst. Weiter heißt es bei Bohne, es gehe neben der Verkündigung des Wortes *auch* darum, ethische Urteilsbildung zu fördern und die religiösen Kulturgüter zu vermitteln (103).

Interessant sind schließlich die bei Bohne genannten Unterrichtsinhalte. Auch hier ist ja oft die Meinung zu hören, der Unterricht habe erst seit 1970 Themen aus der Alltagswelt und aus der Gesellschaft aufgegriffen, während man vorher nur die Bibel gelesen und Kirchengeschichte, Gesangbuch und Katechismus besprochen habe. Kurz und bündig heißt es hingegen bei Bohne am Schluss über die Inhalte (damals sprach man vom »Stoff« des Unterrichts):

> »Zwei Stoffgebiete werden diesen Unterricht, der auf Verkündigung beruht und auf Entscheidung hin angelegt ist, vor allem bestimmen: *Die biblischen Quellen* und die *Tatsachen und Fragen der Gegenwart.*« (³1964, 238)

U.-Inhalte nach Bohne

Mit dieser Doppelbeschreibung von Inhalten fühlt man sich an das 1968 von Karl Ernst Nipkow beschriebene *komplementäre Kontextmodell* erinnert. Nipkow forderte damals zwei didaktische Grundtypen für den evangelischen Religionsunterricht. Neben einen »Unterricht über biblische Texte« (1. Grundtyp), der die Tradition des hermeneutischen Religionsunterrichts fortsetzt, sollte ein Kontextunterricht über Christsein und Menschsein in der Gegenwart treten. Die mit diesem zweiten Typ neu gewonnenen Unterrichtsinhalte des Religionsunterrichts sind die Lebensformen der Kirche heute sowie Probleme und Fragen des gegenwärtigen Lebens in der technisch-wissenschaftlichen Zivilisation. Die beiden didaktischen Grundtypen, der Bibelunterricht und der Kontextunterricht, sollen gleichberechtigt nebeneinander stehen und sich komplementär ergänzen. Das ist aber nichts anderes als das, was der viel geschmähte Bohne schon 1929 forderte. Aus dem eigenen Unterricht berichtet er darüber hinaus so: »In der Obersekunda pflegte ich jede Stunde mit einem guten Wort aus einer anderen Religion zu beginnen und die Bemühung dieses Wort zu verstehen, nahm bisweilen die ganze Stunde in Anspruch.« (Bohne zitiert nach Kaufmann 1995,23)

Der RU muss nach der Beschreibung Bohnes »alle Gebiete des Lebens« durchgehen, die Frage des individuellen »Innenlebens« genauso wie die Fragen und Nöte des öffentlichen Lebens. Die Kirchengeschichte solle dabei trotz ihres unbestrittenen Bildungswertes zurücktreten. Man solle in der Oberstufe etwa nicht die Schattierungen mittelalterlicher oder altkirchlicher Frömmigkeit behandeln, sondern die eigene Position klären an Schleiermacher, Nietzsche, Kierkegaard, Dostojewski oder auch Schriften aus der gegenwärtigen christlichen Jugendbewegung (genannt ist hier W. Stählin, 240).

Daneben gehe es um Fragen, die aus der Gegenwart entstehen: Genannt sind in diesem Zusammenhang die »neuen Aufgaben der Zeit wie Sport, doppelte Moral, Geschäftsgebaren, Klassenkampf, Umbildung der Sitte, der Ehe usw.« Es sei für die gymnasiale Oberstufe besser, sich »mit allen Nöten der Jugend vom Evangelium her« auseinanderzusetzen, als die dogmatischen Streitigkeiten der ersten Jahrhunderte zu behandeln. Genannt sind weiter Anthroposophie, Freidenkertum, Kino, Berufsethos und gesellschaftliche Sitte, die allerdings nicht als solche behandelt werden sollen, sondern »vom Evangelium her« zu betrachten gesucht werden sollen (^{3}1964,241). Dies klingt geradezu wie ein Themenkatalog der späteren »Problemorientierung«.

Damit handelt es sich um die am differenziertesten vorgehende religionspädagogische Position der zwanziger Jahre wie wahrscheinlich der Ev. Unterweisung überhaupt, weil bei Bohne – anders als bei Barth und Thurneysen – die Spannung zwischen Theologie und Pädagogik nicht einseitig aufgelöst wird (so auch Grethlein 1998, 113).

5. Fazit: Bohne und das Beunruhigende in der Religionspädagogik

Bei Bohne sind die Prinzipien »in der Spannung bleiben« und »RU als Störung der Bildung« die stärksten Ausdrücke. Damit ist das »Klassische« dieser Position benannt, indem die Sperrigkeit von Religion im staatlichen Bildungsbetrieb bleibend zum Ausdruck gebracht wird. Wie schon Schleiermacher das Besondere und Eigenständige der Religion gegenüber der Erkenntnistheorie und gegenüber der Ethik (in seinen Begriffen: gegenüber Metaphysik und Moral) betonte, so beharrt Bohne auf dem Spezifikum der Religion als Bildungsgut neben anderen Bildungsgütern. Darin behält er Recht. Wie viele andere scheint er mir allerdings in der Beurteilung Schleiermachers zu irren, indem er diesem vorwirft, dieser kehre »die Theologie um zur Anthropologie« (^{3}1964, 113). Wahrscheinlich hat Bohne wohl eher Kabischs Operationalisierung in Schleiermacher hineingelesen als dessen gleichursprüngliche philosophische und religiöse Wirklichkeitsbeschreibung ernst genommen, die wir in den beiden Brennpunkten der Ellipse und in deren »Oszillation« kennen lernten.

Was bleibt von Bohne für heute, abgesehen von einer gerechteren historischen Beurteilung seiner Einsichten? Statt der damals geläufigen expressiven Begriffe von »Krise« und »Entscheidung« kann man vielleicht einfach den Begriff des Beunruhigenden benutzen, um das von Bohne Gemeinte zu bewahren. Religion in der Schule hat etwas Beunruhigendes und nicht nur etwas die Erziehung Unterstützendes. So kann man den steilen Spitzensatz von Bohne verstehen: »So ist die Aufgabe des evangelischen RUs, der in der Spannung steht, im Grunde nicht die Bildung, sondern die *Störung der Bildung von Gott her.*« (^{3}1964, 105)

Von heute her formuliert: Religion ist nicht nur die Abfederung von

Bildung. Sie beunruhigt, weil Religion immer erneut eindringlich nach dem Sinn von Bildung fragt. Religion kann so heute eine Verkürzung von Bildung auf Qualifikation verhindern helfen. Religiös geht es um die Frage nach dem Menschen und nicht nur um die Frage nach den Funktionen des Menschen. So formuliert Christian Grethlein zutreffend: »Vor allem Bohnes *Kritik an einer Funktionalisierung von Religion in der Schule* ist ein bleibendes Erbe einer auch theologisch verantworteten Religionspädagogik« (Grethlein 1998, 117, dort kursiv).

Wenn man das Religiöse der Religion ernst nimmt und dieses nicht vorschnell schulisch einebnet, wird man an der Spannung nie vorbeisehen können. So weit wird man Bohnes Position als einer klassischen auch heute folgen müssen. Aber mit dem Bewusstsein dieser Spannung muss man darüber hinaus produktiv umgehen. Man wird also die Spannung berücksichtigen und dennoch danach und daraus positiv Ziele entwickeln müssen, wie etwa die religiöse Orientierung, Verständigungsfähigkeit und die Achtung vor den religiösen Gefühlen anderer und damit letztlich doch eine auch in Sachen Religion mündige, informierte, rücksichtsvolle und im engagierten Sinne tolerante Persönlichkeit zum Bildungsziel erheben müssen. Ohne die von Bohne benannte Spannung ist das alles nichts; aber das Reden von der Spannung ist noch längst nicht alles. Damit sind das Bleibende wie die Grenzen der Position von Bohne benannt. Besonders dem Methodischen hat Bohne wenig Beachtung geschenkt (so zu Recht Schweitzer, 311). Unter anderem an diesem Punkt wird dann Martin Rang weitergehen.

Literatur

Werke von Bohne

Bohne, Gerhard: Die religiöse Entwicklung der Jugend in der Reifezeit. Aufgrund autobiographischer Zeugnisse, Leipzig 1922.

Bohne, Gerhard: Das Wort Gottes und der Unterricht, Berlin [3]1964 [[1]1929].

Bohne, Gerhard: Religionsunterricht und religiöse Entscheidung, in: Zeitschrift f.d. Ev. Religionsunterricht 41 (1930), 4-11 und 49-51, auch in Auszügen in: Religionspädagogik. Bd. 1: Der evangelische Weg, hrsg. von Klaus Wegenast, Darmstadt 1981, 118-130.

Bohne, Gerhard: Evangelische Religion. Gegenstand und Gestaltung, Leipzig ²1936 [1934].
Bohne, Gerhard: Das Wort Gottes und der Unterricht, Auszüge in: Religionspädagogik. Texte zur evangelischen Erziehungs- und Bildungsverantwortung seit der Reformation, Bd. 2/2: 20. Jahrhundert, hrsg. von K.-E. Nipkow und F. Schweitzer, München 1994, 197-223.

Sekundärliteratur

Barth, Karl: Der Christ in der Gesellschaft (Tambacher Vortrag 1919), in: Das Wort Gottes und die Theologie, Ges. Vorträge, Zürich 1924, 33-69.
Barth, Karl: Evangelium und Bildung (Vortrag 1938), Zollikon/Zürich ²1947.
Bloth, Peter C.: Die theologische Kategorie der »Entscheidung« in ihrer Bedeutung für die Religionspädagogik, in: KuD 9 (1963), 18-40.
Bultmann, Rudolf: Jesus, Gütersloh ³1977 (1. Aufl. Tübingen 1926).
Frühling, Frank: Streiten und Bewahren. Die religionspädagogische Rezeption und Kritik der Dialektischen Theologie, Frankfurt /M. u. a. 1997.
Gogarten, Friedrich: Die Krisis unserer Kultur (Vortrag 1920), in: ChW 34 (1920), 770-777. 786-791 sowie in: Anfänge der dialektischen Theologie II, hrsg. v. Jürgen Moltmann, München ³1977, 197-218.
Grethlein, Christian: Religionspädagogik, Berlin /New York 1998.
Herms, Eilert: Art. »Entscheidung«, in: TRE 9 (1982), 690-705.
Kaufmann, Hans Bernard (Hrsg.): Gerhard Bohne. Erziehung ohne Gott? Neukirchen-Vluyn 1995.
Kittel, Helmuth: Vom Religionsunterricht zur Evangelischen Unterweisung, Hannover 1947.
Krotz, Fritz: Die religionspädagogische Neubesinnung. Zur Rezeption der Theologie K. Barths in den Jahren 1924-1933, Göttingen 1982.
Loch, Werner: Die Verleugnung des Kindes in der evangelischen Pädagogik. Zur Aufgabe einer empirischen Anthropologie des kindlichen und jugendlichen Glaubens, Essen 1964.
Nipkow, Karl Ernst: Christlicher Glaubensunterricht in der Säkularität – zwei didaktische Grundtypen, in: EvErz 20 (1968), 169-181.
Nipkow, Karl Ernst: Bildung als Lebensbegleitung und Erneuerung. Kirchliche Bildungsverantwortung in Gemeinde, Schule und Gesellschaft, Gütersloh 1990.
Oser, Fritz/Gmünder, Paul: Der Mensch – Stufen seiner religiösen Entwicklung. Ein strukturgenetischer Ansatz, Gütersloh ⁴1996 [1988].

Rickers, Folkert: Zwischen Kreuz und Hakenkreuz. Untersuchungen zur Religionspädagogik im »Dritten Reich«, Neukirchen-Vluyn 1995.
Schweitzer, Friedrich: Die Religion des Kindes. Zur Problemgeschichte einer religionspädagogischen Grundfrage, Gütersloh 1992.
Thurneysen, Eduard: Die Lehre von der Seelsorge, Zürich 1948.
Vrijdaghs, Bartholomäus: Gerhard Bohne (1895-1977), in: Klassiker der Religionspädagogik, hrsg. von H. Schröer und D. Zilleßen, Frankfurt 1989, 223-235.

6. Kapitel

Martin Rang (1900-1988) und die Bibel

Mit Gerhard Bohne begann das Konzept der »Evangelischen Unterweisung«, mit Martin Rang beginnt innerhalb davon die Phase von »Kirche in der Schule«. Häufig hat man die »Ev. Unterweisung« (EU) mit dem Konzept von »Kirche in der Schule« gleichgesetzt und gerade Rang gilt mit diesem immer wieder so zusammengefassten Programm als typischer Vertreter eines verfehlten Konzeptes. Denn nach der bildungsbezogenen Selbstständigkeit des RU bei Kabisch wird »Kirche in der Schule« als konzeptioneller Rückschritt angesehen, der die Auseinandersetzung nicht lohnt. Hier etwas mehr Differenzierungen zu schaffen, ist die Begründung dafür, neben Bohne auch Rang in einem eigenständigen Kapitel zu behandeln.

Theologisch unterscheidet sich Rang von Bohne darin, dass er noch stärker die Transzendenz Gottes betont, so dass man von einem »Offenbarungsmonismus« gesprochen hat (Frühling, 93). Rang lehnt immanente Gottesvorstellungen konsequent ab, weil er dabei den Irrweg »des rassisch bedingten ›deutschen Glaubens‹« als konsequente Folge fürchtet (Handbuch für den biblischen Unterricht Bd. 1, 95). Zwischen 1929 und 1939 hat sich die politische und damit auch die kulturelle Landschaft völlig verändert. Wir werden weiter den fundamentalen Unterschied zwischen Bohne und Rang bei der Bedeutung der Kirche sehen: Machte sich Bohne vom Begriff der Kulturkrise her die Kirchenkritik der zwanziger Jahre zu eigen, so schreibt Rang im Kirchenkampf als ein amtsenthobener Professor im Schuldienst einer zunehmend religionsfeindlichen Schule. Darüber hinaus gibt es aber zwei wichtige Gründe, sich mit Rang zu beschäftigen: Er ist der Methodiker des Bibelunterrichtes innerhalb der Evangelischen Unterweisung. Wenn man bisweilen zu hören bekommt, in der Ev. Unterweisung habe der Lehrer nur das Wort Gottes verkündet, ohne auf die Kinder zu achten, dann ist das schon im Hinblick auf Bohne verfehlt und im Hinblick auf Rang ist ein solches Urteil erst recht nicht zutreffend. Des weiteren lohnt die Betrachtung Rangs, weil diese kleine Geschichte der Religionspädagogik auch biographisch und kulturbezogen vorgehen will. Bei Martin Rang wird es aufgrund der beruflichen und wissenschaftlichen Biographie interessant.

Rang war ein Gebildeter alten Stils – Martin Buber und Walter Benjamin gingen in seinem Elternhaus ein und aus. Und Martin Rang war ein echter Grenzgänger – zwischen Hochschule und Schule, zwischen Deutschland und Frankreich, zwischen Theologie und Pädagogik – ein höchst interessanter Mann aus der Generation »Zwischen den Zeiten«: So heißt bekanntlich die von 1923 bis 1933 nur in 11 Jahrgängen erschienene Zeitschrift der frühen dialektischen Theologie, in der Barth, Bultmann und Gogarten publizierten und deren Titel exakt das Lebensgefühl der jungen Generation in den zwanziger Jahren wiedergibt. Diese Metaphorik trifft insgesamt auf das Leben von Rang zu.

1. »Zwischen den Zeiten«: Rangs Biographie

Martin Rang wird am 6. 11. 1900 in Wolfskirch, Kreis Lissa (Polen) geboren. Schon sein Vater ist ein Grenzgänger in einer damals kaum vorstellbaren Weise. Dessen Berufsbiographie verläuft so: Preußischer Regierungsrat – Theologiestudium und Dorfpfarramt – Aufgabe der Theologie und wieder Staatsdienst in Koblenz. Rangs Vater gab den Pfarrerberuf nach schweren inneren Kämpfen wieder auf, weil er sich nicht in der Lage sah, seinen ethischen Ansprüchen als Christ und als Pfarrer zu entsprechen. So ging es vom Dorf bei Poznań (Posen) im heutigen Polen ins Rheinland nach Koblenz. Freundschaften des Vaters aber bleiben bestehen: Mit dem Dichter Hugo von Hofmannsthal (1874-1929), mit dem jüdischen Philosophen und Religionswissenschaftler Martin Buber (1878-1965) und mit dem Marburger neukantianischen Philosophen Paul Natorp (1854-1924).

Zu diesem Umfeld schreibt Rang in seiner autobiographischen Skizze: »Wenn andere junge Menschen es schwer haben, ihren geistigen Weg zu finden, weil die Ungeistigkeit ihres Elternhauses sie hemmt, für mich galt das Umgekehrte: mich erdrückte die geistige Überlegenheit meines Vaters, gegenüber dem mir mein eigenes inneres Leben nichtig erschien.« (1980, 120)

Der junge Martin hat aber eine besondere Begabung für die Malerei: Schon mit 12 Jahren wird er Schüler des Expressionisten Wilhelm Straube, der wiederum von Henri Matisse (1869-1954) herkommt (Matisse hatte 1905 in Paris die Malergruppe »les fauves«, »die Wilden«, gegründet). Die Bilder des Schülers Martin Rang werden in Koblenz und 1916 sogar in Berlin ausgestellt und die Mitschüler äußern »achtungsvollen Spott« über Rangs avantgardistische Bilder.

Anders als Gerhard Bohne wird Martin Rang nicht mehr Soldat im

1. Weltkrieg. Von daher hat er, obwohl nur fünf Jahre jünger als Bohne, einen ganz anderen Hintergrund als dieser. Rang beginnt ein kurzes Studium der Malerei in Stuttgart, dann aber sind die geistigen Interessen stärker als die künstlerischen. Es ist aufschlussreich, dass der Pädagoge Rang einen großen Teil seiner religionspädagogischen autobiographischen Skizze seiner eigenen Ausbildungszeit widmet. Darauf soll im Folgenden ausführlich zurückgegriffen werden, um das Besondere der damaligen Zeit lebendig werden zu lassen.

Seit 1921 studiert Rang in Marburg Theologie, vermutlich auf Empfehlung des Vaters, weil dort die großen Neukantianer wirken, neben dem Freund des Vaters Paul Natorp auch Nicolai Hartmann (1882-1950). Kurz zuvor hatte dort der gerade verstorbene jüdische Philosoph und Religionsphilosoph Hermann Cohen (1842-1918) großen Einfluss ausgeübt, etwa auf den später so bedeutenden Kulturphilosophen Ernst Cassirer (1874-1945). Vor allem wirken aber dort seit 1923 der junge Martin Heidegger (1889-1976) und bereits seit 1921 Rudolf Bultmann (1884-1976), der von Heidegger stark inspiriert wird; 1927 erscheint in dessen Marburger Zeit Heideggers bekanntestes Werk »Sein und Zeit«. Rang wird von dem gerade berufenen Heidegger im Examen geprüft und trägt ihm die neukantianische, wissenschaftsmethodische Sicht der Kantschen Philosophie vor. Rang berichtet, Heidegger habe dann den Kommentar gegeben: »Ja, so pflegt man das wohl zu erklären« und habe dann »in wenigen, inhaltsvollen Worten« seine eigene Kantdeutung dagegengestellt. (1980, 121)

Schließlich ist in Marburg seit 1917 auch noch der bis heute berühmte Religionsphänomenologe in der systematischen Theologie, Rudolf Otto (1869-1937), dessen Hauptwerk »Das Heilige« 1917 erscheint. Man kann es sich aus heutiger Sicht kaum mehr vorstellen, was für ein geistiger Kosmos das gewesen sein muss, gerade nach 1918, in der Zeit völliger geistiger Neuorientierung. Und in diesen geistigen Kosmos hinein bricht in Rangs Studentenzeit die dialektische Theologie ein – 1922 erscheint Barths »Römerbrief« in der alles umwendenden 2. Auflage. Rang hat diese Studentenzeit als begeisterndes Bildungserlebnis geschildert:

> »Gogarten hielt in Marburg Vorträge und wir hatten in Bultmanns Haus stundenlange Diskussionen. Karl Barths Römerbriefkommentar wurde mit Leidenschaft gelesen und diskutiert. [...] wie wunderbar ist für einen

> 20jährigen ein solches Bewusstsein! Welche Intensität des Erlebens und Studierens, welche Leidenschaft in den Diskussionen über hochgeistige Fragen, welcher Glaube, dass eine neue Jugend auch eine neue Zeit bringe. Wir jungen Theologen haben damals am Neuen Testament nichts so gut verstanden wie die Eschatologie, mit der weder die positiven noch die liberalen Theologen viel anzufangen wussten; ›Zeitwende‹, ›Zwischen den Zeiten‹, diese Titel führender Zeitschriften kennzeichnen die damalige Stimmung.« (1980, 125)

1947 schreibt Rang, die Vertreter der liberalen Welt (er nennt hier Harnack im Gegenüber zu Barth) hätten auf die Jungen »den Eindruck einer bedrückenden Enge, eines sturen Fanatismus gehabt«, denn: »Ihre Weite erschien uns flach, wie ihnen unsere Entschiedenheit borniert erschien« (Der Geist unserer Zeit, 137).

Rang studiert auch ein halbes Jahr in Paris an der Sorbonne und an der protestantischen theologischen Fakultät – und diese Zeit, nicht etwa die Marburger, bezeichnet Rang 1980 als die interessanteste Zeit seines Studiums (1980, 121). 1925, 6 Jahre nach Kriegsende, ist Rang der einzige (!) deutsche Student in Paris und er schreibt: »Man kann sich heute keine Vorstellung machen von dem Hass, den viele Franzosen noch viele Jahre nach Beendigung des Krieges gegen die Deutschen empfanden.« (1980, 122) Rang erzählt, er habe sich für einen Ferienkurs in Grenoble angemeldet und in das Formular seinen Namen eingetragen, woraufhin die Sekretärin ihn erschrocken ansah und den Direktor holte. Dieser sagte, er könne keinen Deutschen zum Ferienkurs zulassen – wegen der notwendigen Rücksicht auf seine älteren Kollegen. Rang musste eine andere Nationalität eintragen – als Schweizer oder Österreicher. Wirklich herzlich sei er von den Studenten an der protestantischen Fakultät aufgenommen worden – die offene Gesinnung habe damals aber fast nur unter überzeugten Antimilitaristen und Pazifisten geherrscht.

Die Verbindung zu Frankreich bestimmt die weiteren Bekanntschaften und Freundschaften Rangs und dann später auch die pädagogischen Interessen im Zusammenhang des Rousseau-Buches von 1959. Als Student in Frankreich schreibt er eine Arbeit über André Gide (1869-1951) und er lernt diesen und andere Schriftsteller auch persönlich kennen. Das Einleben in eine fremde Kultur betrachtete Rang im Nachhinein auf jeden Fall als einen großen Vorteil.

Weil er sich für den Pfarrerberuf aufgrund des Scheiterns schon des von ihm bewunderten Vaters als nicht geeignet einschätzt, tritt Martin Rang ein schulisches Lehramt an. Berufssoziologisch interessant ist, dass Rang diesen Beruf zunächst ausdrücklich deswegen nicht wählte, weil er ihn als etwas Niederes und Verachtenswertes ansah. Er schreibt rückblickend, »dass für mich als Sohn eines preußischen Regierungsrates der Beruf eines Gymnasiallehrers etwas durchaus Inferiores war und ich den Gedanken, ich würde jemals diesen Beruf wählen, mit Empörung zurückgewiesen hätte« (1980, 119).

1930 wird Rang Dozent für Religionspädagogik an der Pädagogischen Akademie in Halle. Damit hängt es auch zusammen, dass sein Hauptwerk »Handbuch des Biblischen Unterrichts« auf Kinder und jüngere Jugendliche ausgerichtet ist, während Bohne vor allem an Oberstufenschüler gedacht hatte (man erinnere sich in diesem Zusammenhang an die Themen Beruf, Kultur, Politik u. a. bei Bohne – keinesfalls also bloß »dogmatische« Themen, aber doch theoretischere als bei Rang, der zunächst eine Bibeldidaktik für die Volksschule entwerfen wollte).

Im Jahre 1925 beginnt etwas uns heute Selbstverständliches, aber damals Neues: die akademische Ausbildung für Volksschullehrer. Wie umstritten das in der damaligen Zeit war, »kann man sich heute kaum noch vorstellen.« (Rang 1980, 127) Pädagogisch ist die Akademie in Halle Herman Nohl verpflichtet, dem Allgemeinpädagogen, der besonders für die Autonomie der Pädagogik gegenüber dem Staat, der Kirche und den Wissenschaften eintrat. (Herman Nohl, 1879-1960, ein direkter Schüler Wilhelm Diltheys, wurde 1922 in Göttingen auf einen der neuen Lehrstühle für Pädagogik nach 1918 berufen – bisher gehörte die Pädagogik zur Philosophie.) Rang berichtet, als Theologe habe er mit dem Selbstverständnis der pädagogischen Autonomie an der Hallenser Akademie Schwierigkeiten gehabt. Was mit der Autonomie der Pädagogik bei Nohl gemeint ist, ergibt sich aus dem folgenden Zitat Nohls aus dem Jahr 1949:

> »Von allen Seiten wird der Mensch in Anspruch genommen für objektive Zwecke, von Staat, Kirchen und Parteien, Beruf und Wissenschaft, alle wollen sie das Subjekt eingliedern, verlangen seine Leistung und Hingabe. Die Erziehung dreht den Spieß um und fragt, ob sie dem Subjekt helfen kann, zu wachsen und zu gedeihen. In der Zeit des Nationalsozialismus haben wir den völligen Verlust dieser pädagogischen Wahrheit erfahren, und jeder Kollektivismus wird das Individuum und das subjektive Leben

vergessen. Wir Erzieher haben die große Aufgabe, diesen seinen Wert und seine Bedeutung allen Mächten der Welt gegenüber zu vertreten.« (Herman Nohl 1949, zit. nach Geißler, 236)

Dieses neue Selbstbewusstsein der Pädagogik erscheint uns heute als etwas Normales, in den zwanziger Jahren des 20. Jahrhunderts war das ganz neu und geht wesentlich auf Nohl zurück, in dessen Geist der pädagogischen Autonomie die Hallenser Pädagogische Akademie gegründet und von 1930-1933 betrieben wurde. Die Fragestellung ist bis heute von grundlegender Bedeutung. Es gibt Anzeichen einer Verengung des Bildungsverständnisses auf bestimmte Fähigkeiten, wodurch die Eigenständigkeit des pädagogischen Denkens wieder verloren gehen könnte (man denke an die Diskussion über die »Basiskompetenzen«, die im Gefolge der »PISA«-Studie die öffentliche Bildungsdiskussion dominieren). Auch an die Universitäten, die die Bedeutung der Pädagogik im Gegenüber zu den Fachwissenschaften eher gering schätzen, muss man denken. Im Verbund damit stehen ferner Diskussionen darüber, die Lehrerausbildung an Fachhochschulen kürzer und kostengünstiger durchzuführen. Mit alledem droht das von der Generation Nohls und Rangs Erreichte verspielt zu werden. Sicher: Ohne die Fähigkeit zu sprachlichen und mathematischen Basiskompetenzen ist alles nichts; aber dennoch sind Basiskompetenzen nicht alles, wenn es um Bildung geht.

1947 hat sich Rang im Rückblick auf die dreißiger Jahre differenziert zur Frage der pädagogischen Autonomie geäußert. Als Theologe hatte er dem Gedanken der pädagogischen Autonomie widersprochen – erkennt aber 1947 dieses Urteil im Nachhinein als einen Fehler. Die kirchlichen Kreise (hier wird an die Bekennende Kirche gedacht sein) hätten in ihrer Kritik an der Pädagogik geirrt. Denn die pädagogische Autonomie wäre viel besser geeignet gewesen, den Zugriffen des NS-Staates entgegenzutreten. (Der Geist unserer Zeit, 140)

Die pädagogische Akademie Halle wird 1933 geschlossen: Die akademische Volksschullehrerbildung passt nicht in das Konzept des NS-Staates und das Prinzip der pädagogischen Autonomie erst recht nicht. Rang geht wieder als Studienrat an die Schule. Er wird dann auch Soldat und hat 1947 (77f.) eindrücklich das verlorene Gewissen seiner Kameraden beschrieben: Einen Befehl nicht ausführen – es ging um ein Gespräch unter Soldaten über den Judenmord 1940 – das galt als »unmännlich und unsoldatisch« (77). Anders als Gerhard Bohne hat sich Martin Rang während der nationalsozialistischen Zeit von jeglicher Berührung mit autoritärem, völkischem und rassischem Gedankengut fern gehalten und die Verantwortung des Individuums herausgestellt (Rickers, 215. 217f.).

Nach dem Krieg baut Rang seit 1946 die Volksschullehrerbildung in Nordhessen auf. Er vollzieht eine gewisse Abkehr von seinem Vorkriegsstandpunkt. In dem 1947 erschienenen Buch »Der Geist unserer Zeit« meint er, wichtig sei es jetzt vor allem, gemeinsam die schwierige Lage nach 1945 zu sehen. Die Theologie neige dazu, sich selbst »und den anderen auf einen gegensätzlichen Standpunkt festzulegen« (6). Besonders die Schuldfrage in Deutschland dürfe das Land nicht spalten (58f.).

Explizit beschreibt Rang für sich eine »Wandlung« des unbedingten Glaubensstandpunktes (6), denn Zweifel und Glaube erschienen den Heutigen verwandter als früher (33). Gemeint sei damit nämlich gerade keine müde, ironische Skepsis, sondern eine Art »gläubiger Zweifel«. Statt eines Kinderglaubens gehe es um einen geprüften Glauben, der nicht lediglich aus intoleranten, fertigen Antworten bestehen dürfe (34). Auch die dialektische Theologie habe letztlich zu einer »Verfestigung von Gruppen und Betonung von Grenzen« geführt (37). Dieser Satz Rangs von 1947 ist insofern bemerkenswert, als die Barthsche Theologie erst in den 50er und 60er Jahren ihre Breitenwirkung entfalten sollte. Rang warnt hier vor falschen Schlussfolgerungen aus der dialektischen Theologie; ähnlich wie Bohne sieht er als Pädagoge die Gefahren einer anthropologischen Ignoranz. Ihm geht es jetzt (1947) um die Menschenbildung, um den Einzelnen als »*Seele*«, als verantwortliche Persönlichkeit, die er im Unsterblichkeitsglauben verankert sieht (85).

1950 wird Martin Rang Professor für Allgemeine Pädagogik an der Päd. Hochschule in Oldenburg. Damit ist der Übergang von der Religionspädagogik zur Allgemeinen Pädagogik vollzogen und Rang wird nun zum historischen Pädagogen, der vor allem durch ein Buch über Rousseau weiterwirkt. Das Verhältnis zwischen dem Rang der »Ev. Unterweisung« und dem späteren Allgemeinpädagogen Rang ist noch nicht wissenschaftlich bearbeitet worden. Rang folgt 1960 einem Ruf nach Frankfurt/Main, wo er bis zur Emeritierung wirkt. Er stirbt am 14. März 1988.

2. »Lebendige Wissenschaft« im Unterricht: Rangs Didaktik und Methodik

Anders als die meisten Theoretiker der Pädagogik hat Rang einen längeren Teil seiner Berufstätigkeit selbst in der Schule zugebracht. Nach dem Referendariat und einer kurzen Frankfurter Tätigkeit an einer Schule wird er zwar 1930 an die Pädagogische Akademie Halle berufen, aber 1933 abgesetzt und er unterrichtet von 1935 bis 1939 wieder als Studienrat.

Aus dieser Zeit leitet er im Nachhinein zwei pädagogische Grundeinsichten ab: Zum einen, so Rang, unterrichtet man nur das gut – vor allen Dingen in den Oberklassen gelte das –, wozu man eine lebendige persönliche Beziehung habe oder wenigstens einmal gehabt habe. Das Lehren an der Schule sei sehr viel stärker als das Lehren an der Hochschule an solches Gefallen oder Missfallen gebunden. Und es müsse zum anderen möglich sein, wissenschaftliche Diskussionen in eine den Schülern verständliche Sprache zu übersetzen. Dazu Rang wörtlich:

> »Als ich von 1935 an wieder als Gymnasiallehrer Religionsunterricht gab, habe ich oft meinen Kollegen lächelnd, aber noch ganz erfüllt von solchen Unterrichtsstunden erzählt: Heute habe ich in der Quinta den Streit zwischen *Arius* und *Athanasius* oder die Diskussion um das ›... *filioque*‹ besprochen! Ein guter Unterricht kann eigentlich nicht anders als von den Problemen der Wissenschaft erfüllt sein, unter der Voraussetzung freilich, dass diese Wissenschaft lebendig ist.« (1980, 124)

Beide Einsichten sind zweifellos von großer Bedeutung für Theorie und Praxis. Und gleichzeitig markieren sie wohl auch die eigentümliche, praxisgesättigte Nüchternheit von Rang. Denn für ihn spielen die Inhalte offensichtlich eine sehr große Rolle. Eine allgemeine Religiosität der Kinder als Ausgangspunkt erscheint auch dem Allgemeinpädagogen im Jahre 1980 noch als unsachgemäß. Die *gänzlich* »vom Kinde aus« konzipierte Pädagogik habe gerade religionspädagogisch »zu einer bedenklichen Verkürzung, ja Verniedlichung und Banalisierung des Gegenstandes geführt« (1980, 129). Positiv hingegen erwähnt Rang in diesem Zusammenhang den Einfluss von Gerhard Bohne. Und auch 1980 urteilt Rang, der Rousseau-Spezialist, noch kritisch über die liberale Religionspädagogik (wie wir sie etwa bei Kabisch kennen gelernt hatten): Der Versuch, den RU allein von den Begriffen und Normen der *Bildung* und der *Kultur* her zu begründen, mache ihn zu einem bloßen Teil des kultur- und geistesgeschichtlichen Unterrichts. Hier bekennt sich Rang noch 1980 zur Kritik an diesem Konzept durch die dialektische Theologie. Interessant ist dazu aus heutiger Sicht, dass der Begriff der Bildung inzwischen durch die Arbeiten Nipkows und der EKD einen nahezu unangefochtenen Stellenwert für die Religionspädagogik zurückgewonnen hat. Aus Rangs Formulierung von 1980 hingegen hört man noch deutlich die Reserviertheit gegenüber diesem Begriff in den siebziger und achtziger Jahren heraus.

Aber auch *methodisch* haben für Rang die Referendars- und Studienratszeiten große Bedeutung. Die zwanziger und beginnenden dreißiger Jahre des 20. Jahrhunderts waren ja nicht nur die Zeit der dialektischen Theologie, sondern im Zusammenhang der Jugendbewegung auch die Zeit der verschiedenen reformpädagogischen Ansätze. Bekannt und einflussreich wurde vor allem die so genannte »Arbeitsschulmethode«: Aus der Lernschule sollte eine Schule der Arbeit werden, bei der auch die manuelle Tätigkeit der Schüler eine Rolle spielen sollte, einflussreich war hier der Münchener Stadtschulrat Georg Kerschensteiner (1854-1932). Daraus entwickelte sich dann aber weniger eine Modellschule (wie etwa die künstlerisch und manuell geprägten Waldorf-Schulen), sondern eher ein Unterrichtsprinzip, das uns allen im Laufe der letzten Jahrzehnte fast selbstverständlich geworden ist: Die gemeinsame Erarbeitung durch die Schüler verdient den Vorrang vor der lehrerzentrierten, katechesierenden Gesprächsmethode.

An dieser Stelle kann bemerkt werden, dass die Warnung Rangs vor einem solchen Unterrichtsgespräch bis heute Aktualität behält. Die abwechslungsreiche Methodik scheint uns zwar heute theoretisch selbstverständlich. Aber realistisch betrachtet gilt das nur für die pädagogische Theorie und für die »Vorführstunden«. In der Alltagspraxis sieht es auch heute noch anders aus. In Anlehnung an eine empirische Untersuchung der Fernuniversität Hagen aus dem Jahre 1985 hat Hilbert Meyer gezeigt, dass noch damals 76,86 % Frontalunterricht waren (Meyer 1994, 60-66); der amerikanische Unterrichtsforscher Frazer hat das »Gesetz der zwei Drittel« formuliert: In der Regel bestreitet der Lehrer 2/3, die Gruppe der Schüler zusammen 1/3 der Redeanteile. Man kann das bei Meyer anhand eines Unterrichtsprotokolls leicht genau nachzählen: Die Schüler sprechen in dem Ausschnitt 119 Wörter, der Lehrer aber 284 Wörter, also ein Verhältnis von 27,3 % zu 72,7 % (Meyer 1994, 285).

Rang berichtet, er habe das Glück gehabt, bei Lehrern zu lernen, die selbst Meister des von ihnen propagierten Arbeitsunterrichts-Prinzips gewesen seien. Die Meisterschaft macht er dabei gerade an dem Schlichten und wenig Propagandistischen fest. Diese Methode habe bei den Kollegen so besonders leicht gewirkt und erst bei dem eigenen Versuch, die Schüler zur Selbstarbeit zu bringen, habe es sich gezeigt, um welch große Kunst es sich dabei handle. Heute kennen wir dieses Prinzip aus der so genannten Freiarbeit oder schlicht aus den Methoden der Projekt- oder der einfachen Gruppenarbeit. Damals aber, als der Lehrer noch auf dem Katheder thronte, handelte es sich methodisch wirklich um etwas Neues (man denke nur an die Schulszenen in der 1944 gedrehten »Feuerzangenbowle«). Bei Rangs Erfahrungen geht es um sparsame, aber wirksame Veränderungen von Unterricht und Lehrerrolle.

In diesem Zusammenhang erzählt Rang von einem Kollegen, dem der Arzt wegen seiner Stimmbänder zum Aufgeben des Lehrerberufes geraten habe. Weil dieser das aber nicht gewollt habe, habe er einfach begonnen, sehr wenig und leise zu sprechen. Das ist ein gutes und wichtiges Prinzip von Arbeitsunterricht und damit auch von gutem Unterricht überhaupt. Rang dazu: Dieser Lehrer gewöhnte »die Klasse nach und nach, das Unterrichtsgespräch selbst zu führen. Ich habe diese Maxime ›wenig und leise‹ später in amerikanischen Schulen bestätigt gefunden und kann sie nur jedem Lehrer anraten.« (1980, 126).

3. Martin Rangs »Biblischer Unterricht«

Rang wird der zweiten Phase der »Ev. Unterweisung« zugeordnet, der in der Regel der Name »Die kirchliche Phase« gegeben wird, meist mit starker Kritik. Neben Rang sind als wichtige Vertreter Oskar Hammelsbeck und Martin Doerne zu erwähnen. Die immer wieder zitierte Formel »Kirche in der Schule« wird aber nur auf dem Hintergrund von zwei Tatsachen richtig verstanden. Die erste ist der evangelische Begriff von Kirche und die zweite ist der spezifische Kontext der

Schule im Nationalsozialismus. Etwas genauer: Die Rede von der »Kirche« meint nach reformatorischem Verständnis ja nicht primär die *Institution*, sondern das vom Wort her entstehende *Geschehen*, also das gemeinsame Hören auf die Bibel und ihre Auslegung, in dem die Institution ihre Mitte hat. Klassisch im Protestantismus ist dafür das Lutherwort, die Kirche sei das Geschöpf des verkündigten Evangeliums: »ecclesia creatura est evangelii« (M. Luther, WA 2,430) oder auch die Definition aus CA 7 »Est autem ecclesia congregatio sanctorum, in qua evangelium pure docetur et recte administrantur sacramenta«.

Wie kommt es im Handbuch für den biblischen Unterricht 1936/1939 zu der biblischen und damit auch zur kirchlichen Konzentration? Beides hängt aus den genannten theologischen Gründen eng zusammen. Rang schreibt dazu rückblickend im Jahre 1980 lapidar:

> »Sollte ein christlicher Religionsunterricht in der Nazischule noch Sinn haben, so konnte er sich nur als kirchlicher Unterricht verstehen und seine Legitimation von der Taufe und kirchlichen Gemeinschaft und nicht von der Kultur oder dem Volkstum gewinnen. Das galt auch dann, wenn er in der öffentlichen Schule und von beamteten Lehrern gegeben wurde.« (Rang 1980, 130)

Das dialektisch-theologische Insistieren auf der Unterscheidung von Religion und Kultur sei nun nicht mehr wichtig gewesen, weil der Gegensatz von Religion und Kultur in der NS-Schule (ganz anders als gemeint) Wirklichkeit geworden sei (ebd.).

1932, als Dozent in Halle, hatte Rang mit dem Buch »Biblischer Unterricht« begonnen. Bei diesem Buch handelte es sich um eine Didaktik und Methodik des RU von der Bibel her. Das Buch erschien 1936 unter dem Titel »Biblischer Unterricht. Theoretische Grundlegung und praktische Handreichung für den RU in Kirche, Schule und Familie«. 1939 erschien dann eine überarbeitete Fassung in zwei Bänden, die nach dem Krieg zweimal nachgedruckt wurde und große Wirkung entfaltete. Die Situation hatte sich seit Kabisch und Bohne radikal verändert: Nicht mehr die Schule als Kulturinstitut konnte unter der Vorherrschaft des Nationalsozialismus den Rahmen für das religiöse Lernen abgeben, sondern nur noch die *Kirche*. »Kirche in der Schule« meint demnach: Religionsunterricht ist *Gegenkultur der* Kirche in der *totalitär gewordenen* Schule.

deshalb Kirche in der Schule!

Im Untertitel des zweibändigen Hauptwerkes von 1939 ist bei Rang übrigens die Rede von der »christliche[n] Unterweisung der evangelischen Jugend«, also gar nicht mehr von der Schule. Die Reflexion des *Inhaltes* wird wichtiger als die Reflexion des Lernortes. Rang wusste im Nachhinein genau, dass seine Bücher 1936/1939 aufgrund der politischen Umstände biblisch-kirchlich konzentriert waren und er schrieb im Vorwort 1947 explizit: »Der Leser muss also beachten, dass die Ausführungen im Jahre 1939 und nicht im Jahre 1947 geschrieben sind.« ([2]1947 Bd. I, 9) Rangs Handbuch hat im Krieg und danach ein großes Echo gefunden: Es sind 14.000 Exemplare davon verkauft worden, viele davon auch in der DDR.

Sehen wir uns Rangs religionspädagogisches Hauptwerk nun etwas genauer an. Wir werden merken, dass Rang es pädagogisch, also didaktisch und methodisch genau genommen hat und keinesfalls einfach dem »Verkündigungs«-Klischee entsprach, wie es häufig entworfen wurde. Klassiker ist Rang damit in der Verbindung von biblisch-theologischem und didaktisch-methodischem Ernst.

Als gemeinsame Überzeugung der Religionspädagogik formuliert Martin Rang 1947 in der 2. Auflage seines »Handbuches für den biblischen Unterricht«,

> »dass der christliche Religionsunterricht seinen Auftrag und seinen Inhalt nicht von Größen menschlicher Kultur und Bildung, sondern von Gottes Offenbarung und Gottes Befehl herleitet« (Bd. 1, 17).

Daraus ergeben sich drei bekannte Prinzipien der »Evangelischen Unterweisung«:

- Inhalt des Religionsunterrichts ist Gottes Wort
- Religionsunterricht ist Bekenntnis und Anrede
- Religionsunterricht ist Kirchlicher Unterricht (18-27).

Aus diesem Buch stammt die bereits besprochene, immer wieder zitierte Formel:

> »Der Religionsunterricht ist Kirche in der Schule.« (Bd. 1, 106, dort gesperrt)

Rang richtet sich mit seinem Bibelunterricht jedoch nicht nur gegen den Kultur- und Erlebnisunterricht Kabischs und seiner Nachfolger, der seit 1933 vollends obsolet geworden ist. Er will auch nicht zurück zu dem materialen Unterrichtsverständnis des 19. Jahrhunderts, wie es sich in den Unterrichtsplänen des preußischen Regierungsrates Ferdinand Stiehl (1812-1878) aus dem Jahre 1854 ausprägte. (Stiehl war vor seinem Gang nach Berlin ins preußische Kultusministerium von 1836 bis 1844 Leiter des Lehrerseminars in Neuwied gewesen und hatte in Bonn bei dem bedeutenden Unionstheologen und Theoretiker der Praktischen Theologie Carl Immanuel Nitzsch studiert.) Die »Stiehlschen Regulative« von 1854 gelten bis heute als restaurative Verfehlung des 19. Jahrhunderts und als typisch für die Zeit nach der gescheiterten Revolution von 1848 (anders und differenzierender Bloth 1968, 34-88). Stiehl sah die (singularisch benannte!) biblische Geschichte als eine Heilsordnung an, zu der durch »christliche Volkserziehung« hinzuführen sei (auch er verwendete schon den Begriff des »Erlebens«). Umgekehrt hatte Stiehls Gegner Adolf Diesterweg (1790-1860) Religion allenfalls als Kulturgut gelten lassen wollen und einen eigenständigen Religionsunterricht abgelehnt. Auf diese ältere Diskussion hatte Kabisch reagiert.

Martin Rang will die Bibel nun weder als »biblische Geschichte« im Sinne von Stiehls Volkserziehung noch als Kulturgut verstanden wissen. Die Bibel ist nach Rang nicht Unterrichtsstoff. Sie ist Bekenntnis und Anrede, also Geschehen statt Material, Prozess statt Kulturgut. Damit ist manches von dem vorweggenommen, was später Ingo Baldermann in seiner Biblischen Didaktik entwickeln wird (etwa gegen das materiale Verständnis, das Baldermann als »Container-Didaktik« kennzeichnen wird, Baldermann 1996, 5 im Rückgriff auf Paolo Freire). Schon bei Rang wird ein nicht nur grundlegend theologisches, sondern auch ein zutiefst pädagogisches Anliegen formuliert: Die Bibel bringt (wie bildende Unterrichtsinhalte überhaupt) etwas in Bewegung, in Gang. Nicht nur biblisch-theologisch, sondern auch pädagogisch wird das Bibelwort als Geschehen, Aktion, Prozess verstanden.

Rang hat eine umfangreiche Bibeldidaktik vorgelegt, die in zwei Büchern fast 650 Seiten umfasst. Schon der Titel ist selbstverständlich Programm: *Biblischer Unterricht*, nicht Religionsunterricht! In heutiger Terminologie könnte man formulieren: Die Bibel soll selbst zum *Subjekt* des Religionsunterrichts werden, indem sie selbst zum Reden kommt. Das ist gemeint mit »biblischem Unterricht«. Denn die Bibel als Unterrichtsinhalt hatte ja auch bei Kabisch die zentrale Rolle gespielt. Dort war allerdings nicht die Begegnung mit »Gottes Offenbarung und Gottes Befehl« (so Rang) das Entscheidende, sondern die

Begegnung mit der religiösen Persönlichkeit des Amos oder Paulus und dementsprechend die religiösen Erlebnisse der Schülerinnen und Schüler.

Der Unterschied zwischen Kabischs und Rangs Bibeldidaktik lässt sich auf die Kurzformel bringen: Religiöse Erlebnisse durch biblische Persönlichkeiten (Kabisch), Gehorsam gegenüber Gottes Wort durch das Hören auf Gott selbst *mit Hilfe* der Bibel (Rang). Von einer Gleichordnung religiöse Persönlichkeit – biblische Persönlichkeit bei Kabisch wechselt Rang also zu einer Unterordnung Menschenwort – Gottes Wort. Will man Rang hermeneutisch deuten, dann kann man formulieren: Die Bibel *ist* nicht Gottes Wort, sondern sie muss es erst *werden*, indem der Anspruch Gottes in einem Verstehensprozess mit Hilfe und durch das biblische Wort vernehmbar wird. Denn anders würde es sich ja um eine unreflektierte Form von erneuerter Verbalinspiration handeln (als habe der biblische Wortlaut bereits als solcher kraft des Heiligen Geistes göttliche Autorität). Dies hat Rang allerdings – vielleicht aufgrund der damaligen politischen Situation im Kirchenkampf – selbst nicht hinreichend ausgeführt und so bleiben viele seiner Textstellen autoritär missverständlich.

Aus heutiger Sicht muss man sagen: Die Gefahr der Evangelischen Unterweisung lag darin, dass das *theologische Gefälle* mit einem *pädagogischen Gefälle* verbunden wurde. An dieser Stelle waren Bohnes Aussagen mit ihrer zu einfachen Kritik an der jugendlichen Autonomie äußerst problematisch gewesen. Die Gefahr der Kritik an Bohne und an Rang aus dem historischem Abstand heraus ergibt sich andererseits dann, wenn das theologische Autoritätsgefälle den Vorwurf der menschenfeindlichen Pädagogik aus sich heraussetzt. Eine diastatische Theologie mit der scharfen Unterscheidung von Gott und Mensch ist nicht automatisch mit einem autoritären Unterrichtskonzept verbunden. Und auch eine anthropologisch vorgehende (»liberale«) Theologie entspricht nicht unbedingt einem schülerorientierten Vorgehen. Auch die Gleichordnung Schüler-Petrus bei Kabisch hatte so methodisch etwas sehr Gewaltsames (in den katechetischen Fragen) gehabt. Umgekehrt konnte der Wort-Gottes-Unterricht methodisch und persönlich schülerbezogen gestaltet sein. Das Verständnis der theologischen Grundorientierung und der unterrichtlichen Methodik (und des persönlichen Stils) sind im Diskurs deutlich zu unterscheiden und kontrolliert aufeinander zu beziehen.

Über Rangs Praxis sind Aussagen nicht möglich. Darum bleiben wir bei der Theorie und diese bietet bei Rang durchaus Hinweise für lebendigen und menschenfreundlichen Unterricht. Rangs oberster Grundsatz steht am Anfang und ist bereits erläutert worden: »Gottes Wort ist nicht dasselbe wie Bibel«. Es ist die Aufgabe, »in dem biblischen Wort Gottes Wort zu hören und zu Gehör zu bringen« (Bd. 1, 18; im Folgenden wird nur aus dem ersten Band zitiert). Gottes Wort ist nicht Gegenstand des Betrachtens, sondern des Gehorchens (20). Das Gotteswort erschließt sich also erst in einem Prozess von Praxis. Es kann nicht als bereits durch den biblischen Wortlaut gegeben angesehen werden.

Explizit kritisiert wird von Rang auch Karl Barths Beschreibung von Unterricht im Band I, 1 der »Kirchlichen Dogmatik«. Dort hatte Barth den Unterricht im Unterschied zur Predigt beschrieben als »Unterweisung, Belehrung [...], Bekanntmachung mit den wichtigsten Elementen der Überlieferung [...]« (Karl Barth, KD I, 1, 51, zit. nach Rang I, 29). Rang kritisiert, so technisch, verstandes- und gedächtnismäßig könne man die biblische Geschichte nicht einmal mit erwachsenen Studenten behandeln, geschweige denn mit Kindern und Jugendlichen. Man müsse sich vielmehr »an den jungen Menschen in seinem lebendigen Empfinden und seinem ganzen Sein wenden« – anders werde der Unterricht »sterbenslangweilig« (30).

Die Rede von der fehlenden Schülerorientierung ist von daher auch in Bezug auf Rang nicht zu halten. Die *Themen* orientieren sich nicht an den Schülern, sondern an der Bibel. Die *Inhalte* jedoch orientieren sich an den Schülern. Denn die Inhalte sollen etwas anderes sein als der bloße Stoff: »Inhalte des Unterrichts ist nicht dasselbe wie Unterrichtsstoff« (20). Der Stoff dient dazu, das Evangelium als Inhalt für bestimmte Schüler hörbar zu machen. Das Ziel ist es, den christlichen Schüler zur bewussten Annahme seiner Taufe zu führen. An dieser Stelle liegt die kirchliche Zuspitzung und damit auch tatsächlich die Engführung bei Rang.

Aber auch hier gibt es eine schülerorientierte Einschränkung. Rang spricht von der »*Freigabe*« des Schülers im Unterricht. Im Unterschied zum Lehrer sei der Schüler noch nicht gebunden (31). Auch muss nicht jede Unterrichtsstunde dem hohen Verkündigungsanspruch genügen. Manche Stunde ist eben doch nur Lernen, Vorbereitung, Darbietung von geschichtlich-biblischem Stoff (35). Der Vorteil sei, dass hier der Christusbezug nicht direkt gegeben sei, sondern eher in einer gewissen Mittelbarkeit zum Tragen komme (35).

Sehen wir uns den bibeldidaktischen und den methodischen Zugriff Rangs näher an. In einem grundsätzlichen Kapitel »Religionsunterricht und Leben« (59-81) hat sich Rang mit der »Lebensnähe« des biblischen Unterrichts beschäftigt, also mit dem, was wir seit 1970 die »Schülerorientierung« nennen.

Im Gespräch mit dem Philosophen Karl Jaspers (1883-1969) ist ein wichtiger Punkt für Rang die »Grenzsituation«. Die Bibel stelle den Menschen einer wirklichen Grenzsituation gegenüber (67). Gemeint ist damit aber gerade nicht das Anknüpfen bei wirklichen Grenzsituationen in der Klasse (etwa Tod eines Elternteils). Das wäre ein bloßer Gelegenheitsunterricht, ein so vorgehender Lehrer spiele »eine abscheuliche Komödie« (68). Vielmehr müsse von solchen Grenzsituationen *erzählt* werden. Die Erzählung ist dann auch die bevorzugte Methode Rangs und der EU überhaupt gewesen und sie wurde später als autoritäre Form stark kritisiert. Es klingt fast wie eine vorausgenommene Kritik am problemorientierten Unterricht, wenn Rang formuliert:

> »Die Kinder verstehen die ›Grenzsituation‹ – wie Trauer und Angst Jesu in Gethsemane – nicht durch ›Aufklärung ihres Lebens‹ (in diesem Fall also durch Betrachtung und Besprechung ihrer eigenen Ängste), sondern im *Bericht;* was *ein Kind nie erlebt hat, ja nie erleben wird, kann es doch verstehen*«. (Rang, Bd. 1, 70, Hervorhebungen dort)

Wie allgemein bekannt ist, war dann »Angst« eines der beliebtesten Themen der frühen Problemorientierung, meistens mit fremden Texten, aber häufig auch mit dem Anspruch, von wirklichen Ängsten der Schülerinnen und Schüler auszugehen bzw. diese zu »bearbeiten«. Für Rang ist demgegenüber die (existenzphilosophisch und damit grundsätzlicher verstandene) Grenzsituation der didaktische Schlüssel, um zum Verkündigungsgehalt des Bibeltextes vorzustoßen. Anderenfalls werde die Verkündigung »dogmatische Lehre [...], die das Kind nachschwätzen« lerne oder sie werde banalisiert durch die Anpassung an das kindliche Verständnis. Diese Bemerkung erinnert an die Kritik Rousseaus am Katechismusunterricht und Rangs spätere Beschäftigung mit Rousseau passt gut dazu. Rang meint, die Kinder müssten gewonnen werden, das Außergewöhnliche zu verstehen, eben die »Grenzsituation«. Weitere Erschließungsmuster sieht er in den alltäglichen Erfahrungen von Heimweh und Dankbarkeit (72ff.).

Besonders interessant ist für uns das Methodische im engeren Sinne. Wie unterrichtet man nach Rang die Bibel in der Praxis und was daran ist auch heute noch beherzigenswert? Rang folgt zwei Prinzipien, die schon anklangen:

1. Die Erzählung der biblischen Geschichte hat Vorrang vor der Besprechung (an dieser Stelle vergleiche man das von Kabisch Geforderte).
2. Die Besprechung soll weder der trockenen Begriffskatechese noch dem Stufenschema bei Herbart-Ziller folgen noch der reinen Arbeitsmethode (R. Kerschensteiner/Otto Eberhard), sondern ein lebendiges, strukturiertes Unterrichtsgespräch sein.

Obwohl beides zunächst für die Volksschule, besonders auch für Kinder gedacht war, gilt das positive Urteil über das Erzählen bis heute und zwar mindestens für die Sekundarstufe I, wenn nicht auch für die Sek. II, wenn auch selbstverständlich nicht als einzige Methode. Neben den theologisch-didaktischen Gründen gibt es eine schlichte praktische Tatsache, die für das Erzählen im Unterricht spricht: Eine gut erzählte Geschichte fesselt die Aufmerksamkeit, selten stört eine Klasse oder Konfirmandengruppe bei einer guten Erzählung. Die Erzählung hat den Vorteil, die Sache erst einmal in persönlich vermittelter Form zu präsentieren. Der Inhalt wird anschaubar in der Mitteilung und Darstellung durch den Lehrer (und darum habe ich an anderer Stelle davon gesprochen, dass Religion immer *gezeigt* werden, persönlich und sachbezogen zugleich begegnen muss. Nur so wird aus dem »Unterrichtsstoff« der bildende Inhalt, mit dem sich die Lernenden auseinandersetzen können).

Rang plädiert für den Eigenwert der Erzählung und kritisiert, dass die Geschichten meistens nur dazu erzählt würden, um sie danach zu besprechen. Er plädiert statt dessen für einen eher andachtsförmigen Beginn der Stunde, indem eine Geschichte oder ein Psalm vorgelesen (bei den Kleinen: erzählt) wird, danach ein Lied, erst dann der übliche Unterrichtsstoff. Das Wiedererzählen oder Wiedervorlesen der Geschichte, die in der vorigen Stunde besprochen wurde, sei auf jeden Fall besser als die bedrückende und langweilende Art der Wiederholung durch Fragen.

Aus meiner heutigen Sicht: Wenn man das Lied weglässt und den Einstieg nicht als »Andacht« gestaltet, sondern die besprochene Geschichte zur Anknüpfung wieder vorliest, ist dies auch heute noch denkbar. Rang empfahl damals übrigens sogar noch die alte Sitte, die

Sonntagsperikopen im Unterricht zu lesen (121) – eine heute sicher nur noch sehr begrenzt sinnvolle Verbindung zum Sonntagsgottesdienst, die seit der Reformation bis ins 20. Jahrhundert die schulische Praxis bestimmt hatte (noch in den zwanziger Jahren war die Behandlung der Sonntagsperikopen im RU durch Lehrpläne vorgeschrieben).

Was die Methode der Besprechung selbst angeht, setzt sich Rang klar von der begrifflichen Formalstufenmethode bei Herbart-Ziller ab. Dort bedeutet das Verstehen einer biblischen Geschichte, diese in der Verknüpfung und Anwendung auf den allgemeinen Begriff zu bringen (etwa: Vergebung, Gottessohnschaft Jesu o.ä.). Rang will stattdessen nicht über die Geschichte hinausführen, sondern in sie hineinführen. Die Geschichte hat einen Eigenwert, der sich nicht ohne Verlust aus ihr »extrahieren« lässt. (Dies sollte 30 Jahre später Hans Weder für die Gleichnisauslegung formulieren in seinem Buch »Die Gleichnisse Jesu als Metaphern«.) Die Aufgabe der Besprechung ist es, die Geschichte von der Gegenwart her lebendig und anschaulich werden zu lassen. Dies ist also nicht die Aufgabe der Erzählung selbst. Rang warnt vor Ausschmückung, Ausmalung und Modernisierung.

Darüber hinaus soll in der Besprechung das Prinzip gelten: »Wir erklären Bibel mit Bibel« (133, dort gesperrt). Die Einzelgeschichte gehört laut Rang in den biblischen Gesamtzusammenhang, der Hintergrund ist die »Einheit der Bibel« (132, dort gesperrt). So wie der Regisseur oder der Deutschlehrer die Einzelszene des »Faust« im großen Kontext des Dramas verstehen müsse, so haben auch Lehrer und Schüler die biblische Geschichte im Kontext der Heilsgeschichte als ganzer zu beachten (an dieser Stelle besteht eine Parallele zum Verständnis von F. Stiehl 1854).

Praktisch impliziert dies ein ständiges Lesen und Blättern in der aufgeschlagenen Bibel. Gerade dies wird von vielen Kolleginnen und Kollegen seit 1970 allerdings für unmöglich gehalten – besonders in Haupt- oder Realschule. Wie oft kann man von Lehrern den Satz hören: »Wenn ich mit der Bibel ankomme, ist die Lust schon weg«. Das kann sein, darf aber nicht zum Maßstab für die Methodik von RU werden – manches ist schlicht auch eine Frage der Gewöhnung oder gar der eigenen Überzeugung. Generell gilt: Ein Medium oder eine Methode, derer man nicht ganz sicher ist und für die man sich tendenziell entschuldigt, ist vom Scheitern bedroht!

Für das Unterrichtsgespräch lehnt Rang die Katechese mit unzähligen Lehrerfragen ebenso ab wie die freie Klassenunterredung ohne

Lehrerfragen, wie sie von der Arbeitsschulmethodik gefordert wurde (134). Die Arbeitsschulmethode völlig freier Eigentätigkeit der Klasse wird zurückgewiesen; denn ihr Anliegen, Erlebnisse zu bieten, sei durch die Andachtselemente berücksichtigt. Aber keinesfalls dürfe wieder die alte W-Frage der Katechese benutzt werden, bei der es nur eine mögliche, die einzig richtige Antwort auf eine Lehrerfrage gab.

Statt dessen will Rang den Bibeltext mit Fragen im Sinne von *Denkaufgaben* erschließen. Dies gehe am besten da, wo der biblische Text selbst eine Frage oder ein Problem enthält. Als Beispiel wird etwa Phil 2,12f. erwähnt: »Schaffet, dass ihr selig werdet, mit Furcht und Zittern. Denn Gott ist's, der in euch wirkt beides, das Wollen und das Vollbringen, nach seinem Wohlgefallen«. Ähnliches gelte für das Jesuswort, er sei nicht gekommen, um Frieden zu bringen, sondern das Schwert, oder beim Gleichnis von den Arbeiten im Weinberg, das »jeden gesund empfindenden Jungen zum Widerspruch« bringe (142).

Rang selbst im Wortlaut:

> *»Wir stellen unseren Schülern mehrere solcher ›Denkaufgaben‹,* durch deren selbständige Lösung sie das erarbeiten, was wir für das Verständnis des Stoffes am wichtigsten halten. Statt also fünfzig stellen wir fünf ›Fragen‹! Die richtigen und fruchtbaren Fragen zu finden, das ist die eigentlich methodische Aufgabe eines Stundenentwurfes [...].« (Bd. 1, 142)

Zu Recht hat Rang das Wort »Fragen« in Anführungszeichen gesetzt. Wir würden heute von Impulsen sprechen, die das Unterrichtsgespräch voranbringen sollen, ohne das Ergebnis von vornherein auf bestimmte Ergebnisse oder gar Begriffe festzulegen. Insofern hat Rangs Methodik auch heute noch ihr Recht. Es empfiehlt sich besonders zu Beginn der Unterrichtstätigkeit, die Impulse vorher zu formulieren, knapp, verständlich und präzise.

Insgesamt kann man Rangs biblischem Unterricht didaktisch bescheinigen, dass er in Grenzen schülerorientiert und in der Methodik schülergemäß war und dass mit einer zusammenhanglos zitierten Formel »Kirche in der Schule« längst nicht alles über ihn gesagt ist.

4. Fazit: Martin Rang – zwischen Kirche und Pädagogik

Aus »Wie lehren wir Religion« (Kabisch) wird bei Rang das »Handbuch« für die Auslegung der Bibel – nicht begrenzt auf die Schule, sondern es geht wie in der Religionspädagogik im »3. Reich« zunehmend um die drei Lernorte Gemeinde, Familie und Schule (s. dazu den Untertitel des Buches von 1936). Von Kabisch 1910 bis Rang 1939 haben sich die Verhältnisse wieder umgekehrt: Aufgrund der politischen Umstände musste die begonnene Ausdifferenzierung von schulischer und gemeindlicher Religionspädagogik wieder zurückgenommen werden.

Seit Kittels Schrift von 1947 »Vom Religionsunterricht zur Evangelischen Unterweisung« hat man dies dann allgemein für sachgerecht und auch für den schulischen Unterricht angemessen gehalten. Martin Rang hingegen scheint dies nach 1945 nicht mehr programmatisch mitvollzogen zu haben. Das bleibt jedoch etwas im Dunkel. Denn Rang hat nach 1945 die religionspädagogische Diskussion nicht mehr weiter verfolgt, weil er 1950 in die Allgemeine Pädagogik wechselte.

Aber auch noch als emeritierter Allgemeinpädagoge im Jahre 1980 schreibt Martin Rang, dass für ihn der RU einen unentbehrlichen Beitrag zur Bildung zu leisten habe, »weil nur in ihm die großen Weltanschauungs- und Gewissensfragen in ihrem Ernst und ihrem Gewicht zur Geltung kommen, mit denen sich innerlich auseinander zu setzen ein unabdingbarer Teil echter Bildung ist« (1980, 132).

Dem ist nichts hinzuzufügen außer der Schlussbemerkung des alt gewordenen Martin Rang, heute (1980) sei die Situation eben ganz anders als in der Nazizeit, da es der Suggestion und der Gewalt Widerstand zu leisten galt. Heute hingegen müsse »das Suchen des Jugendlichen nach eigener Lebensentscheidung zum Ausgangspunkt« genommen werden und der RU habe künftig »nicht polemisch, sondern dialogisch und insofern interkonfessionell« zu sein. Damit ist man mit Rang bei der Diskussion zu Beginn des 21. Jahrhunderts, welche die konfessionell-kooperative und die interreligiöse Perspektive als wichtige Bezugspunkte hat.

Hat Rang sich grundlegend gewandelt oder ist die veränderte Sicht den Umständen zuzuschreiben? Die Frage ist wie so häufig in der historischen Rekonstruktion von geistigen Lebenswerken schwierig, vielleicht auch eher müßig. Man denke dabei an die alte Streitfrage, ob sich das Gesetzesverständnis bei Paulus oder das Verhältnis Luthers zu den Juden grundlegend geändert hat oder ob es sich nur um die Fortführung einer als ambivalent zu beschreibenden Linie handelt. Rang hat auf jeden Fall in großer geistiger Weite sein Werk begonnen und am Schluss vollendet. Dies zu wissen, wo gerade Rangs Phase von 1936-1947 von großer Resonanz gewesen ist, kann die religionspädagogische Diskussion und bisweilen abfällige Kritik an der »Ev. Unterweisung« nur bereichern. Ein schöner Satz von Rang aus dem Jahr 1947 stehe darum am Schluss:

> »Die Haltung der Verbindlichkeit oder des existenziellen Verstehens ist also die gleiche in der Grundschule wie auf der Universität und hier wie dort ergeben sich die gleichen Probleme. Denn Wissenschaftlichkeit heißt gerade nicht, wie viele noch meinen: Neutralität.« (Der Geist unserer Zeit, 145)

Literatur

Werke von Rang

Rang, Martin: Biblischer Unterricht. Theoretische Grundlegung und praktische Handreichung für den RU in Kirche, Schule und Familie, Berlin 1936.

Rang, Martin: Handbuch für den biblischen Unterricht. Theoretische Grundlegung und praktische Handreichung für die christliche Unterweisung der evangelischen Jugend, Tübingen [2]1947 [1939], Bd. 1: Grundlegung – Methode – Altes Testament; Bd. 2: Neues Testament.

Rang, Martin: Der Geist unserer Zeit, Oberursel 1947.

Rang, Martin: Unser Glaube. Unterrichtswerk für die Evangelische Unterweisung, Bd. 1-4, Göttingen 1949ff.

Rang, Martin: Rousseaus Lehre vom Menschen, Göttingen 1959 [[2]1965].

Rang, Martin: Rousseau, Jean-Jacques (1712-1778), in: Klassiker der Pädagogik, hrsg. von Hans Scheuerl, Bd. 1, München 1979, 116-134.

Rang, Martin: (Autobiographische Skizze), in: Religionspädagogik in Selbstdarstellungen Bd. I, hrsg. von Bernhard Albers und Reinhard Kiefer, Aachen 1980, 119-133.

Sekundärliteratur

Baldermann, Ingo: Einführung in die Biblische Didaktik, Darmstadt 1996.

Bloth, Peter C.: Religion in den Schulen Preußens. Der Gegenstand des evangelischen Religionsunterrichts von der Reaktionszeit bis zum Nationalsozialismus, Heidelberg 1968.

Eberhard, Otto: Arbeitsschulmäßiger Religionsunterricht. Gesammelte Stundenbilder aus pädagogischer Werkstatt, Stuttgart ²1924 [1923].

EKD (Ev. Kirche in Deutschland): Identität und Verständigung. Standort und Perspektiven des Religionsunterrichts in der Pluralität. Eine Denkschrift der Evangelischen Kirche in Deutschland, Gütersloh 1994.

EKD (Ev. Kirche in Deutschland): Maße des Menschlichen. Evangelische Perspektiven zur Bildung in der Wissens- und Lerngesellschaft. Eine Denkschrift des Rates der EKD, Gütersloh 2003.

Frühling, Frank: Streiten und Bewahren. Die religionspädagogische Rezeption und Kritik der Dialektischen Theologie, Frankfurt/M. u.a. 1997.

Geißler, Georg: Herman Nohl, in: Klassiker der Pädagogik II, hrsg. von Hans Scheuerl, München 1979, 225-240.

Grethlein, Christian: Religionspädagogik, Berlin/New York 1998.

Kittel, Helmuth: Vom Religionsunterricht zur Evangelischen Unterweisung, Hannover 1947.

Meyer, Hilbert: Unterrichtsmethoden Band II, Praxisband, Frankfurt/M. ⁶1994.

Nipkow, Karl Ernst: Zum biblischen Unterricht bei Martin Rang. Aporien in der Zeit der »Evangelischen Unterweisung«, in: Religionsunterricht als religionspädagogische Herausforderung (FS H. Angermeyer), hrsg. von Rainer Lachmann, Aachen 1982, 67-79.

Rickers, Folkert: Zwischen Kreuz und Hakenkreuz. Untersuchungen zur Religionspädagogik im »Dritten Reich«, Neukirchen-Vluyn 1995.

Weder, Hans: Die Gleichnisse Jesu als Metaphern. Traditions- und redaktionsgeschichtliche Analysen und Interpretationen, Göttingen ³1984 [1978].

7. Kapitel

Martin Stallmann (1903-1980) und die Bildung

Mit Martin Stallmann beginnt nach der geläufigen Darstellung der »Hermeneutische Religionsunterricht«, der die Phase der »Evangelischen Unterweisung« beendet. Wir kehren damit zum Anfang des Jahrhunderts zurück – zur Frage nach der spezifisch schulischen Begründung des Religionsunterrichts. Was bedeutet Religion an der Schule, wenn sie nicht einfach als im positiven, als im ergänzenden Sinne in die Kultur verwoben gilt wie bei Kabisch und wenn sie andererseits auch nicht nur als »Störung der Bildung« wie bei Bohne begriffen wird oder als »Kirche in der Schule« wie bei Rang? Mit diesen Fragen hat sich Stallmann auseinandergesetzt, nachdem sich die Identifizierung von Religion, Kirche und Bibel aus der Zeit des Kirchenkampfes als nicht mehr tragfähig für die neue Bundesrepublik erweist, in der geordnete Verhältnisse zwischen Religionsgemeinschaften und Staat im Grundgesetz (Artikel 7) niedergelegt sind. Stallmann ist der erste religionspädagogische Theoretiker nach dem Grundgesetz und er lässt sich konzeptionell auf die neuen Verhältnisse ein. Ein Zurück zur fraglosen Geltung der Tradition lehnt er ab. Seine großen theologischen Themen sind die Hermeneutik Rudolf Bultmanns und die Säkularisierungstheologie des späten Gogarten nach 1945.

Die zum Teil erwartete Rechristianisierung nach 1945 hat sich im Laufe der fünfziger Jahre schnell als eine falsche Hoffnung erwiesen – vielleicht ähnlich wie in Ostdeutschland nach dem Ende der DDR 1989/90. Schon für die fünfziger Jahre dürfte gelten, dass die gesellschaftlichen Umbrüche durch die Nazi-Zeit eher verdeckt worden sein könnten. So meinte man, es könne wieder bei der breiteren Geltung von Kirche und Theologie vor 1933 angeknüpft werden. Aber vermutlich wirkte die Entchristlichung von 1933 bis 1945 nur als ein Beschleuniger auf die Prozesse der Ent-Traditionalisierung und Individualisierung, die aufgrund der Industrialisierung und Verstädterung sowieso erfolgten. Insofern ist Stallmann ein Klassiker der Religionspädagogik, als er sich ausführlich mit den soziokulturellen Bedingungen des religiösen Lernens in der Schule beschäftigte. Seine Auseinandersetzung mit der damals breit diskutierten Frage nach der Säkularisierung ließ ihn genauer nach dem Verhältnis von Evangelium und Bildung fragen.

1. Zu Martin Stallmanns Biographie

Stallmann wird wie Bohne und Rang in einem Pfarrhaus geboren; bei Stallmann handelt es sich um ein westfälisches pietistisches und (wie damals normal) um ein deutschnational geprägtes Pfarrhaus. Auch für Stallmann wird der 1. Weltkrieg zum wichtigen Einschnitt: Er beginnt am Glauben des Elternhauses zu zweifeln. Geboren am 13.08.1903 wird er bei Kriegsausbruch 11, bei Kriegsende 1918 ist er 15 Jahre alt. Er wird in der Schule in Lübbecke und in Herford ebenfalls von deutschnational gesinnten Pädagogen geprägt. Die Inhalte der Schule bleiben ihm jedoch im Hinblick auf die eigene Existenz fremd. In einem Brief von 1931 schreibt Stallmann, ihm sei in der Schule nicht zu Bewusstsein gekommen, »dass der Stoff, mit dem wir uns dort zu befassen hatten, eigentlich unser Leben und unsere Haltung erziehend gestalten sollte« (nach E. Stallmann 1989, 22). Aus dieser Formulierung des 28jährigen hört man bereits die Bildungserfahrung durch das Studium bei Rudolf Bultmann heraus und das Thema des Hauptwerkes von 1958 erscheint wie vorweggenommen: Tradition, Überlieferung und die Bildung und Erziehung mit Hilfe von Tradition und Überlieferung. In dem Brief erwähnt Stallmann auch, sein eigentliches Leben und seine Erziehung habe sich in der Wandervogelgruppe abgespielt. Dort lernt er auch erstmals andere politische Ansichten kennen. Während er wie seine Eltern die Weimarer Republik zunächst als Katastrophe empfindet, stößt er beim Wandervogel auch auf republikanische Ansichten. Seine spätere Frau Edith Stallmann hat das in der ersten Arbeit über ihren Mann aus dem Jahre 1989 genau rekonstruiert.

Vom konservativen Vater im April 1922 zum Theologiestudium an die lutherisch bestimmte Fakultät in Rostock geschickt (dort lehrt u.a. Paul Althaus, 1888-1966), wechselt Stallmann schon nach einem Semester zu Rudolf Bultmann nach Marburg. Dort findet er seine »geistige Heimat« (Edith Stallmann 1989, 32). Im Zusammenhang mit dem letzten Kapitel über Martin Rang ist es bemerkenswert, dass Rang und Stallmann in Marburg zusammen studiert haben müssen: Rang ist dort seit 1921, Stallmann seit 1922, beide studieren mehrere Jahre in Marburg. Historisch interessant wäre es, dem näher nachzugehen – zumal Mitte der zwanziger Jahre nur 150 Theologiestudenten an der Marburger Fakultät waren.

Geprägt wird Stallmann durch die »Akademische Vereinigung«, in der auf Farben und Kneipen verzichtet und stattdessen gewandert und wissenschaftlich diskutiert wird. Stallmann knüpft hier Verbindungen u. a. zu Günter Bornkamm und Ernst Fuchs. Die Schriften »Politik als Beruf« und »Wissenschaft als Beruf« von Max Weber werden gelesen. Auch hier haben Abende mit Heidegger und anderen Marburger Professoren einen wichtigen Einfluss. Stallmann gibt an, durch Heidegger das falsche Ideal »neutraler Wissenschaft« überwunden zu haben. (Edith Stallmann 1989, 36). Dazu erinnern wir uns an ähnlich lautende Äußerungen bei Martin Rang 1947 (»Der Geist unserer Zeit«).

Stallmann hat sechs (!) Mitschriften von Vorlesungen und Seminaren bei Heidegger aus den Jahren 1923 bis 1927 hinterlassen (Edith Stallmann 1989, 263), also aus den Jahren der Entstehung von »Sein und Zeit« 1927. Heidegger nimmt auch an einem Seminar Bultmanns teil. Heidegger hält im Juli 1924 einen Vortrag über »Geschichte und Zeit« und Stallmann schreibt begeistert in einem Brief von 1926: »Heideggers Kolleg ist ganz ausgezeichnet, einfach fabelhaft. Und dazu: er schreibt endlich. 8 Bogen sind schon fertig, 30 sollen's werden.« (zit. nach Edith Stallmann 1989, 48) Stallmann erlebt das Entstehen eines der wichtigsten Werke der europäischen Philosophie des 20. Jahrhunderts mit.

Bestimmend für Stallmann wird das Theologiestudium bei Bultmann (daneben besucht er 1924 auch ein Schleiermacher-Seminar bei Paul Tillich, der kurze Zeit in Marburg lehrt). Nach Edith Stallmanns akribischen Forschungen hat Stallmann an sieben Seminaren von Bultmann teilgenommen und hat neun Vorlesungen Bultmanns in fünf Semestern nachgeschrieben (Bultmann hielt pro Semester zwei Vorlesungen).

Gerade im Verlauf von Stallmanns Studium wird Bultmann bekannt: 1921 hat er die »Geschichte der synoptischen Tradition« publiziert und kommt nach Marburg, 1924 ist er noch fast unbekannt, 1926 erscheint das einflussreiche Jesusbuch. Faszinierend ist für Stallmann Bultmanns Verbindung von genauer Exegese und systematischer Besinnung, wie sie etwa in dem 1924 erschienenen Aufsatz »Welchen Sinn hat es, von Gott zu reden?« greifbar ist. Dieser kurze, lesenswerte Aufsatz enthält bis heute vieles von dem, was religionspädagogisch und bildungstheoretisch fundamental ist:

> »Es zeigt sich also: will man von Gott reden, so muss man offenbar *von sich selbst reden.* Aber wie? Wenn ich von mir selber rede, rede ich dann nicht vom Menschen? Und gehört nicht zum Gottesgedanken ebenso bestimmt der Gedanke, dass *Gott das ›ganz Andere‹*, die Aufhebung des Menschen ist?« (R. Bultmann, 3)

Diese grundsätzliche, mit dem eigenen Fragen vermittelte Art von Theologie ist es, die Stallmann begeistert und lebenslang prägt. Und diese Art von Theologie ist allein fähig, die Vermittlungsfragen im didaktischen, bildungsbezogenen Sinne zu erschließen. Denn Bildung und Didaktik sind ein *hermeneutischer* Prozess und haben nichts mit bloßer Applikation von Richtigkeiten zu tun. Das ist das Neue, Begeisternde bei Bultmann! Bei Bultmann lernt Stallmann nicht *theologisches Wissen*, sondern *Theologie*. Er hat das selbst so beschrieben:

> »Die Theologie trat dem Studenten damals in ganz besonderer Weise nicht als ein abgeschlossener Komplex von Wissen entgegen [...] Ich kam in Marburg bald in nähere Verbindung zu Bultmann, der es verstand, uns in seine eigene Auseinandersetzung mit Barth und seine durch diese Auseinandersetzung bestimmte exegetische Arbeit hineinzuziehen. So wurde uns die Exegese zu einer lebendigen Angelegenheit, die mit Eifer und stets im Blick auf ihre theologischen Konsequenzen betrieben wurde.« (Stallmann 1931, zit. nach Edith Stallmann 1989, 43)

Es war also die primäre Bildungserfahrung bei Bultmann, die Stallmann auf die Fragen von Tradition und Bildung aufmerksam machte und so religionspädagogisch wie allgemein schulpädagogisch wirksam wurde. Der Philosoph Hans Jonas (1903-1993), der ebenfalls bei Bultmann studierte, hat dessen Lehrtätigkeit ein schönes Denkmal gesetzt (zit. nach Edith Stallmann 1989, 44):

> »Die protestantische Freiheit galt auch im Lehrverhältnis. Er bestand auf Verstehen, aber nicht auf Übereinstimmung. Es ging gründlich zu, aber niemals apodiktisch. Im Gespräch war Erwägen der Stil, aber nicht Behaupten. Überhaupt war jede ex-cathedra-Manier ihm fremd und er drängte wie selbstverständlich auf Ebenbürtigkeit der Partner, wie es nur große innere Sicherheit vermag und nur im Verein mit Demut auch tut. Unbesonnenes Gerede, im voraus beschämt, kam vor solcher Ehrung und dem ständigen Beispiel der Besonnenheit nicht auf. [...] Eine unvergessliche Schule fragenden Denkens.«

Nach dem Examen 1926 wird Stallmann Vikar. Im Vikariat kommt er in persönlichen Kontakt mit Friedrich Gogarten und beschäftigt sich mit dessen Schriften im Zusammenhang von Tagungen der – bis heute tagenden – »alten Marburger« (Edith Stallmann 1989, 56). Stallmann versieht von 1928-1945 westfälische Pfarrämter, unterbrochen vom Wehrdienst 1941-1945. Im Kirchenkampf nimmt er eine Stellung zwischen den Fronten von DC und BK ein – sehr verständnisvoll äußert er sich noch 1938 über die volksmissionarischen Motive des DC-Gründers Joachim Hossenfelder (E. Stallmann 1989, 90). Auch die spätere Zeit Stallmanns hat seine Frau noch in einem weiteren Band von 1996 beschrieben. Religionspädagogisches Engagement wird darin allenfalls am Rande erkennbar (E. Stallmann 1996, 313-317).

1946 folgt für Stallmann dennoch die Dozentur, 1948 die Professur für Religionspädagogik an der PH in Lüneburg, danach 1961 der Ruf nach Göttingen, wo Stallmann bis zur Emeritierung 1968 wirkt und 1980 stirbt. Im Jahre 1975 heiratet er noch einmal und seine Frau schreibt die 1989 veröffentlichte Rekonstruktion seiner Pfarramtstätigkeit »zwischen Republik und Führerstaat«, eine für heutiges Verstehen der Gemengelage zu Beginn der NS-Herrschaft höchst aufschlussreiche und spannend zu lesende Quelle. Aber im Folgenden geht es wesentlich um den Stallmann nach 1945, in den fünfziger Jahren.

2. Säkularisierung, Überlieferung und Auslegung: Stallmanns geistesgeschichtliche Zeitdiagnose

Es ist zunächst wiederum Friedrich Gogarten, der die Säkularisierungsdiskussion aufgreift. Der Begriff der Säkularisierung ist in den 50er und 60er Jahren allgemein gebräuchlich und wird von Gogarten zum Schlüssel für die theologische Zeitdiagnose gemacht: Gogarten betrachtet die Säkularisierung nicht negativ, sondern theologisch gerade als den richtigen Vollzug der Unterscheidung von Gesetz und Evangelium. Es sei falsch, um des Glaubens willen die Säkularisierung aufhalten und bekämpfen zu wollen – das Gegenteil sei vielmehr richtig. Denn die Säkularisierung unterscheide gerade den Glauben von der allgemeinen religiösen Verfassung, die als Gestalt der »Werke des Gesetzes« beschrieben werden müsse. Daraus folgt: Die Säkularisierung ist nicht Feind, sondern notwendige Folge des Glaubens:

> »Ist die Unterscheidung zwischen der göttlichen Wirklichkeit des Heils und den Werken des Gesetzes, wie wir sagten, das eigentliche und höchste Geschäft des Glaubens, [...] dann hat die Säkularisierung ihren Ansatz im Glauben selbst. [...] wie der Glaube die Unterscheidung, die sein höchstes Geschäft ist, vollziehen muss, damit er reiner Glaube bleibt, so muss auch diese Säkularisierung geschehen. [...] Sie ist also etwas, [...] was ebenso wie der Glaube immer von neuem zu geschehen hat.« (Gogarten 1966 [1958], 102)

In ähnlicher Weise, wenn auch im Ganzen nicht so optimistisch, urteilt Stallmann in seinem im selben Jahre 1958 erschienenen pädagogischen Hauptwerk »Christentum und Schule«. Das Buch ist in seiner ersten Form eine Geburtstagsgabe für Gogarten zu dessen 70. Geburtstag am 13. Januar 1957 gewesen und dann zum Buch erweitert worden.

Anders als Gogarten setzt Stallmann mit einer Verlustanalyse ein: Der gegenwärtige Mensch habe den Kontakt zur *Überlieferung* verloren. Man sei mit der Organisation der Güter der Erde beschäftigt um des Nutzens und des Genusses willen (1958, 11f.; vgl. 49 über die reine Zweckorientierung). Daraus ergebe sich auch ein verdinglichendes Verhältnis zur Sprache: Diese werde lediglich als Mittel zum Zweck verstanden (1958, 17). In der Gegenwart sei »die alte Dreiheit« von »Religio – Traditio – Auctoritas« zerbrochen (1958, 24-33). Auch Stallmann beschäftigt sich bereits mit soziologischen Untersuchungen: Diese zeigten, dass »die Zeit für traditionelle Bindungen vorbei« sei (1958, 45).

Was seit dem Buch »Risikogesellschaft« von Ulrich Beck seit 1986 in aller Munde ist, die soziologische »Individualisierungsthese«, beschäftigte Stallmann schon 1958. Dies lässt sich durch das Nebeneinander von zwei Zitaten zeigen:

> »Der einzelne ist immer mehr darauf angewiesen, den rechten Weg und die rechten Mittel, ja auch die rechten Ziele seiner Lebensführung aus eigenem Antrieb zu wählen.« (Martin Stallmann 1958)
> »In der individualisierten Gesellschaft muss der einzelne entsprechend

> bei Strafe seiner permanenten Benachteiligung lernen, sich selbst als Handlungszentrum, als Planungsbüro in bezug auf seinen eigenen Lebenslauf, seine Fähigkeiten, Orientierungen, Partnerschaften usw. zu begreifen.« (Ulrich Beck 1986)

Auch die familiäre Erziehung habe sich verändert: Sie sei deswegen viel schwieriger geworden, weil die Familie nicht mehr hauptsächlich die Aufgabe der materiellen Existenzsicherung habe. Das Verhältnis zwischen Eltern und Kindern müsse sich heute »in einer Sphäre intimer Vertrautheit ohne die vermittelnde Hilfe sachlicher Aufgaben bewegen« (68). Dies wiederum entspricht der späteren Sicht der 90er Jahre von der »Standardisierung« und »Intimisierung« der Familie, wie sie Rosemarie Nave-Herz beschrieben hat.

Im Weiteren kritisiert Stallmann auch die Haltung, die man seit 1970 kritisch als »bildungsbürgerlich« bezeichnete: Die Selbstständigkeit als bürgerliches Ideal mit »dem viel versprechenden Bündnis von Bildung und Besitz« sei nämlich an breiten Bevölkerungsschichten wie dem Industrieproletariat immer schon vorbei gegangen (56).

Es ist nicht ganz sicher, wie Stallmann an dieser Stelle richtig zu verstehen ist, denn er formuliert in einer schwebenden Art zwischen Beschreibung, Wertung und Aufforderung. Einerseits beklagt er die kulturellen Veränderungen, er will andererseits aber schonungslos von der Realität ausgehen, ohne diese zu beschönigen. Der Mensch heute (1958) erlebt die Geschichte als von seiner Existenz abhängige und nicht mehr als fragloses Gegenüber, das ihm als geltende Tradition Identität vermitteln könnte. Und insofern, so könnte man sagen, darf die Schule nicht mehr Traditionsschule sein, sondern sie muss – um es mit einer eigenen Wortschöpfung zu sagen – »Existenzschule« sein, in der eigenverantwortlich und aktuell die Frage nach dem Ich beantwortet wird – nicht *durch* die Tradition, sondern *mit Hilfe* der Tradition:

> »Wer ich bin und als was ich mich verstehe, das ist in meiner Entscheidung mitenthalten. Mein Selbstverständnis ist in die Entscheidung einbezogen – jedenfalls dieses Selbstverständnis, mit dem ich für mich einstehen muss in der Unvertretbarkeit meines Daseins.« (Stallmann 1958, 30).

In diesem Zitat begegnen Schlüsselbegriffe Bultmanns: »Selbstverständnis« und »Verstehen« im Sinne des Selbstverstehens (Bultmanns gesammelte Aufsätze in vier Bänden sind bekanntlich unter dem Titel »Glauben und Verstehen« erschienen), »Entscheidung« (aus dem Jesusbuch 1926, wie geschildert schon von G. Bohne 1929 breit rezipiert), »Dasein« als existenzphilosophische Kategorie, die vor allem von Heidegger in »Sein und Zeit« verwendet wurde; bei Heidegger trat der Begriff »Dasein« an die Stelle des Schlüsselbegriffes »Leben« in der Lebensphilosophie (Dilthey, Nietzsche, Simmel, Scheler u. a.); man suchte damals nach einer philosophischen Grundkategorie über die naturwissenschaftliche und rein logische Beschreibung hinaus – bei Heidegger der klassische existenzphilosophische Abschnitt »Das Sein des Daseins als Sorge« (»Sein und Zeit«, § 41).

In diesem Kontext bedeutet Stallmanns allgemeine schulpädagogische Sicht folgendes: Das Verhältnis zur Tradition bleibt wichtig; aber es kann nicht »traditionell« gelöst werden, sondern man braucht *existentielle* Zugangsweisen; Tradition »wendet sich nicht an das Wissen, sondern an unser Verstehen.« (1958, 32) Die Tradition bedarf einer nicht historisierenden, sondern einer solchen Auslegung, in der wir ihren Anspruch an uns spüren können (1958, 37). Oder in Bultmann-Diktion: »Die als Antwort verstandene Überlieferung wird zum Wort an den von der Frage seiner Geschichte bewegten Menschen.« Wichtig an der Tradition ist die darin zum Ausdruck kommende *Fraglichkeit* der menschlichen Existenz und die *Geschichte* darf nicht im Sinne von Fakten verstanden werden, sondern sie ist aufzufassen als das, was die individuelle *Geschichtlichkeit* der Existenz zur Frage werden lässt. Der Mensch muss »von der Frage seiner Geschichte bewegt sein (61). Diese Argumentationsfigur werden wir in Stallmanns pädagogischen und religionspädagogischen Entwürfen wiederfinden und sie entspricht Bultmanns damaliger Sicht, die Hinführung zum Glauben erfordere, dass der Mensch »sich fragt, was menschliches, was sein Sein ist« (Bultmann 1959, 54).

Nun will Stallmann aber nicht zurück zu der liberalen Sicht, wonach das Individuum Schüler sich an den Dingen autonom bildet (in einer bestimmten Interpretation des Bildungsideals im Gefolge Humboldts). Ebenso wie der Traditionalismus wird ein Subjektivismus abgelehnt. Hier greift Stallmann zu in sich ambivalenten Formulierungen: Die rechte Auslegung müsse der menschlichen Auslegung sowohl *Halt gebieten* als auch *Halt gewähren* (1958, 41). An solchen Stellen spürt man auch, warum um 1970 die geisteswissenschaftliche Pädagogik (zu der Stallmann gehörte) abgelehnt und durch empirische Ansätze abgelöst wurde: Die Formulierungen bleiben hier (wie oft in der geisteswissenschaftlichen Pädagogik) merkwürdig schwebend. Die Sätze suchen etwas Neues, ohne einen wirklich neuen wissenschaftlichen Ansatz zu finden. Das gilt auch für den Hermeneutischen Religionsunterricht, der zwischen der »Evangelischen Unterweisung« und der »Problemorientierung« nur eine Zwischenstellung einnahm.

3. Die Unterscheidung von »Christentum« und »Glaube« als schulische Begründung des RU

Die Schule kann kein Ort der Predigt sein. Sie kann nicht zum Glauben rufen und kann nicht zur Gemeinde erziehen wollen. Schon 1930 hatte Stallmann den Beitrag des Christentums zur Schule allein von den *Inhalten* her formuliert: Eine evangelische Schule im eigentlichen Sinne des Wortes gebe es gar nicht. In einem Briefentwurf an Magdalene von Tiling, eine wichtige Religionspädagogin, mit der wir uns im nächsten Kapitel noch näher beschäftigen werden, schreibt er:

> »Was die Kirche weiter in der Schule zu tun hat, fällt unter den Begriff der Sachlichkeit, sie hat dafür zu sorgen, dass die Schüler vor die Sachen selbst gestellt werden.« (zit. nach Edith Stallmann 1989, 170)

Religionspädagogisch bedeutet das: Aus dem theoretischen Gegensatz von Schule und Evangelium und aus der damit zusammenhängenden Identifikation von schulischem und gemeindlichem Lernen (so bei Bohne und bei Rang) muss eine differenzierte Verhältnisbestimmung werden. Und eben dieser widmet sich Stallmann in seinem Buch »Christentum und Schule« von 1958.

Die Schule ist kein Ort der Kommunikation von Glauben. Aber sie ist ein Ort, an dem das Christentum eine wichtige Rolle spielen kann – als Tradition: »Das Christentum ist beispielhaft für alle Tradition«, lautet ein Abschnitt in dem Buch »Christentum und Schule« von 1958 (111f.). Mit dieser Unterscheidung will Stallmann der Angst der Lehrerverbände vor klerikalen Forderungen begegnen (115).

Gleich im Vorwort des Buches von 1958 heißt es: »Schule bleibt nur Schule, und Kirche bleibt Kirche für den, der begreift, dass schulischer Unterricht und kirchliche Predigt etwas sehr Verschiedenes sind« (1958, 5). Der Formel »Kirche in der Schule«, wie sie im Anschluss an Rang immer wieder zitiert wird, wird also durch eine Art von *formgeschichtlicher* Betrachtung widersprochen: Die Kirche ist konstituiert durch die Predigt und Predigt gehört nicht in die Schule. Das ist eine bis heute bleibende Grundeinsicht. Ein als Predigt aufgefasster Unterricht darf nicht sein. Damit ist Stallmanns grundlegend neue Einsicht formuliert. Der RU in der Schule darf auch nicht den Hintergedanken haben, für die Gemeinde zu erziehen. (Sturm, 100) Von nun an muss der Religionsunterricht vom *Bildungsauftrag der Schule* und nicht mehr vom Verkündigungsauftrag her begründet werden. Hinter diesen Gedanken Stallmanns kann und will seitdem niemand mehr zurück. Es ist im übrigen dasselbe Jahr, in dem die Synode der Evangelischen Kirche in Deutschland in ihrem bekannten »Wort zur Schulfrage« den Satz formuliert: »Die Kirche ist zu einem freien Dienst an einer freien Schule bereit« (wobei übrigens auch in diesem Papier der Begriff der »ev. Unterweisung« gebraucht wird, Text s. in: Religionspädagogik. Texte, Bd. 2/2, 157-159).

Auch die Forderung nach konfessionellen Schulen sei von daher nicht mehr zu begründen. Und wenn für die konfessionelle Trennung votiert werde – etwa in den ersten Schuljahren –, dann dürfe die Begründung immer nur *pädagogisch* erfolgen und nicht etwa kirchlich (181). Sogar einen aus der Kirche ausgetretenen Religionslehrer scheint Stallmann zu akzeptieren – sofern dieser ein engagiertes Verhältnis zum *Christentum* habe (1958, 184). An dieser Stelle bleibt Stallmanns Argumentation allerdings wie öfter etwas verschwommen und der frühe Gert Otto hat ihm vorgeworfen, dass er die Frage der Kirchenzugehörigkeit im Unklaren lasse und somit weniger verlange als das Grundgesetz (Otto, 75).

Der bei Stallmann grundlegende Begriff der »Tradition« darf nicht traditionalistisch missverstanden werden. Für das von Stallmann Gemeinte würde man heute eher den Begriff der »bildenden Inhalte« verwenden. Die Tradition muss nach Stallmann im Dienste der Bildung des Menschen, des Schülers verstanden werden: »Mit der Überlieferung ist so umzugehen, dass sie den Menschen zu sich selbst bringt, das ist das eigentliche Anliegen der Bildung.« (1958, 51) Es geht nicht um Kenntnisse, sondern um die Bewältigung der Lebensaufgaben. Die alte Herbartsche Stufenmethode mit der allgemeinen »Anwendung« der Tradition sei dazu aber nicht geeignet, weil sie den Bildungsvorgang intellektualistisch missverstanden habe (1958, 52f.).

Beim Glauben geht es um das Sterben und Auferstehen Jesu als aktuellen Anspruch an uns. Beim Christentum hingegen geht es um eine geistige Bewegung, zu der man sich in Beziehung setzen kann. Beide Gesichtspunkte sind zu unterscheiden, aber gleichermaßen wichtig. Gerade wenn man den Glauben im gefüllten kerygmatischen Sinne verstehen will, muss man auch von dem distanzierteren geistesgeschichtlichen Begriff »Christentum« sprechen (134). Der Fehler der von der dialektischen Theologie beeinflussten Pädagogik der letzten Zeit sei es gewesen, dass man zwischen Schule und christlicher Überlieferung gar keine positiven Beziehungen mehr gesehen habe, sondern nur noch die generelle Infragestellung vom Glauben her (137), während umgekehrt die Pädagogik von dem Anspruch der pädagogischen »Autonomie« her keine Verbindungen zur Theologie mehr gesehen habe. Mit dieser Fragestellung hatte sich ja auch Martin Rang an der Pädagogischen Akademie in Halle schon ausführlich beschäftigen müssen.

In dieser schwierigen Gesprächslage zwischen Theologie und Pädagogik will Stallmann mit der Unterscheidung von Glaube und Christentum neue Verbindungen suchen. Den *christlichen Glauben* könne man nicht zur Grundlage des Schulwesens machen, wohl aber das Christentum: Es sei als »geistige Überlieferung« Grundlage unseres Schulwesens (150). Das meint keine kirchliche und auch keine christliche Vereinnahmung: Denn Grundlage der Schule sei vielmehr »die durch die Spannung zwischen Humanismus und Christentum charakterisierte geistige Wirklichkeit« (156). Das sei deswegen wichtig, weil heute an die Stelle des Ideals der gebildeten Persönlichkeit das Ideal der Wirtschafts- und Arbeitsgesellschaft getreten sei (161; an dieser Stelle muss man an die Wirtschaftswunderjahre unter Ludwig Erhard denken, der von 1949 bis 1963 Wirtschaftsminister war).

Gerade in dieser Situation müsse die Überlieferung an die Schüler herangebracht werden – aber eben nicht als »Stoff«, sondern als das Ausgelegte, was die Gegenwart erhellen soll (auch dies, die Ablehnung des Verständnisses der Bibel als »Stoff«, hatten wir schon bei Martin Rang gefunden). Christentum und Schule hätten eine gemeinsame Basis: Das Verständnis von Bildung. Schön und auch im 21. Jahrhundert nicht ohne aktuellen Bezug ist die Formulierung Stallmanns:

> »Die Alternative zu der Begründung der Schule in der geschichtlichen Tradition ist ihre Funktionalisierung.« (1958, 207)

4. Didaktik und Methodik des »Hermeneutischen Religionsunterrichts«

Auch für Stallmann steht ohne Frage die Bibel im Zentrum des Religionsunterrichts, als Ausgangs- und Zielpunkt, aber auch als primärer Unterrichtsinhalt (das wird sich grundsätzlich erst bei Hans Bernhard Kaufmann anders darstellen). Wie aber wird dieser Inhalt didaktisch eingeordnet?

Bibel im RU

Die Bibel wird von Stallmann nicht als ein sprachliches Kunstwerk und auch nicht als ein Denkmal von besonderer literarischer Qualität beschrieben. Denn es halte schon die neutestamentliche Sprache, »meist ein vulgäres Griechisch«, den Vergleich mit der antiken Literatur nicht aus (176). Aber es sei die Haltung des radikalen Gefragtseins, die sich dem Menschen in der Bibel erschließe. In »Christentum und Schule« lautet darum die schulpädagogische, überlieferungsbezogene Argumentation für die Bibel so:

> »In der Bibel wird vom Menschen in einem rückhaltlosen Realismus gesprochen. Diese Sprache ist dort dadurch ermöglicht, dass der Mensch in einer äußersten Radikalität nach sich selbst gefragt wird und im Hören auf den, der ihn fragt, antworten muss. Der neuzeitliche Mensch hat sozusagen vergessen, dass dies die Sprache des hörend Antwortenden ist, er fragt nach sich und hofft, dabei in seiner Sprache seines Wesens innezuwerden. Aber er irrt umher zwischen täuschendem Blendwerk und einsamer Klage. *Der moderne Verzicht auf den Umgang mit der Bibel hat verhängnisvolle Folgen gezeitigt. Uns will daher scheinen, dass die Schule um der Sprache willen es sich nicht leisten kann, an der Bibel vorbeizugehen.«* (M. Stallmann, Christentum und Schule 1958, 177, Kursivierung MMBl)

An dieser Stelle begegnet das, was man heute als die kulturelle Begründung für die Bibel in der Schule bezeichnen würde. So hat kürzlich der Philologe Manfred Fuhrmann in seiner kleinen Schrift zur Bildung die Bibel zu Beginn des 21. Jahrhunderts als »ein gefährdetes Element der Kultur« (Fuhrmann, 90-110) bezeichnet.

Etwas anders argumentiert Stallmann. Es geht ihm in der Schule nicht einfach um die Wahrheit des Glaubens. Aber es geht auch nicht um die Bibel als ein Kulturdenkmal oder als besonderes künstlerisches Werk. Die Bibel wirft vielmehr die Hauptfragen des Menschseins auf – in Stallmanns sprachphilosophischer und existenzphilosophischer Beschreibung: Die Sprache der Bibel ist die Sprache der Fraglichkeit von Existenz. Man könnte auch sagen: Wichtiger als die Antworten der Bibel vom Glauben her sind die Fragen der Bibel an den Menschen.

Stallmann hat seine eigene religionspädagogische Position in einem Aufsatz von 1960 anhand der Geschichte der Religionspädagogik nachgezeichnet, in der er ähnlich wie in diesem Buch von Luther über die Aufklärung und Schleiermacher bis in die Gegenwart vorgeht. Der Aufsatz ist in der Festschrift zu Gerhard Bohnes 65. Geburtstag erschienen und Stallmann will ausdrücklich herausstellen, »wie aktuell« die Ausgangsfrage von Bohnes Buch von 1929 (»Das Wort Gottes und der Unterricht«) noch 1965 sei (204).

Gegen Kittel und andere spricht er sich zunächst programmatisch *positiv* für den Begriff *Religionspädagogik* aus. Er enthalte ein Doppeltes: Die Erziehung *zur* Religion wie den *Beitrag* der Religion zur Erziehung überhaupt. Beides setze eine gewisse Selbstständigkeit des Menschen zur Religion voraus, wie sie etwa bei Luther noch nicht gegeben war (vgl. dazu das im 1. Kapitel zu Luther Ausgeführte). In der Aufklärung hingegen war das gesamte Bildungsbemühen »Religionspädagogik« (ohne dass man den Begriff kannte), weil die Religion mit der Aufgabe der Sittlichkeit gleichgesetzt wurde, die das Ganze der Erziehung beschrieb. Schleiermacher sei fälschlich als Ahnherr der Religionspsychologie in Anspruch genommen worden (213; vgl. dazu das 4. Kapitel zu Kabisch). Schleiermachers Bedenken gegenüber dem RU an der Schule nimmt Stallmann aber nun positiv auf: Ein richtiger RU kann nur so vorgehen, dass er *im* Unterrichten gerade die Unverfügbarkeit Gottes zum Thema macht,

> »um die vertraulich sich gebärdende Zudringlichkeit der scheinreligiösen Einbildung abzuwehren. [...] Ein Unterricht, der auf unmittelbare religiöse Wirkung aus ist, verrät, dass er weder weiß, was Unterricht, noch was Religion ist.« (M. Stallmann 1960, 215f.)

Hier zeigt sich deutlich die Prägung durch die Hermeneutik Bultmanns, wie sie in dem Aufsatz »Welchen Sinn hat es, von Gott zu reden?« zum Ausdruck kommt: Von Gott reden, von Religion reden, heißt immer, vom Menschen reden. Dies ist der einzig mögliche Weg, aber dabei muss man immer wissen, dass Gott menschlichem Bemühen nicht verfügbar werden kann und darum auch nicht darf. Das Zitat lässt sich damit als impliziter Widerspruch zur Religionspädagogik von Kabisch lesen, der ja explizit »auf unmittelbare religiöse Wirkung aus« gewesen war. Aber auch gegen die neue Fachbezeichnung »Ev. Unterweisung« bezieht er Stellung: Das Christentum, mit dem es die Schule zu tun habe, sei »mit dem Namen ›Religion‹ richtig benannt« (1958, 191).

1958 hatte Stallmann sein eigenes Verständnis von RU entsprechend so abgegrenzt:

- Der RU dürfe nicht einfach historisch verstanden werden – dann gerate er in ein »neutrales distanzierendes Fahrwasser« (1958, 187).
- Der RU dürfe aber ebenso wenig lebenskundlich aufgefasst werden, dann verstehe er sich fälschlich »als Dienst am allgemein Religiösen oder als moralische Erziehung« (ebd.).

Mit der aus der Weimarer Reichsverfassung übernommenen Formulierung des Grundgesetzes legt Stallmann Wert darauf, dass der RU von den *Grundsätzen* der Religionsgemeinschaften auszugehen habe und nicht von den *Dogmen* (199). Das meint für den evangelischen RU eine klar erkennbare Bibelorientierung, aber in dem beschriebenen Sinne als Überlieferung. Der RU dürfe aus der Schule und ihren Aufgaben nicht herausgelöst werden und die Schule müsse auf ihre Verantwortung für den RU angesprochen werden.

Die Bibel verstehen, dies bedeutet für Stallmann hermeneutisch und didaktisch nichts anderes, als *sich selbst verstehen*: Martin Stallmann entwickelt von Bultmann her einen existentialen und bildungstheoretischen Bibelunterricht als RU-Konzept. Man kann also sagen: Die existentiale Theologie Rudolf Bultmanns sollte unterrichtlich umgesetzt werden. Getreu der Bultmannschen Denkweise und Terminologie formuliert Stallmann im Abschnitt »Hermeneutik und Didaktik« in seinem Buch »Die biblische Geschichte im Unterricht« von 1963:

> »Er [sc.: der Schüler/Hörer, MMBl] soll gar nicht an einen Satz und dessen Wahrheit glauben. Es geht um die Wahrheit eines Geschehens, das seine Person betrifft, und niemand kann an seiner Stelle entscheiden, ob diese Wahrheit ihn betrifft. Nun ist es jedoch schon irrig, zu meinen, aller

> Unterricht müsse ›erklären‹, […]. Viel ursprünglicher heißt Unterrichten eine Anleitung zum Verstehen […]. […] das bedeutet nicht, dass der Glaube, der den Anspruch der Offenbarung anerkennt, ein blinder Glaube sei, der auf äußere Autorität hin etwas Unverständliches annähme. Das Wort und seine Wahrheit sind verständlich, sonst wäre es keine Anrede, die den Hörer zur Entscheidung nötigt. […] Christlicher Unterricht kann also zum Verstehen helfen, auch wenn er den Glauben an das Unglaubliche im Hörer nicht zu begründen vermag.« (Stallmann, 243)

Bei der Interpretation dieses Zitates aus dem unterrichtspraktischen Zusammenhang lassen sich die folgenden Bezüge leicht erkennen:

1. »Glauben«, »Verstehen« und »Entscheidung« verweisen auf die Theologie Bultmanns (der hier auch explizit in einer Fußnote genannt wird).
2. Der Gegensatz von »Erklären« und »Verstehen« verweist auf die Lebensphilosophie Wilhelm Diltheys (1833-1911): Von Dilthey stammt das berühmte Zitat: »Die Natur erklären wir, das Seelenleben verstehen wir.« (W. Dilthey, Ges. Schr. V, 1957, 144) Diese Denkfigur wirkte besonders auf die bildungstheoretische Didaktik von Herman Nohl und Erich Weniger, zu Stallmanns Zeit dann auf Wolfgang Klafki (geb. 1927), der 1958 seine 5 Schritte der »Didaktischen Analyse« formuliert hatte (Gegenwartsbedeutung, Zukunftsbedeutung, Sachstruktur, Zugänglichkeit, Exemplarizität: Klafki 1963, 126-153, bes. 135-142).
3. Damit ist prinzipiell eine starke Schülerorientierung gegeben, wenngleich der Schüler eher abstrakt bleibt und in Bultmann-Heideggerscher Existentialontologie in den Blick kommt. Aber nicht nur in dieser religionspädagogischen Konzeption stand die Schülerorientierung in der Gefahr, die Zentralgedanken der Erwachsenen auf die Jugendlichen zu projizieren.
4. Der Unterschied zur EU ist eher graduell als grundsätzlich. Auch bei Stallmann wird der Schüler als Hörer der Verkündigung verstanden. Nur ist das Autoritätsgefälle Bibelwort-Schüler nicht mehr bedingungslos wie bei Rang oder Kittel. Durch den Verstehensprozess ist das Autoritäre in den sich selbst reflektierenden Schüler als autonome Instanz des Verstehens hinein verlagert. Der Unterschied lässt sich mit der folgenden Formel umschreiben: *Bei Rang (in den dreißiger Jahren) und bei Kittel (in den fünfziger Jahren) soll der Schüler dem Wort Gottes gehorchen, bei Stallmann soll er sich selbst verstehen*

als einen, von dem die existentielle Entscheidung gegenüber der Autorität der Überlieferung gefordert ist.

Verstehen ist eine allgemein schulische Aufgabe, während Kittel zehn Jahre vorher vom Gebet um den heiligen Geist als Lehrprinzip ausgegangen war. Andererseits ist das Ganze doch wieder sehr grundsätzlich, um nicht zu sagen: formal. Die differenzierte methodische Sorgfalt bei Rang ist bibeldidaktisch bis heute leichter zugänglich als die existentiale Prinzipienlehre Stallmanns.

Dennoch kann gesagt werden, dass Stallmann einen Fortschritt bedeutet. Er nimmt der Bibel die autoritäre Vorrangstellung und damit die für schulisches Lernen so problematische Bedeutungsschwere, die in der Evangelischen Unterweisung vorherrschte. Die Bibel wird aber ebenfalls nicht zu irgendeinem Kulturgut, von dem sich die Schülerinnen und Schüler fernhalten können – dagegen steht der Begriff der Entscheidung. Dennoch bleibt ihnen über das Prinzip des Verstehens eine Distanzierungsmöglichkeit.

Aber es bleibt, um das Problematische zu wiederholen, das theoretisch Abstrakte der Schülerorientierung. Für die weitgehende tatsächliche Wirkungslosigkeit dieses bibeldidaktischen Konzeptes (jedenfalls außerhalb des Gymnasiums) ist wahrscheinlich diese Abstraktheit verantwortlich zu machen. Dies kann man daran zeigen, was Stallmann zur *Frage* im Unterricht sagt. Positiv zu vermerken ist zunächst, dass er dabei nicht zuerst an die Lehrerfrage denkt, sondern an die Fragen in der Klasse. Dennoch bleibt unklar, an welche ganz konkreten Fragen von Kindern oder Jugendlichen Stallmann wohl gedacht hat, wenn er das Folgende über die Frage schreibt:

> »Gerade auch der Glaube fragt, er muss sogar fragen, weil er sich in dem, was die Botschaft ihm zusagt, verstehen und weil er diese Möglichkeit des Sich-Verstehens ergreifen möchte. Nur wird dem Fragenden im Unterricht die von ihm gestellte Frage nicht so beantwortet, dass sie nun für ihn erledigt wäre. Erst in der unterrichtlichen Bemühung wird ihm klar, wonach er eigentlich gefragt hat oder fragen muss. [...]. Im Unterricht vollzieht sich damit ständig eine Bewegung, bei der sich die Fragerichtung ändert, [...]. Der Fragende, der zunächst nach einer Begründung der Wahrheit im Bereich des aufweisbar Verfügbaren forscht, wird zur Frage nach sich selbst veranlasst, [...]« (Stallmann 1963, 243)

Doch sehen wir uns, um nicht ungerecht zu sein, noch ein konkretes bibeldidaktisches Beispiel an, wie es Stallmann mit seinem Göttinger religionspädagogischen Seminar erarbeitet hat (von 1961 bis 1968 als Professor an der Pädagogischen Hochschule in Göttingen).

Anhand von Mk 4,35-41 beschreibt Stallmann den Weg »Von der Exegese zur Katechese« (wobei schon diese Formulierung ein Programm beinhaltet – der Exegese kommt nicht nur zeitlicher, sondern auch ein sachlicher Primat zu). 15 oder 20 Seiten von Stallmanns Ausarbeitung behandeln die Exegese, vor allem den synoptischen Vergleich der Matthäus- und Markusfassung (offensichtlich die Frucht des ausführlichen exegetischen Studiums bei Bultmann – dies merkt man in der sorgfältigen Textarbeit).

Stallmann stellt in diesem Zusammenhang vor allem den Unterschied der Matthäus- und Markusfassung heraus. Bei Markus ist Jesus der göttliche Wundertäter, dessen großes Tun die Jünger aber gerade nicht begreifen. Auch *nach* dem Wunder der Sturmstillung sind die Jünger kleingläubig. Das Messiasgeheimnis (W. Wrede) lässt die Göttlichkeit Jesu erst im Kreuz erscheinen. Darum, so Stallmann, ist die Markusfassung anschaulicher, dramatischer, aber auch schwieriger für Kinder, weil die Kreuzestheologie unbedingt mitgedacht werden muss. Demgegenüber sei Matthäus verständlicher. Die Jünger haben Angst und schreien, dann wird ihnen geholfen. *Vor* dem Wunder sind sie kleingläubig, nicht danach. Matthäus denkt an die Gemeinde, für sie stehen die Jünger (dabei kann man an das 1960 geschriebene Lied »Ein Schiff, das sich Gemeinde nennt« von Martin Gotthard Schneider denken).

Zwei Gedanken sind für Stallmann wichtig und typisch:

1. Markus wie Matthäus bieten nicht historische Berichte und nicht religiöse Schilderungen an, sondern Predigten. Unter »Predigt« versteht Stallmann weniger die Sonntagspredigt, sondern den aktuellen Ruf zum Glauben (an dieser Stelle lässt sich die Parallele zu dem Verständnis der Bibel als »Anrede« bei Rang ziehen).
2. Es geht *nicht* an, den Trost bei Matthäus und die Anschaulichkeit bei Markus (Wellen schlagen ins Boot, Jesus schläft auf Kissen) miteinander zu kombinieren. Im Unterricht muss man sich für eine Fassung entscheiden und an ihr deren Predigtgedanken herausarbeiten.

Daraus ergibt sich der exegetisch konsequente, aber didaktisch aporetische Grundsatz: »Es gibt keinen Weg von der Exegese zur Katechese, sondern nur von der Exegese zur Predigt. [...] die Aufgabe heißt, den Weg von der Predigt zur Katechese zu suchen« (Stallmann, 1963, 102). Denn gerade dabei müsse der Unterricht historisch, *nicht* verkündigend mit dem Text umgehen. Er ist nicht Predigt, sondern kommt von der Predigt her und führt zur Predigt hin. Gert Otto hat darum von der Predigt bei Stallmann als von einer »fast mystischen Angelegenheit« gesprochen (Otto, 113). Aber auch im Unterricht, den Stallmann radikal von der Predigt unterscheidet (nach Otto, 113 geht Stallmann noch über Barths Thesen hinaus!), handelt es sich nicht um eine neutrale, unbeteiligte Zuschauerhaltung, sondern um eine Interpretation in existentieller Betroffenheit. So also wird das 1958 theoretisch im Hinblick auf die »Überlieferung« und »Tradition« Entfaltete praktisch umgesetzt.

Die existentielle Betroffenheit im Umgang mit der biblischen Überlieferung vergleicht Stallmann explizit mit der Interpretation von Dichtung im Deutschunterricht. Man merkt an alledem, wie gymnasial und intellektuell anspruchsvoll das gedacht ist – ein Grund dafür, dass sich diese Art des Unterrichts lediglich am Gymnasium durchsetzen konnte.

Bei den konkreten Unterrichtsfragen, im Methodischen, lässt Stallmann seine Studierenden dann auch offensichtlich allein. Die Exegese gebe eben *nicht* den Weg zum Unterricht an. Ihre Funktion ist eher, dass der Unterrichtende der jeweiligen Perikope »kritisch« begegnen kann. Die Exegese habe, so heißt es schließlich gut dialektisch-theologisch, »jede Art von religiöser Interpretation zu verhindern« und den Bezug zur Predigt aufzuweisen (107). Die große Nähe, aber auch der Unterschied zur Evangelischen Unterweisung wird an dieser Stelle gut deutlich. Bei Stallmann soll *im* Unterricht *nicht* verkündigt werden. Aber der Unterricht kommt von der Verkündigung her und führt zur Verkündigung hin. Nicht Predigt, aber Verstehen von Predigt ist der Inhalt von Unterricht.

Nur ein wenig konkreter wird Stallmann dann zu Lukas 15,1-7 (die Geschichten vom verlorenen Schaf und vom verlorenen Groschen). Nach einer ebenso langen Exegese und dem Bezug auf eine (im Buch abgedruckte) eigene Predigt deutet er auf einer halben Seite wenigstens eine Stundenskizze an. Diese solle ein Unterrichtsgespräch zum Thema »Buße tun« der Perikope voranstellen. Dann soll diese behandelt werden unter dem Thema »Jesus verspricht der Buße die Freude Gottes«. Dann werden die gesetzliche Buße bei uns und die evangelische Buße bei Jesus miteinander verglichen (132).

Die Schwerpunkte und Grenzen dieser Zugangsweise sind aus der heutigen Sicht leicht zu erkennen. Die Bindung an die Predigt ging von deren Selbstverständlichkeit als religiöser Kommunikationsform aus, was aber dann für die 60er Jahre immer weniger galt. Die hochtheoretische Hermeneutik war nur für theologisch gebildete und exegetisch stark Interessierte unter den Lehrern brauchbar, von den Jugendlichen ganz zu schweigen. Dennoch bleibt das Positive dieser zwischen Verkündigung und Kritik vermittelnden Konzeption festzuhalten. Dies gilt vor allem für die didaktische Berücksichtigung von Distanzierungsmöglichkeiten durch die Jugendlichen. Dies ist ein auch heute wichtiges Postulat – jenseits von frommer, therapeutischer oder ganzheitlich-symbolischer religiöser Unmittelbarkeit. Bildung meint immer auch die Befähigung zur Distanznahme.

Dennoch war Stallmanns Methodik trotz der großen bildungstheoretischen und schultheoretischen Begründung letztlich nicht viel mehr als eine kritische Variante der »Evangelischen Unterweisung«, was die Orientierung an der Schlüsselkategorie »Predigt« deutlich gezeigt haben dürfte. Aus heutiger Sicht reichlich naiv war Stallmann davon ausgegangen, etwa die Sturmstillungsperikope sei »ein Glaubensgegenstand des gegenwärtigen Lebens, […] Predigttext der Kirche« (1963, 103). Beides gleichzusetzen war mit dem Traditionsabbruch immer weniger möglich. Das gegenwärtige Leben wurde nicht mehr als wesentlich von der Sonntagspredigt geprägt verstanden, so dass auch die im weiteren Sinne gemeinte Kategorie der »Predigt« didaktisch kaum überzeugen konnte. Damit war der Traditionsbruch von Stallmann zwar in seinem theoretischen Buch von 1958 breit reflektiert, aber in der fachdidaktischen Konzeption nicht befriedigend umgesetzt worden. Hier führte erst die bahnbrechende Hermeneutik von Hans Bernhard Kaufmann wirklich weiter, die uns im übernächsten Kapitel beschäftigen wird.

5. Fazit: Bildung – Bibel – Existenz: Das Bleibende an Martin Stallmanns Konzeption von Religionspädagogik

Es ist deutlich geworden, dass Stallmanns Konzept ein solches im Übergang gewesen ist. Gegenüber der bibel- und traditionsorientierten »Evangelischen Unterweisung« war es methodisch nicht wirklich neu. Ganz neu aber und bleibend wichtig war die Haltung dieses Unterrichts. Er verstand sich nicht mehr vor allem kirchlich, sondern schulisch, von der Aufgabe der Bildung und von der Aufgabe gelingenden Lebens mit Hilfe der Überlieferung her. Stallmann versuchte auch keine Reduktion des biblischen Wahrheitsanspruches auf eine Morallehre oder auf ein bloßes Wissen.

Stallmann wollte einen Unterricht, in dem die *Grundfragen der Existenz* zur Sprache gebracht werden, ohne dass deswegen die Antwort des evangelischen Glaubens auf der Seite der Schüler erreicht werden müsste. Mit diesem *kulturellen Verständnis des RU* als Dienst des Christentums an der Kultur und Bildung, gegen eine kirchliche Vereinnahmung wie gegen eine Funktionalisierung der Schule auf bloße Qualifikationen, kann er trotz des manchmal Schwebenden und Unklaren seiner Ausdrucksweise als Klassiker der deutschen evangelischen Religionspädagogik gelten. Die Nötigung zu einer schulischen und kulturellen Begründung des RU ist von nun an eine Selbstverständlichkeit. Die hermeneutische Leidenschaft als Voraussetzung jeglicher Bildung in Sachen Religion herausgestellt zu haben, bleibt das Verdienst Martin Stallmanns. Diese Leidenschaft war schon bei Gerhard Bohne anzutreffen: Dieser hatte ähnlich, wenn auch in einer ganz anderen historischen Situation, seine Didaktik der Religion von Bultmanns existenzialer Theologie (speziell von dem Begriff der »Entscheidung« aus dem Jesusbuch Bultmanns) her entwickelt. Es ist also nicht zuletzt die hermeneutische Leidenschaft Rudolf Bultmanns, die die evangelische Religionspädagogik des 20. Jahrhunderts immer wieder angestoßen hat und wir werden ihr in anderer Form im letzten Kapitel bei Peter Biehl begegnen, der von Rudolf Bultmanns Theologie entscheidend geprägt wurde.

Literatur

Werke von Stallmann

Stallmann, Martin: Christentum und Schule, Stuttgart 1958.

Stallmann, Martin: Das Problem der Religionspädagogik, in: Religionspädagogik. Bd. 1: Der evangelische Weg, hrsg. von Klaus Wegenast, Darmstadt 1981, 203-217 [1960].

Stallmann, Martin: Die biblische Geschichte im Unterricht. Katechetische Beiträge, Göttingen 1963.

Sekundärliteratur

Beck, Ulrich: Risikogesellschaft. Auf dem Weg in eine andere Moderne, Frankfurt/M. 1986.

Beckmann, Hans-Karl: Martin Stallmann (1903-1980), in: Klassiker der Religionspädagogik, hrsg. von H. Schröer und D. Zilleßen, Frankfurt 1989, 266-277.

Bultmann, Rudolf: Welchen Sinn hat es, von Gott zu reden? In: Neues Testament und christliche Existenz. Theologische Aufsätze, hrsg. von Andreas Lindemann, Tübingen 2002, 1-12 (1925).

Bultmann, Rudolf: Erziehung und christlicher Glaube (1959), in: Glauben und Verstehen Bd. 4, Tübingen [3]1975, 52-55.

Fuhrmann, Manfred: Bildung. Europas kulturelle Identität, Stuttgart 2002.

Gogarten, Friedrich: Verhängnis und Hoffnung der Neuzeit. Die Säkularisierung als theologisches Problem, München/Hamburg 1966 [1958].

Janzen, Wolfram: Existentiale Theologie und Religionspädagogik. Das Beispiel Martin Stallmann, Aachen 1990 (RpäH 20).

Klafki, Wolfgang: Studien zur Bildungstheorie und Didaktik, Weinheim/Basel 1963.

Nave-Herz, Rosemarie: Familie heute. Wandel der Familienstrukturen und Folgen für die Erziehung, Darmstadt 1994.

Otto, Gert: Schule – Religionsunterricht – Kirche. Stellung und Aufgabe des Religionsunterrichts an Volksschule, Gymnasium und Berufsschule, Göttingen [3]1968 [1961].

Religionspädagogik. Texte zur evangelischen Erziehungs- und Bildungsverantwortung seit der Reformation, hrsg. von K.E. Nipkow und F. Schweitzer, Bd. 2/2, 20. Jahrhundert, Gütersloh 1994 (ThB 89).

Stallmann, Edith: Martin Stallmann – Pfarramt zwischen Republik und Führerstaat, Bielefeld 1989 (dort vollständige Bibliographie, 296-304).

Stallmann, Edith: Martin Stallmann – Ein westfälischer Pfarrer im Kirchenkampf (1934-1948), Bielefeld 1996 (= Beiträge zur westfälischen Kirchengeschichte Bd. 11).

Sturm, Wilhelm: Religionsunterricht gestern – heute – morgen. Der Erziehungsauftrag der Kirche und der Religionsunterricht an öffentlichen Schulen, Stuttgart 1971.

8. Kapitel

Liselotte Corbach (1910-2002) und die in der Wissenschaftsgeschichte fast vergessenen Frauen

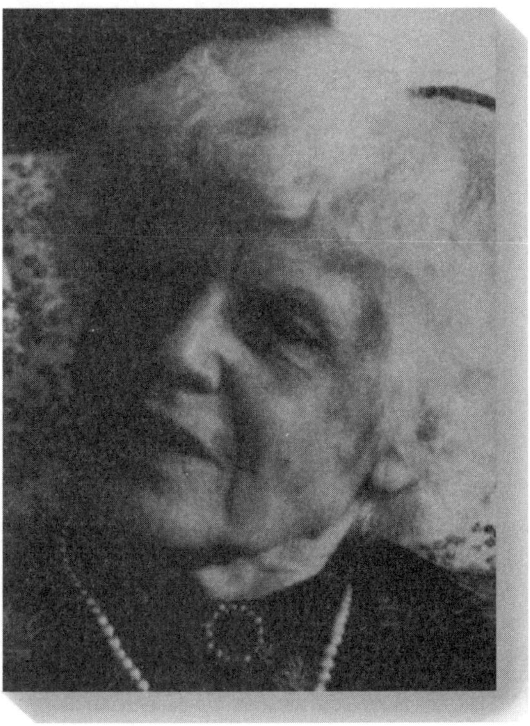

1. Klassikerinnen und Klassiker?

In dem Buch »Klassiker der Religionspädagogik«, das von Henning Schröer und Dietrich Zilleßen 1989 herausgegeben wurde, findet sich als einzige Frau unter 19 Männern Maria Montessori (1870-1952). Obwohl deren reformpädagogisches Konzept in letzter Zeit mehrfach in der Religionspädagogik rezipiert wurde (so etwa von Horst Klaus Berg), handelt es sich bei der Medizinerin und Reformpädagogin Montessori nicht um eine Religionspädagogin. Weder hat sie sich um die Pädagogik religiöser Inhalte bemüht, noch hat sie grundsätzlich die Pädagogik von der Religion her gedacht (um die doppelte Beschreibung Martin Stallmanns aus dem letzten Kapitel aufzugreifen). Maria Montessori hat jedoch dem freien Wachstum des Kindes besonderes Gewicht beigemessen und sie hat sich mit »fast religiöser Ehrfurcht« für den Respekt vor der individuellen Entwicklung eingesetzt (so Reents, 206). Kritischer spricht Jürgen Oelkers vom Kind bei Montessori als einem religiösen Mythos aus diffusen Wünschen und Hoffnungen (Oelkers, 96-100). Montessori ist auf jeden Fall ein Beispiel dafür, dass pädagogische Entwürfe auch im 20. Jahrhundert noch starke religiöse Hintergründe haben, wenn dies auch von der Pädagogik in der jüngsten Vergangenheit und der Gegenwart allzu leicht vergessen wurde (nicht umsonst nennt Oelkers sein Buch zur Reformpädagogik eine »Dogmengeschichte«).

Das Wirken von so mancher Frau wurde in der Religionspädagogik lange Zeit vergessen bzw. kaum beachtet. Darum kommt dem Band ein großes Verdienst zu, den Annebelle Pithan 1997 für das Comenius-Institut herausgab: »Religionspädagoginnen des 20. Jahrhunderts«. Nun wurde nach den »Klassikern« den wissenschaftsgeschichtlich fast vergessenen Frauen in einem gesonderten Band mit 21 Porträts Rechnung getragen. Dabei ist allerdings daran zu erinnern, dass es auch vergessene Männer in der Religionspädagogik gibt – dazu s. den Band »Vergessene Väter der modernen Religionspädagogik« von Gerhard Pfister (über E. Thrändorf, A. Reukauf, R. Staude von 1989). Und so begegnen in diesem Buch auch nicht die durchaus wirkmächtigen männlichen Theoretiker Otto Eberhard, Helmuth Kittel, Oskar Hammelsbeck, Hans Stock, Kurt Frör oder Gert Otto. Es handelt sich um eine subjektive Auswahl dessen, was man für »klassisch« und damit für grundlegend im Hinblick auf die immer wieder wichtigen Fragen hält.

Informationen über weitere wichtige Personen findet man neben den einschlägigen Lexika am besten in den beiden Quellensammlungen, die unter dem Titel »Religionspädagogik«, von Klaus Wegenast 1981 bzw. von Karl Ernst Nipkow und Friedrich Schweitzer 1994 herausgegeben wurden. Eine Frau begegnet in diesen beiden Quellensammlungen: Magdalene von Tiling. Auch in den Lehrbüchern (etwa bei C. Grethlein) wird sie am ehesten behandelt. Das liegt wahrscheinlich auch daran, dass v. Tiling überregional und theoretisch publiziert hat. Die Frauen in der Religionspädagogik suchten sonst ihren Weg eher in der Praxis und in praxisbezogenen Publikationen bzw. arbeiteten im Schatten von Männern. Das wird sich auch bei Liselotte Corbach zeigen. Die theoretische Diskussion wurde eher von Männern vorangetrieben. Oder anders und kritischer gesagt: In der Diskussion rezipierte man eben die Bücher von Männern. So haben wir in den letzten Kapiteln die Konzepte von vier Männern angesehen, die ein jeweils sehr wirkungsvolles Buch schrieben: Richard Kabisch 1910, Gerhard Bohne 1929, Martin Rang 1939 und Martin Stallmann 1958. Darin wurden die grundlegenden Auseinandersetzungen mit Kultur, Gesellschaft und Theologie geführt.

Die Frauen dagegen wirkten eher durch Artikel, praxisbezogene Entwürfe und die Beschäftigung mit Mädchen- und Frauenfragen und wurden auch primär so rezipiert (wie Magdalene v. Tiling als Vorsitzende von Frauenverbänden). Wahrscheinlich ist das eine erst im Nachhinein zu erkennende Einschränkung, aber inzwischen auch eine Übergangserscheinung gewesen. Die heutzutage an der Diskussion beteiligten Frauen werden vor allem wegen ihrer Sachbeiträge und nicht wegen der Frauenfragen kritisch diskutiert.

Um weiter dem anschaulichen und biographischen Ansatz zu folgen, sind für dieses Kapitel lebens- und wissenschaftsgeschichtlich gleichermaßen interessante Personen ausgewählt: Neben Magdalene von Tiling, die in der Religionspädagogik bisher am stärksten wahrgenommen wurde, und Liselotte Corbach tritt als dritte dann Ilse Peters als erste Professorin für Religionspädagogik. Eine weitere Frau wird im übernächsten Kapitel mit Eva Heßler thematisiert. Das geschieht aber nicht im geschlechterbezogenen Zusammenhang, sondern unter dem Gesichtspunkt der Entstehung der »Gemeindepädagogik« in den achtziger Jahren.

2. Pädagogik der »2-Reiche-Lehre« und Geschlechterbeziehungen: Magdalene von Tiling (1877-1974)

Bei von Tiling begegnen wir der Theologie Friedrich Gogartens wieder und darüber hinaus einer bestimmten Lesart der Theologie Luthers. Diese stimmt mit der im ersten Kapitel dieses Buches entwickelten Interpretation nicht überein. Es handelt sich um ein Lutherverständnis, das typisch war für die Verunsicherung großer Teile der evangelischen Kirche nach dem politischen Wechsel von 1918 und das noch bis in den Kirchenkampf hinein von Bedeutung sein sollte.

2.1 Biographische Schlaglichter

Magdalene von Tiling wurde geboren im Baltikum, lebte und publizierte im Kaiserreich, in der Weimarer Republik sowie in der Bundesrepublik Deutschland und in der DDR. Geboren wurde sie in Riga als Tochter des Pfarrers und Oberlehrers Wilhelm von Tiling, sie starb in München am 28. 2. 1974. Ihr erstes Buch »Die Bedeutung der Taufe« erschien in Elberfeld 1916, ihr letztes in Stuttgart 1955: »Wir und unsere Kinder. Eine Pädagogik der Altersstufen für evangelische Erzieher in Familie, Heim und Schule«. 40 Jahre lang also hat sie publiziert und seit 1902 bis weit in die fünfziger Jahre hinein hat sie u.a. in Schule und Lehrerbildung unterrichtet. Ein reiches und langes Leben! Bei dem Blick in den von A. Pithan herausgegebenen Band fällt im Übrigen auf, dass die meisten der dort vorgestellten Frauen über 80, teilweise über 90 Jahre alt wurden.

Nach dem Lehrerinnenexamen 1902 unterrichtet Magdalene v. Tiling bis 1906 an zwei Kasseler Privatgymnasien für Mädchen: Die Tätigkeit als Lehrerin hat sich am Ende des 19. Jahrhunderts als anerkannter Beruf für bürgerliche Frauen durchgesetzt. Mit 29 Jahren beginnt sie noch ein Theologie- und Geschichtsstudium und kann ab 1909 am Oberlyzeum in Elberfeld unterrichten (eine höhere Mädchenschule). 1911 wird sie in die Mit-Leitung berufen. Seit 1906 gehört sie zum Religionslehrerinnenverband und beteiligt sich an der Diskussion um den Religionsunterricht. 1916 bis 1939 ist sie Vorsitzende im »Verband evangelischer Religionslehrerinnen« (1939 wird dieser Verband zwangsweise aufgelöst).

Das Besondere am langen Leben von Magdalene von Tiling sind ihre öffentlichen und politischen Ämter. Gegenüber der Weimarer Demokratie ist sie skeptisch, engagiert sich aber gleichwohl politisch. 1918/19 ist sie Mitgründerin der »Deutschnationalen Volkspartei« (DNVP), die sich als evangelisch-konservative, aber antikatholische Partei verstand (gegen das Zentrum, während die CDU nach 1945 überkonfessionell christlich konzipiert wurde). Die DNVP wollte, dass Religion als Volkssache die Politik bestimmte und Pfarrer wie Theologieprofessoren waren Abgeordnete. M. v. Tiling zieht 1921 in den preußischen Landtag ein und gehört ihm bis 1930 an. Von 1930-1933 ist sie Mitglied im Reichstag.

Sie beschäftigt sich in der Weimarer Republik vor allem mit der Schulfrage, die nach der Weimarer Verfassung offen geblieben ist: Die Konfessionalität der Schulen ist damals ein viel diskutiertes Thema. Ein geplantes Schulgesetz, das diese Frage regeln soll, wird immer wieder überarbeitet (1921, 1925, 1927), aber nie verabschiedet. Neben diesem Engagement im bildungspolitischen Bereich ist v. Tiling seit 1923 die zweite Vorsitzende des Dachverbandes der evangelischen Frauenverbände, dem 27 Verbände mit fast 2 Millionen Mitgliedern angehören.

Den NS-Staat begrüßt sie zunächst als »starken Durchbruch des Neuen« (Schneider-Ludorff, 34, Anm. 29). Doch schnell folgt der Verlust ihrer politischen und kirchlichen Ämter und v. Tiling zieht sich aus der Öffentlichkeit zurück. Sie unterrichtet von 1934 bis zu ihrem Ruhestand 1938 wieder in einer Berliner Schule. Sie schließt sich weder den »Deutschen Christen« noch der »Bekennenden Kirche« an. Der NS-Gauamtsleiter Berlin schrieb über sie im September 1936: »Sie ist im Grunde streng konservativ, zweifellos ein aufrechter verantwortungsvoller Charakter, hat aber den Anschluss an die nationalsozialistischen Organisationen noch nicht finden können.« (zit. nach: Schneider-Ludorff, 35, Anm. 31) Bis 1945 beschäftigt sie sich mit einem »Altersstufenlehrplan«, also mit einer entwicklungspsychologischen Didaktik.

Nach 1945 wird M. v. Tiling Dozentin am Johannesstift in Berlin-Spandau in der Ausbildung von Diakonieschwestern, in der Frauenarbeit und in der Katechetenausbildung (Lehrerinnen und Lehrer für das Berlin-Brandenburger Modell von Religionsunterricht). Erst 1956, mit fast 80 Jahren, beendet sie ihren Dienst und bekommt 1957 das Bundesverdienstkreuz.

1925 begegnet M. v. Tiling Friedrich Gogarten, woraus eine lebenslange Freundschaft und Arbeitsgemeinschaft entsteht. Gogarten hält Vorträge im Religionslehrerinnenverband und wird ständiger Mitarbeiter in der Verbandszeitschrift »Schule und Evangelium«. Gury Schneider-Ludorff weist darauf hin, dass die verbreitete Sicht, v. Tiling sei eine »Schülerin« Gogartens gewesen, falsch ist, denn es sei vielmehr von einer gegenseitigen Beeinflussung auszugehen (28f.). Schon damals wird v. Tilings Arbeit öffentlich gewürdigt: 1926 erhält v. Tiling als eine der ersten Frauen Deutschlands die theologische Ehrendoktorwürde der Rostocker theologischen Fakultät. Rostock ist damals ein Ort des profilierten Luthertums; Martin Stallmann wurde von seinem Vater 1922 dorthin zum Studium geschickt, blieb aber nur ein Semester.

M. v. Tiling folgt einer aus dem Neuluthertum des 19. Jahrhunderts stammenden »Theologie der Schöpfungsordnungen«. Dabei wird aus Luthers Lehre von der *Unterscheidung* des weltlichen und des geistlichen Regimentes *Gottes* die Aufteilung in die unhintergehbaren und damit tendenziell auch unhinterfragbaren Schöpfungsordnungen einerseits und die Welt des Glaubens andererseits. Diese Theologie besagt, dass der Mensch auch unabhängig von seinem Christsein in von Gott gegebenen Ordnungen lebt, die er vorfindet und zu respektieren hat: Ehe, Familie, Beruf, Kirche, Volk. Im Umfeld der deutschchristlichen Theologie wurde dann auch die »Rasse« zu den Schöpfungsordnungen gezählt. Daran erkennt man die Tendenz einer solchen Theologie zur möglichen Ideologisierung. Nach Gogartens politischer Ethik von 1932 (im selben Jahr erschienen wie v. Tilings Pädagogik) gibt es über das Staatswesen hinaus kein größeres Geschenk Gottes, damit der Sünde gewehrt und Gottes Schöpfung erhalten wird. Der Mensch wird weniger, jedenfalls nicht in erster Linie, als Individuum verstanden, sondern als ein Gemeinschaftswesen, das von den genannten Ordnungen her konstituiert ist. Wenn man dann die »Volksgemeinschaft« zur »Schöpfungsordnung« erklärt und bestimmte Gruppen (damals die Juden) von der »deutschen Volksgemeinschaft« ausschließt, dann hat eine solche Theologie fatale Folgen.

Dieser höchst problematische Zusammenhang steht im Hintergrund des Verständnisses von Pädagogik und Religionspädagogik bei v. Tiling. Dabei hat ihr Konzept durchaus auch nach vorne weisende

Aspekte. So wird eine explizit »evangelische Pädagogik« von ihr abgelehnt. Das kann man als sinnvolle Differenzierung zwischen Glaube und Pädagogik ansehen. Doch diese Differenzierung wird auf dem Wege der geschilderten problematischen Autonomie der natürlich gegebenen Zustände erreicht. Dadurch gelten diese Gegebenheiten als göttliche Ordnungen. M. v. Tiling geht es darum, die Einsichten in die weltlichen Ordnungen als Grundlagen der Pädagogik allen verständlich zu machen, auch den nicht Glaubenden. Es kommt an auf die Verhältnisse von Kind und Eltern, allgemeiner von Erzieher und Kind. Das Konservative und für so manche Theologinnen und Theologen in der Weimarer Republik Typische ist, dass das Erziehungsverhältnis wesentlich als Autoritätsverhältnis gedeutet wird. Auch beim Autoritätsverhältnis handelt es sich um eine fraglos zu akzeptierende Schöpfungsordnung. Diese hilft zur Erziehung und ist jedem denkenden Menschen einsichtig zu machen.

Die Pädagogik hat somit die Aufgabe, den Menschen in die von Gott gegebenen Schöpfungsordnungen einzuweisen und ihn so vor Bindungslosigkeit und vor sozialem Chaos zu bewahren:

> »Dazu gehört [...], dass der christliche Pädagoge nicht ein Wissen, das jeder vernünftige Mensch haben kann, als spezifisch ›evangelisch‹ ausgibt. [...] Niemals darf der Christ vorgeben, irgend etwas durch den Glauben oder durch das Evangelium bekommen zu haben, was der andere Mensch ohne den Glauben genauso gut wissen kann. Wo man das tut, da verleugnet man einerseits den Glauben, andererseits bricht man damit jede Möglichkeit der Verständigung über die in der Erziehung vorliegenden Tatbestände ab. [...] Ein solches uns allen gemeinsames Verständnis der pädagogischen Wirklichkeit können wir nur gewinnen, wenn wir auf die Urordnung der Verbundenheit von Eltern und Kindern zurückgehen.« (M. v. Tiling, Grundfragen pädagogischen Denkens (1932), zit. nach: Religionspädagogik, hrsg. v. K. Wegenast, 142f.)

Aus diesem Zitat erkennt man deutlich die unterschiedlichen Möglichkeiten der Luther-Interpretation in der Pädagogik und damit auch das ambivalente Urteil, das man gegenüber v. Tiling fällen muss. Zum einen kommt sie von dem lutherischen Gedanken der Unterscheidung her und räumt der Pädagogik Eigenständigkeit ein. Damit wird ein Dialog mit der Allgemeinen Pädagogik möglich. Aber diese Eigenständigkeit ist doch nur scheinbar. Denn andererseits wird mit dem

Begriff der »Urordnung« etwas festgeschrieben, was nicht mehr diskutierbar ist, weder für den Glauben noch für die vom Glauben unabhängig gedachte Vernunft. Reformpädagogen argumentierten hier etwa zur gleichen Zeit ganz anders: Vom Eigenrecht des Kindes her und nicht von »Urordnungen« (dass jedoch auch diese Sichtweisen zu Ideologisierungen führen können, hat Jürgen Oelkers in seinem genannten Buch gezeigt). In der Logik der Argumentation von Tilings gewinnen die autoritär verstandenen Urordnungen eine solche Eigendynamik, dass ihnen weder von der Vernunft noch vom Glauben her widersprochen werden kann. Es wird damit eine allgemeine, widerspruchslose Selbstverständlichkeit postuliert.

Ich erinnere kurz an das im ersten Kapitel Ausgeführte: Diese Sicht v. Tilings ist keineswegs lutherisch. Denn bei Luther geht es ja um die Sicht des *Glaubens* auf den Menschen in *Gottes* weltlichem und in *Gottes* geistlichem Regiment. Tiling hingegen macht daraus die Bereichstrennung von Vernunft und Glaube, wobei ein ordnungstheologisches Verständnis von pädagogischer Vernunft normativ vorausgesetzt wird. Dies ist die Luther-Interpretation, die im Kirchenkampf von Barth und anderen zu Recht angegriffen wurde, weil damit die Eigendynamik der politischen Wirklichkeit gerechtfertigt werden konnte. Die Absage an eine evangelische Pädagogik (v. Tiling 1932, bei Wegenast 149) klingt fortschrittlich, dient aber in der Realität einem Autoritätsglauben, der theologisch unangreifbar wird. Dieses eher verdeckte Muster ihrer Argumentation ist v. Tiling offensichtlich selbst nicht aufgefallen. Und von daher gibt es Gründe dafür, dass sie trotz ihrer vielfachen Verdienste nur mit Vorbehalten unter die Klassiker der Religionspädagogik gerechnet werden kann.

2.3 Geschlechterbeziehungen

Was das Verhältnis von Mann und Frau angeht, folgt Tiling nicht dem verbreiteten Muster der Theologie der Schöpfungsordnungen, nach dem der Mann das Haupt der Frau ist. Sie plädiert für das Eigenrecht der Frau und in diesem Zusammenhang auch für eine mädchenspezifische Erziehung. Was damals sehr konservativ ist, kann inzwischen bekanntlich schon wieder als modern gelten: Tilings Kritik an der Koedukation. Selbst hat sie an Mädchenschulen unterrichtet und sie akzeptiert die gemeinsame Schule für Mädchen und Jungen lediglich als eine Notlösung im Falle der Finanzknappheit. Mindestens in den Fächern Deutsch, Religion und Geschichte müsse nach Geschlechtern getrennt werden. An dieser Sicht hält sie auch nach 1945 fest, als die Koedukation immer mehr an Boden gewinnt. Ihre Begründung entspricht der in den letzten Jahren in der feministischen Pädagogik vielfach vorgetragenen: Koedukation sei nur für Jungen förderlich, Mädchen kämen dabei gerade zu kurz (Manuskript aus dem Jahre 1921, Schneider-Ludorff, 32).

Wichtig bleibt Magdalene v. Tilings Engagement in der Grundfrage nach dem Verhältnis von Theologie und Pädagogik. Gibt es eine evangelische Pädagogik oder nur eine evangelische Religionspädagogik? Kann man aus dem Glauben allgemeine pädagogische Prinzipien ableiten? Ganz abgesehen von der Theologie der »Schöpfungsordnungen« wird man v. Tiling widersprechen müssen. Recht hat sie, dass der Glaube in der Neuzeit nicht mehr die Pädagogik dominieren kann. Aber es ist dennoch besser, ein erkennbares Verständnis von Pädagogik in den Diskurs einzubringen als die Autonomie der Pädagogik mit anderen Ideologien zu erkaufen. Das ist offener und demokratischer als die Postulierung von allgemeinen Grundsätzen, deren Herkunft unklar und damit auch unkritisierbar bleibt. Ein großer unhinterfragter Konsens sollte einen immer misstrauisch machen, nicht nur in Jahren wie 1933.

Weiterhin wird gelten müssen: Man kann die im evangelischen Glauben entwickelten Grundsätze gegenwärtig nur dann mit der Erwartung verbinden, Gehör zu finden, wenn man sie im pädagogischen Diskurs in allgemein plausibler Form, also auch ohne die religiöse Begründung verstehbar zu machen sucht. Nur darf solche Plausibilität nicht durch für alle geltende religiöse Tatsachen (»Gottes Ordnungen«) erschlichen werden. Die religiöse Sicht von Mensch und Erziehung muss vielmehr immer als eine bestimmte Perspektivität deutlich gemacht werden, die sich dem Widerspruch zu stellen bereit ist.

3. Ilse Peters (1893-1980) – die erste Professorin für Religionspädagogik

Für Ilse Peters bleibt nur wenig Raum, weil Liselotte Corbach wegen ihrer Berufsbiographie und ihrer methodischen Arbeit noch interessanter ist. Ilse Peters war schon 1929 Dozentin für Religionspädagogik an der neu gegründeten pädagogischen Akademie in Dortmund, so wie Bohne 1930 in Frankfurt/ Oder und Rang 1930 in Halle: Auch diese wurden zunächst zu Dozenten berufen und erst später zu Professoren ernannt. Ilse Peters gehört zu der Gruppe, die damals an die neu gegründeten Akademien berufen wurde. 1930 wurde sie Professorin und sie hat vor und nach dem 2. Weltkrieg besonders im Rheinland Bedeutung gehabt. Von 1945-1958 lehrte sie an der Pädagogischen Akademie in Kettwig und arbeitete an rheinischen Lehrplänen mit. Sie setzte sich besonders für das Thema Ökumene und für die Berücksichtigung des Alten Testaments im RU ein. Ilse Peters ist konzeptionell nicht von großer Wirkung gewesen, aber berufsbiographisch sehr interessant. Sie gehört zu denen, die bis zu dem Buch von Pithan nahezu unbekannt waren.

Ilse Peters studierte seit 1911/1912 in Rostock. Erst 1909 war das Frauenstudium erlaubt worden, allerdings nur für Unverheiratete. Frauen in Familie und Beruf galten nicht nur als unpassend – dieser Doppelweg wurde (jedenfalls für Beamtinnen) schlicht verboten. Als Ilse Peters 1920 in Essen eine Oberlehrerinnenstelle antreten soll, steht in ihrer Anstellungsurkunde eine »Zölibatsklausel«: »Die Verheiratung der Studienrätin hat die Aufhebung der Anstellung zur Folge« (zit. nach Reents, I. Peters, 57). Weil der Erlass aber offiziell seit 1920 in Preußen aufgehoben war, verlangte sie eine heiratsklausellose Urkunde, was mehr als ein Jahr dauerte.

Annebelle Pithan stellt in der Einleitung des Buches »Religionspädagoginnen des 20. Jahrhunderts« fest, dass fast alle der darin präsentierten Religionspädagoginnen ledig waren. Auch nachdem Heirat und Beruf möglich wurden, blieben sie bei dem einmal begonnenen Lebenskonzept – was ja auch nicht verwundert, da sich in der Regel im dritten Lebensjahrzehnt die persönlichen Weichen stellen.

Ilse Peters wird 1933 als »Halbjüdin« nach dem »Gesetz zur Wiederherstellung des Berufsbeamtentums« vom NS-Staat in den Ruhestand versetzt und muss nun mit weniger als der Hälfte an Bezügen auskommen (gut 230 RM). Sie engagiert sich in der Schulkammer der Bekennenden Kirche in Berlin und arbeitet dort u. a. an dem Altersstufen-Lehrplan. Sie tritt besonders für die Behandlung des Alten Testaments im Unterricht ein – während das Vermögen ihrer judenchristlichen Mutter konfisziert wird und viele Verwandte auswandern. In einem Manuskript von 1936 heißt es:

> »Nicht ein einziges Buch des Neuen Testaments ist ohne Rückbeziehung auf das A.T. richtig zu verstehen. Die christliche Kirche muss deshalb die Frage der Stellung zum A.T. zum Entscheidungsmerkmal dafür machen, ob in den Schulen ein rechter christlicher Religionsunterricht erteilt wird oder nicht.« (Ilse Peters 1936, zit. nach Reents, Peters, 65)

Von 1945 bis 1958 als Professorin in Kettwig beschäftigt sie sich wiederum mit dem Verhältnis von Christen und Juden. Zum ersten Mal erscheint positiv das Bild vom Ölbaum aus Römer 11 in der evangelischen Religionspädagogik: »Israel bleibt ›der echte Ölbaum‹, die anderen Völker sind eingepfropfte Zweige und Israels Geschichte ist noch nicht zu Ende«, heißt es im Volksschullehrplan von 1948 (und Martin Rothgangel hat 1995 gezeigt, dass es noch ein langer Weg war, bis dieser Gesichtspunkt in der Religionspädagogik weitgehend zum Tragen kam). Auch in die Arbeit an den Religionsbüchern für die Volksschule hat Ilse Peters dies mit entschiedenen Worten eingebracht (»Erhalt uns Herr, bei deinem Wort« für die 5.-8. Klasse). Dort heißt es:

> »Eine furchtbare Blutschuld gegenüber dem jüdischen Volk haben die Völker Europas und damit Menschen, die sich Christen nannten und nennen, auf sich geladen. Wir Christen haben das Volk gequält und getötet, über das Christus weinte, das Paulus mehr liebte als sich selbst. Dieses Volk bleibt trotz allem das erwählte Volk Gottes.« (Ilse Peters 1960, zit. nach Reents, I. Peters, 73)

Ilse Peters war von 1957-1965 stellvertretendes Mitglied der Kirchenleitung der Ev. Kirche im Rheinland. Sie hat mit ihrem Engagement wie mit ihrer Biographie auch auf den Landessynodalbeschluss der Landeskirche vom 11. Januar 1980 »Zur Erneuerung des Verhältnisses von Christen und Juden« gewirkt und sie hat dadurch für ihr Leben und Wirken in ihrem letzten Lebensjahr eindrucksvoll Bestätigung erfahren.

4. Liselotte Corbach (1910-2002): Verstehen und Methode

4.1. Biographie

Eine ganz andere Welt und Zeit betreten wir bei Liselotte Corbach, die am Ende der Weimarer Republik studiert, von der Theologie Barths und Bonhoeffers beeinflusst wird und in der Zeit des Nationalsozialismus ihre Berufstätigkeit im Rahmen der Bekennenden Kirche entfaltet. Sie prägt die religionspädagogische Arbeit in Niedersachsen während des 2. Weltkrieges, kann dann aber nicht Leiterin des Katechetischen Amtes der Hannoverschen Landeskirche werden – schlichtweg aufgrund ihres Geschlechts. In ihrer späteren Tätigkeit als Professorin an der PH (später: Universität) Hannover entfaltet sie bedeutende Wirkung.

Auch Liselotte Corbach stammt aus einem Pfarrhaus. Ihre Kindheit verlebte sie zunächst in London, wo die Eltern seit 1913 gemeinsam ein deutsches Waisenhaus leiten. Die Londoner Armenviertel werden Liselotte vertraut. Der Vater fällt im Krieg, Mutter und Kinder werden 1918 ausgewiesen und kehren nach Deutschland zurück. Die Mutter übernimmt ein kleines Geschäft, Liselotte wohnt in Berlin bei der Großmutter und macht dort das Abitur.

1929 beginnt sie an der renommierten Fakultät der Universität Berlin das Theologiestudium (was bei v. Tiling drei Jahrzehnte vorher noch undenkbar gewesen wäre). Seit 1927 gibt es ein Vikarinnengesetz, demzufolge Frauen zwar nicht ordiniert, aber »eingesegnet« werden können – für den Dienst ausschließlich an Frauen und Mädchen. Die Männer lästerten über die Frauen. Auf den Hörsaaltischen war 1. Kor 14,34 Griechisch, Lateinisch oder Deutsch eingeritzt: »lasset eure Weiber schweigen in der Gemeinde«, berichtet Corbach in einem Gespräch 1992 (Pithan, Skizze, 137). Die meisten Professoren wählen schlicht die Anrede »Meine Herren«. Nur der große Exeget und Liturgiewissenschaftler Hans Lietzmann handelt anders. Corbach berichtet, als Lietzmann zu 1. Kor 14,34 kam, hätten die 200 Studenten im Hörsaal vor Vergnügen getobt. Lietzmann habe dann das Katheder verlassen und gesagt: »Meine Herren, ich bin ganz überwältigt, wie bibeltreu Sie alle sind. Großartig! Eines vermisse ich bei Ihnen, ich sehe keinen Einäugigen und keinen mit einer abgeschlagenen Hand.«

Corbach empfand diese Anspielung auf die Bergpredigt als ein außergewöhnliches Eintreten für die Frauen (Pithan, Skizze, 138). Die Anspielung auf das Schweigegebot 1. Kor 14,34 scheint damals eine ständige Bezugsgröße gegenüber den (etwa 20) Studentinnen gewesen zu sein, die in Berlin sämtlich für das Lehramt studierten (Pithan, Biographie, 84).

Corbach hört auch bei dem jungen Privatdozenten Bonhoeffer und hat Kontakt zu dem Kreis um den religiösen Sozialisten Günter Dehn, der als der »rote Dehn« von Moabit galt, wo er 20 Jahre lang Pfarrer war und von 1946-1954 Professor für Prakt. Theologie in Bonn. Ab 1933 engagiert Corbach sich in der Bekennenden Kirche. 1934-1937 ist Corbach Vikarin im Berlin-Dahlemer »Burckardthaus« (später auch bekannt als Verlag) bei Otto Riethmüller (1889-1938), dem Vorsitzenden der Jugendkammer der Bekennenden Kirche und Herausgeber von Jugendgesangbüchern (im Ev. Gesangbuch steht sein Lied »Du Schöpfer aller Wesen«, EG 485, außerdem finden sich darin mehrere Text- und Melodiebearbeitungen von ihm).

1935 hält Liselotte Corbach einen Vortrag vor etwa 200 Teilnehmerinnen zum Thema »Was erwartet Gott von einer evangelischen Mutter«. An NS-Zeitschriften zeigt sie auf, dass dort die Fahne als Gott verehrt wird. Von Zuhörerinnen wegen »Verunglimpfung der Fahne« angeklagt, droht ihr das Konzentrationslager. Im Herbst 1935 wird sie von der Gestapo verhört. Sie bekommt Magenschleimhautentzündung und Gallenkoliken und siedelt über nach Niedersachsen. Nachdem das Verfahren niedergeschlagen ist, kehrt sie zurück und legt vor der Kammer der BK in Berlin das 2. Examen ab.

1937 beginnt Corbach in Hannover den Dienst als »Landesscharführerin des Landesverbandes für die evangelische weibliche Jugend Hannovers e.V.« Sie hat Gemeinden zu bereisen, dabei Mädchenbibelkreise und Mitarbeiterinnen zu besuchen sowie im Krieg die Laiinnen für den Religionsunterricht zu schulen. 1941 wird in Hannover der Praktische Theologe Eduard Steinwand (1890-1960) zum religionspädagogischen Beauftragten ernannt und Corbach wird ihm mit halber Stelle als Assistentin zugeordnet. Steinwand gibt die (gesamtbiblisch, heilsgeschichtlich konzipierte) theologische Richtung vor, aber Corbach sorgt für das Didaktisch-Methodische. Formuliert man so, dann wird das Unbefriedigende dieser Zuordnung (damals der Männer- und Frauenrolle in der Religionspädagogik) deutlich.

Jetzt entstehen die Arbeitshilfen für den gemeindlichen Unterricht für die 6/7jährigen (= Plan A), für die 8/9jährigen (= Plan B) und für die 10/11jährigen (= Plan C). Es handelt sich um eine Vorform des später in der DDR »Christenlehre« genannten Unterrichts. Nach dem Krieg werden die Pläne veröffentlicht unter dem Namen der Jahreslosung von 1946 »Lasset uns aufsehen auf Jesum« und fast alle in Niedersachsen arbeiten »nach Corbach«, wie ein geflügeltes Wort sagte. Es ist wohl eher ein Versehen, das auf Informationslücken zurückgeht, dass in dem neuen Lexikon der Religionspädagogik von 2001 wiederum Steinwand einen Personenartikel bekommen hat, Corbach aber nicht – obwohl als einziger Literaturtitel bei Steinwand die A-B-C-Pläne genannt sind, die Steinwand zusammen mit Corbach publizierte (LexRP Bd. 2, Sp. 2039)!

Im Februar 1945 wird Corbach zur »Pfarramtshelferin mit der Amtsbezeichnung Vikarin« ernannt. Annebelle Pithan hat die alte Liselotte Corbach Anfang der neunziger Jahre mehrfach interviewt und diese hat ohne Beschönigung von ihrer Tätigkeit als Frau im Männerberuf Pfarramt berichtet.

Liselotte Corbach musste einen gebrauchten Talar finden, der ihr zu lang war und nach Pfeifenrauch des Vorbesitzers stank. Wörtlich dazu: »Dieses Gewand habe ich ja gehasst. [...] Wenn ich es anzog, zog ich damit die ganze kirchliche Tradition an, alles, was Männer geprägt haben, bis hinein in die Formen, auch in die liturgischen Formen. Bis in die Art, wie man auftreten musste, war alles festgelegt. Ich habe entsetzlich darunter gelitten, dass ich in diese Verkleidung einsteigen musste, die ja nicht nur eine äußere war, sondern einen gleichzeitig zwang, alles so zu machen, wie es immer gewesen war.«

Um sich abzugrenzen, besteht sie wenigstens auf einem Stehkragen statt des Beffchens (Pithan, Skizze, 147). Die damalige Situation einer Frau im Pfarramt ist heute in der Tat kaum mehr vorzustellen. Corbach macht die Arbeit, die Leitung der Gemeinde aber behält der Superintendent, zu den Sitzungen des Kirchenvorstandes wird sie nicht eingeladen, in der Gemeinde ist sie »das Fräulein Corbach«, die Pfarrerswitwe ist »die Frau Pastor«. Im Rückblick spricht sie von dieser Zeit als einer, die ihr »das Schlimmste an innerer Belastung« gebracht habe (Pithan, Skizze, 148). Nach wenigen Monaten, im Juni 1945, bricht sie zusammen und ist 9 Wochen in einer Klinik in Hannover.

Corbach arbeitet danach weiter im »Katechetischen Amt« der Hannoverschen Landeskirche. Als der Leiter Steinwand, mit dem sie eng zusammengearbeitet hat, 1950 einen Ruf nach Erlangen erhält, hofft sie, die Nachfolge in der Leitung antreten zu können. Aber das ist nicht denkbar: Man holt einen Mann von außen. Corbach dazu 1992 im Rückblick: »Aber das war damals, glaube ich, unmöglich, eine Frau zur Leiterin eines Katechetischen Amtes zu machen. Das hat wehgetan. Das wollte ich gern, da hatte ich keine Chance. Da musste ein Mann her« (zitiert nach Pithan, Biographie, 261). Steinwand unterstützt aber Bemühungen, dass Corbach an die Pädagogische Hochschule in Hannover berufen wird, wo sie schon länger nebenamtlich gearbeitet hatte. Dort ist sie dann Professorin für Religionspädagogik bis zu ihrer Emeritierung 1976.

Die letzten Jahre ihrer Tätigkeit fallen in die Zeit des Umbruches von 1968. Corbach kann dem problemorientierten Unterricht nicht zustimmen. Nach der ausführlichen Analyse von Pithan (Biographie, 334-339) scheinen es vor allem generationenbedingte Gründe gewesen zu sein: Corbach kann mit dem Stil der »68er« nicht zurechtkommen, weder bei den Studierenden noch bei den Kollegen. Sie hat den Eindruck, sich als Theologin und Religionspädagogin nicht mehr verständlich machen zu können und auf ihrem Lehrstuhl auf einmal fehl am Platze zu sein, so dass Pithan zu dem Urteil kommt, man müsse das Ende ihres beruflichen Weges als »tragisch« bezeichnen (Biographie, 338).

Inhaltlich benennt Corbach zwei Gründe für ihren Widerspruch: Zum einen meint sie, dass die Lebensfragen der Kinder und Jugendlichen immer schon mit thematisiert worden seien; zum anderen, dass man die Ziele des RU nicht – wie man damals in Begeisterung für die amerikanische Pädagogik meinte – operationalisieren könne. Diesem Einwand hat man bekanntlich nach und nach immer mehr zugestimmt – dem ersten allerdings nicht, wie das nächste Kapitel über Hans Bernhard Kaufmann zeigen wird. Interessant ist aber Corbachs Stellung zum RU aufgrund der veränderten gesellschaftlichen Verhältnisse: In den Zeiten des Pluralismus, so meinte sie um 1968, sei RU nur denkbar als Wahlfach mit motivierten Lehrenden und Lernenden (Pithan, Skizze, 155), nicht aber als ordentliches Lehrfach (und das hieß damals: als faktisches Pflichtfach). Hier vertritt sie eine Position, wie man sie nach 1990 vielfach in der DDR finden konnte; vielleicht hängt das mit dem bei Corbach doch letztlich im Hintergrund stehenden Verkündigungskonzept zusammen, wie es auch die Christenlehre in der DDR kennzeichnete.

4.2. Betrachten und Lesen: Beiträge zur hermeneutisch inspirierten Unterrichtsmethodik

Als Professorin beginnt Liselotte Corbach auch mehr zu publizieren. 1956 hatte sie ein Buch »Die Bergpredigt in der Schule« veröffentlicht, das 1962 in 2., neu bearbeiteter Auflage erscheint und das 1970 ins Dänische übersetzt wurde. 1965 erscheint das bilddidaktische Buch »Vom Sehen zum Hören. Kunstwerke im Religionsunterricht« und 1968 »Wir lesen Amos«, dieses 1972 in 2. Auflage.

Grundsätzlich stimmt Corbach der aufkommenden hermeneutischen Konzeption, wie sie Stallmann vertrat, zu. Aber sie wendet ein, das bildungstheoretische Konzept sei für die Volksschule nicht praktikabel und die Kinder blieben auf der Strecke. Die zentrale Stellung der Texte und der Exegese gehe an den Schülern vorbei (man denke dabei nur an Stallmanns genaue Unterscheidung der Markus- und der Matthäusfassung bei der Sturmstillung). Darum entwickelte Corbach eine Bilddidaktik für den RU. Dieser wird in einer neuen Dissertation von 1999 bescheinigt, dass sie in der Wahrnehmung der Schülerwirklichkeit schon dem problemorientierten Ansatz nahe kommt (Künne). Das bilddidaktische Buch Corbachs ist für den Verleger Günther Ruprecht (von Vandenhoeck und Ruprecht) ein großer Erfolg.

Corbach versucht explizit, das »anthropologische Vakuum in der evangelischen Religionspädagogik sowohl wahrzunehmen wie ansatzweise zu füllen« (zit. nach Künne, 27). Eine empirische Analyse der Schülervoraussetzungen muss darum am Anfang stehen. Corbach nimmt die veränderten Lernvoraussetzungen, vor allem in der Reizüberflutung durch Bilder, wahr. Dieser will sie durch die Vertiefung in Bilder entgegenwirken. Bilddidaktisch erreicht sie dabei gegenüber der »Ev. Unterweisung« einen doppelten Fortschritt, der inzwischen selbstverständlich geworden ist:

- Bilder sollen *nicht historisierend* dargeboten werden, als sei es »so« tatsächlich damals gewesen. Bilder sind vielmehr als Botschaften (als Kerygma, als Wirklichkeitsdeutung) zu verstehen: Hier steht die hermeneutische Konzeption Bultmanns und Stallmanns erkennbar im Hintergrund.
- Bilder sollen *nicht illustrierend* dargeboten werden, als sagten sie nur dasselbe wie der biblische Text. Corbach entdeckt ansatzweise das Eigene des Bildes, das mit dem Text ins Gespräch gebracht

werden soll. Darum verwendet sie auch Kunstbilder wie etwa die von Rembrandt (»Jakobs Traum«). Allerdings gilt bei ihr, dass das Bild immer von der Auslegung eines biblischen Textes her verstanden werden soll – von ihm herkommend oder zu ihm hinführend.

Methodisch schlägt Corbach die Verwendung von Handbildern anstatt von Dias vor, weil so in Partnerarbeit ein langsames »Einlesen« in die Bilder mit Austausch von Beobachtungen möglich werde – zunächst ohne Lehrerzentrierung. Sie stellt sich dabei verschiedene didaktische Situationen vor: Das Bild kann dienen als Einstiegsmedium, als Bündelungsmedium am Schluss oder als zusätzlicher Gesprächsimpuls. Mit diesen Überlegungen ist man bei gegenwärtig noch aktuellen Fragen aus der Methodik im Religionsunterricht.

In der Umbruchzeit 1968 erscheint Liselotte Corbachs Buch zum *Propheten Amos*. An dieser Publikation kann man gut sehen, wie sie zwischen den Zeiten von alter und neuer Religionspädagogik steht: Ein Prophet, der damals die Lehrpläne zu erobern beginnt – bei Corbach aber in der Zugangsweise der »Evangelischen Unterweisung« aufbereitet wird.

Sie stellt in den Mittelpunkt ihres Buches eine Leseszene mit verteilten Rollen. Die Leseszene ist in drei Bilder aufgeteilt: Das erste Bild spielt auf einem Platz in Samaria und führt in die soziale Lage im Nordreich des 8. Jahrhunderts ein. Das zweite Bild führt Amos ein, stellt ihn vor und lässt ihn mit einigen Worten im Originalton des biblischen Buches auftreten; die dritte (kürzeste) Szene setzt den Konflikt zwischen Amos und Amazja in Szene. Die gesamte Leseszene dauert etwa 20-30 Minuten.

Das Genus der Leseszene war zur Zeit der Evangelischen Unterweisung und des Hermeneutischen RU sehr verbreitet, ähnlich wie das Erzählen. Mit dem Verdacht gegen das Erzählen als autoritäre Beeinflussung der Schüler verschwand auch das Genus der Leseszene. Einiges mag auch mit der abnehmenden Vorlesefähigkeit der Schülerinnen und Schüler zu tun gehabt haben.

Auf jeden Fall ist erstaunlich, was Liselotte Corbach im Vorwort schreibt. Die Leseszene sei in der Volksschule mehrfach probiert worden, in einer ländlichen Mittelpunktschule und in drei verschiedenen achten Klassen einer Stadtrandschule Hannovers, und zwar mit großem Interesse seitens der Jugendlichen. Dies kann man sich für heutige Hauptschulen kaum mehr vorstellen. Daran sieht man, was sich hinsichtlich der Lesefähigkeit und der Motivationsmöglichkeiten beim Arbeiten mit Texten in den letzten Jahrzehnten verändert hat.

Corbach greift auf den damals gerade erschienenen Amoskommentar von Hans Walter Wolff zurück: Wolff hatte die Gerichtsbotschaft stark herausgearbeitet. Corbach bejaht nun ausdrücklich die Frage, ob man Jugendliche überhaupt mit dem Ernst der Amosbotschaft konfrontieren solle. Die Botschaft vom befreienden Handeln Gottes am Menschen setzte jedoch voraus, dass der Mensch so gesehen wird, wie er ist. Corbach versteht die Predigt des Amos damit im Kontext von Röm 1, der Offenbarung des Zornes Gottes. Die sozialen Anklagen des Amos werden nicht ethisch kurzgeschlossen, wie das im Gefolge der Problemorientierung dann häufig geschah.

Die Leseszene ist nicht kompliziert in der Sprache, aber auch nicht angepasst an die Alltagssprache, sondern in biblischer Diktion. Das Ganze beginnt so: »Im Nordreich Israel war Jerobeam König, Jerobeam der Zweite. Das war vor 2700 Jahren. Er regierte vierzig Jahre in der Stadt Samaria. Die Feinde besiegte er, verlorenes Land brachte er zurück. Viele wurden wieder reich, Grundbesitzer und Kaufleute ...«. In der Szene erscheinen neben Amosworten auch andere biblische Originalzitate, Psalmen, Anspielungen auf die Königsbücher – und sogar neutestamentliche Verse sind eingebaut (so respondiert ein Chor im 1. Bild die bekannte Stelle 1. Joh 4,20: »So jemand spricht ›Ich liebe Gott‹ und hasset seinen Bruder, der ist ein Lügner«).

So fremd das Ganze auch ist, so interessant ist es auf der anderen Seite. Wenn es durch Üben gelingt, die Szene zu lesen, machen sich alle mit dem Wortlaut vertraut. Corbach berichtet, dass in den Erprobungsklassen mit einem Tonband gearbeitet wurde, was den Willen der Schülerinnen und Schüler zur Perfektion beim Lesen hervorrief. Die Szene ist so gestaltet, dass alle dabei mitmachen können, denn es gibt neun Einzelrollen, zwei Volksgruppen und den Chor (der Chor gehört nicht zum Geschehen, gewissermaßen nicht auf die »Bühne«), er gibt die neutestamentlichen Kommentare und steht zeitlos für die Gemeinde. Corbach zieht den Vergleich zum Chor der antiken Tragödie.

Dementsprechend sollen die einzelnen Szenen vor dem Lesen jeweils informierend, aber auch existenziell erschlossen werden. Über das Land und die Zeitumstände soll anhand einer Landkarte und einer Schilderung der Blütezeit unter Jerobeam II. (König in Israel von 787-747) informiert werden. Der Chor wird charakterisiert als die Stimme des verschütteten Gewissens. Es finden sich informierende und exegetische genauso wie existenzielle und hermeneutische Anteile.

Besonders hervorzuheben ist aber der *inszenatorische* Zugriff auf den Stoff. In Corbachs Bearbeitung wird Amos plastisch, gegenwärtig, nachvollziehbar. Die Leseszene ist zu Unrecht so sehr in Verruf gekommen. Für sie sprechen die folgenden Punkte:

1. Es handelt sich um eine Alternative zum Rollenspiel oder Stegreifspiel, zum Bibeltheater oder gar zu bibliodramatischen Elementen. Gerade im Schulalltag und mit Jugendlichen ab der 7. Klasse ist es bekanntlich nicht leicht zu spielen.
2. Dennoch findet etwas Inszenatorisches statt. Die ungeheuren Worte werden nicht nur gelesen, sondern aufgeführt. Es entsteht also, gemeinsam aufgeführt, die fremde Welt. Es wird nicht nur über etwas geredet.

Vielleicht muss man derartige Leseszenen heute neu schreiben, mit mehr Anfragen an die Wirksamkeit Gottes überhaupt. Dennoch ist Corbachs kleines Buch ein grundsätzlich hilfreiches Beispiel für die These: Die Bibel ist eine fremde Welt und sie muss als solche in Szene gesetzt werden, um ihren Eigenwert geltend machen zu können.

Liselotte Corbach hat in ihrer gesamten Zeit mehr durch das Unterrichtspraktische als durch die theoretischen Entwürfe zur Religionspädagogik gewirkt. Das galt von ihrer Zusammenarbeit mit Eduard Steinwand und den methodischen Umsetzungen in den A-B-C-Plänen, die bis in die sechziger Jahre hinein benutzt wurden bis hin zu den eigenen Arbeiten als Professorin.

5. Schluss: Entdeckung der Frauen in der Religionspädagogik

Gibt es etwas Typisches für das religionspädagogische Wirken der Frauen? Oben war bereits deutlich geworden, dass die Arbeitsteilung »die Männer das Grundsätzliche, die Frauen das Methodische« unbefriedigend ist. Allein schon dieses Wahrnehmungsmuster reproduziert Klischees. Die Frage muss offen bleiben und vielleicht sollte sie gar nicht gestellt werden. Wahrscheinlich ist es sinnvoller, die Bedeutung einzelner Entwürfe und Personen zu würdigen, ohne allgemeine geschlechtsspezifische Meta-Thesen über eine weibliche oder eine männliche Religionspädagogik aufzustellen. Damit wird man eher gerade das festschreiben, was man überwinden will.

Es ist auf jeden Fall ein großes Verdienst des Buches von Annebelle Pithan, dass wir über Frauen lesen können, deren überregionale Wirkung – aus welchen Gründen auch immer – begrenzt war. *Magdalene von Tiling* war sicher die bekannteste – sie begegnet schon länger in den Quellensammlungen und Lehrbüchern der Religionspädagogik. Ihre Antwort auf die Frage der Pluralisierung in den allgemeinen »Schöpfungsordnungen«, die für alle Menschen gelten, enthält eine innere Widersprüchlichkeit. Denn einerseits will von Tiling die Öffnung zur nicht glaubenden Welt anstreben, aber das geschieht andererseits um den Preis einer problematischen Theologie und rückwärtsgewandter Gesellschaftsmuster (Autorität, Volksgemeinschaft). *Ilse Peters* zeigt, wie das Engagement für den jüdisch-christlichen Dialog biographisch verankert war und schon viel früher als 1980 einsetzte, also bevor dieses Engagement für viele selbstverständlich wurde. *Liselotte Corbach* hat methodisch-praktisch viel Gutes für den Unterricht geschaffen und sie hat in ihrem Leben immer wieder die Benachteiligung als Frau spüren müssen. Ihre Lebensgeschichte ist im Rahmen des Themas »Frauen und Religionspädagogik« gewiss eine der eindrücklichsten.

Das Ende ihrer Tätigkeit zeigt darüber hinaus, wie sehr die pädagogische Arbeit auch von Stilen und von gegebenen (bzw. von nicht gegebenen) kulturellen Einverständnissen abhängig ist. Die Schwierigkeiten von »1968« hat nicht nur Liselotte Corbach erlebt. Damit sind wir bei der entscheidenden religionspädagogischen Wende im letzten Drittel des 20. Jahrhunderts.

Literatur

Werke von Corbach

Corbach, Liselotte: Die Bergpredigt in der Schule, Göttingen 1956 (^{2}1962; 1970 ins Dänische übersetzt).

Corbach, Liselotte: Vom Sehen zum Hören. Kunstwerke im Religionsunterricht, Göttingen 1965.

Corbach, Liselotte: Wir lesen Amos. Didaktische Grundlegung und Leseszene, Göttingen 1968, ²1972.
Corbach, Liselotte: Anfänge – Übergänge – Ergebnisse (Autobiographische Skizze), in: Religionspädagogik in Selbstdarstellungen Bd. II, hrsg. von Bernhard Albers, und Reinhard Kiefer, Aachen 1981, 29-45.

Sekundärliteratur

Berg, Horst Klaus: Selbständig denken, arbeiten, glauben. Impulse für die Bibeldidaktik aus der Reformpädagogik, in: EvErz. 49 (1997) 453-461.
Grethlein, Christian: Religionspädagogik, Berlin /New York 1998.
Künne, Michael: Bildbetrachtung im Wandel. Kunstwerke und Photos unter bilddidaktischen Aspekten in Konzeptionen westdeutscher evangelischer Religionspädagogik 1945-1996, Münster 1999.
Oelkers, Jürgen: Reformpädagogik. Eine kritische Dogmengeschichte, Weinheim/München ³1996 [1989].
Pfister, Gerhard: Vergessene Väter der modernen Religionspädagogik. E. Thrändorf, A. Reukauf, R. Staude, Göttingen 1989.
Pithan, Annebelle: Liselotte Corbach (geb. 1910). Einstehen für die eigene Überzeugung, in: Religionspädagoginnen des 20. Jahrhunderts, Göttingen 1997, 135-159 (= Pithan, Skizze).
Pithan, Annebelle: Liselotte Corbach (1910-2002). Biographie, Frauengeschichte, Religionspädagogik, Diss. Hannover 2002 (= Pithan, Biographie).
Reents, Christine: Maria Montessori (1870-1952). In: Klassiker der Religionspädagogik, hrsg. von H. Schröer und D. Zilleßen, Frankfurt 1989, 197-210.
Reents, Christine: Ilse Peters (1893-1980). »Gegen das Vergessen« – Erste Professorin für Religionspädagogik und Mitgestalterin der Konzeption der Evangelischen Unterweisung, in: Religionspädagoginnen des 20. Jahrhunderts, Göttingen 1997, 53-79.
Religionspädagogik, 1. Band: Der evangelische Weg, hrsg. von Klaus Wegenast, Darmstadt 1981.
Religionspädagogik. Texte zur evangelischen Erziehungs- und Bildungsverantwortung seit der Reformation, Bd. 1, 2/1 und 2/2, München 1991-1994 (ThB 84, 88, 89).
Religionspädagoginnen des 20. Jahrhunderts, hrsg. von Annebelle Pithan, Göttingen 1997.
Rothgangel, Martin: Antisemitismus als religionspädagogische Herausforderung. Eine Studie unter besonderer Berücksichtigung von Röm 9-11, Freiburg/Basel/Wien 1995.

Schneider-Ludorff, Gury: Magdalene von Tiling (1877-1974). Pädagogik und Geschlechterbeziehungen, in: Religionspädagoginnen des 20. Jahrhunderts, Göttingen 1997, 20-39.
Tiling, Magdalene von: Grundlagen pädagogischen Denkens (1932), Auszüge in: Religionspädagogik, hrsg. von Klaus Wegenast, 140-149.

9. Kapitel

Hans Bernhard Kaufmann (geb. 1926) und die Problemorientierung

»Wurdet ihr je gefragt, ob ihr Christen sein wollt? Nein, denn die Kirchen wissen, dass sie sich nur dann in großem Stil am Leben erhalten können, wenn sie sich – mit der Kindertaufe – bereits an wehrlosen Säuglingen vergreifen… Der Religionsunterricht macht euch unkritisch. Er nötigt zur Anpassung und soll die in der Taufe erschlichene Christianisierung verfestigen und euch für eine lebenslängliche Mitgliedschaft in Kirche und christlichem Abendland präparieren. […] Von den zwei großen Verweigerungsrechten, die unsere Gesellschaft garantiert – dem Recht auf Kirchenaustritt und dem Recht auf Wehrdienstverweigerung –, könnt ihr das eine bereits jetzt in einem ersten Schritt verwirklichen: meldet euch beim Religionslehrer ab!«

Dieser Aufruf fand sich in einem Flugblatt aus dem Jahr 1968, das verbreitet wurde von der »Projektgruppe Trennung von Schule und Kirche im Sozialistischen Lehrerbund Frankfurt« (zitiert nach W. Sturm 1971, 15).

Die Jahre 1966-1968 bedeuten für die Religionspädagogik in Deutschland einen markanten Einschnitt. Vor der Beschreibung von Kaufmanns Person und Werk gilt es darum diese Jahre in Erinnerung zu rufen, die mir noch ganz vertraut sind (ich wurde 1968 konfirmiert), die für viele Jüngere heute aber schon Historie sind. Mit Recht ist darauf hingewiesen worden, dass die entscheidenden Thesen Kaufmanns nicht in dem später immer wieder genannten Jahr 1968, sondern zwei Jahre vorher erschienen. Eine bloße Reaktion auf die politischen Veränderungen wäre also ein Fehlurteil (Dressler 2003, 68). Die Stärke bezog Kaufmanns Ansatz vielmehr daraus, dass er auf die Praxis des Religionsunterrichts reagierte und für diese Praxis ganz neue Strategien entwickelte.

1. Die Krisenjahre 1966-68

1966-1968: Der Religionsunterricht steht vor einer existenziellen Krise, die mit dem Kulturwandel zusammenhängt. Für das Fach Religion heißt das ganz banal: Abmeldungen in großem Stil; nicht immer so politisch motiviert wie in dem Frankfurter Aufruf, bisweilen auch schlicht durch den jetzt vorhandenen Mut, sich aus Faulheit abzumelden. Das hätte es vorher nicht gegeben und wir Schüler in Verden/Aller brauchten für einen solchen Mut auf unserer niedersächsischen Landschule auch noch zwei, drei Jahre.

Wie bereits früher erwähnt, neigt die evangelische Theologie häufig dazu, sich selbst, ihren Gegenstand und die Welt generell immer »in der Krise« zu sehen, erst recht seit der »Theologie der Krise« in den zwanziger Jahren. Aber 1968 trat doch etwas grundsätzlich Neues ein, eine spürbar andere Form von Krise: 1918 und dann in der dialektischen Theologie reflektierte man die Kulturkrise; 1933 und danach kam der RU in eine Bestandskrise durch den Staat. Aber nachdem der RU im Grundgesetz von 1949 in Art 7,3 in seinem Bestand gesichert war, kam es nun, knapp 20 Jahre später, zu einer Abmeldekrise. Diese ist sehr viel banaler als die beiden vorherigen; wirtschaftlich findet sie statt in einer Phase der Hochkonjunktur, als in der Bundesrepublik ausländische Arbeitskräfte angeworben werden. Politisch ist es die Zeit der großen Koalition zwischen SPD und CDU (Kanzler Kiesinger); während es keine Opposition im Parlament mehr gibt, formiert sich die »APO« (= »Außerparlamentarische Opposition«).

Die Jahre 1966 bis 1968 sind vielleicht ähnlich ereignisreich und aufregend wie die zwanziger Jahre mit der dialektischen Theologie, der Wirtschaftskrise und der Philosophie Heideggers (dabei kann man an die Studenten Rang und Stallmann in Marburg und an Bohnes Buch von 1929 zurückdenken). Das Wesentliche sind aber 1966-1968 die weit über Deutschland hinausgehenden Studentenproteste. 1966 demonstrieren Studenten und linksgerichtete Jugendliche erstmals gegen den Vietnamkrieg der USA: Die USA stehen mit 235.000 Soldaten in Vietnam und die Hauptstadt Hanoi wird im Luftkrieg angegriffen. 1968 sind schließlich eine halbe Million US-Soldaten in Vietnam und über 30.000 fallen. Im Jahr 1966 besetzen 1500 Studenten die Universität Rom nach dem Tode eines Studenten: Der Rektor muss zurücktreten. Ebenfalls 1966 wird die Universität Barcelona nach Studentenunruhen geschlossen.

In Deutschland wird beim Schah-Besuch in Berlin am 2. Juni 1967 der Student Benno Ohnesorg erschossen, der SPD-Bürgermeister Heinrich Albertz muss zurücktreten (1915-1993, ab 1967 wieder Pfarrer in Berlin). Der bekannte Praktische Theologe Gert Otto schreibt 1989 im Rückblick dazu, damit habe das begonnen, »was später die Studentenbewegung oder die Studentenrevolte heißen wird: der gesamtpolitisch und gesellschaftlich motivierte Kampf der Studenten gegen überkommene, unwahr gewordene Strukturen unter Einschluss der universitären (›Unter den Talaren der Muff von tausend Jahren!‹)« (G. Otto 1989, 259, wobei man der Darstellung eine gewisse Sympathie entnehmen kann).

1968 kommt es zu den großen Anti-Vietnamkrieg-Demonstrationen in Paris, Rom, Kopenhagen, Tokio und Berlin. Die Mai-Unruhen in Paris wecken die Hoffnung auf eine sozialistische Revolution, zumal dort ansatzweise das gelingt, was in Deutschland nicht klappt: die Solidarisierung von Studenten und Arbeiterschaft. Doch nach einem Monat ist alles vorbei: Die Polizei räumt die seit einem Monat besetzte Pariser Universität; die französische Wirtschaft erleidet große Einbußen. In Berlin wird der Studentenführer Rudi Dutschke bei einem Attentat lebensgefährlich verletzt (er stirbt Jahre danach an den Spätfolgen). Heftige Demonstrationen richten sich vor allem gegen den Zeitungskonzern von Axel C. Springer: Der Bild-Zeitung wird wegen Hetze Mitverantwortung für das Dutschke-Attentat zugeschrieben. Die Demonstrationen führen zu zwei Todesfällen und mehr als 100 Verletzten.

Vor allen Dingen aber ist das allgemeine politisch-geistige Klima auf Veränderung bedacht, sozialistisch, BRD-kritisch. Die liberale Demokratie wird grundsätzlich angegriffen. Der marxistische Philosoph Herbert Marcuse (1898-1979) aus der »Frankfurter Schule« prägt in seinem 1966 erschienenen Buch »Die Kritik der reinen Toleranz« den Begriff »repressive Toleranz«. Damit ist gemeint: Die bürgerliche Demokratie unterdrückt so, dass es die Bürger nicht merken, eben durch eine solche Toleranz, die repressiv wirkt. Der Gedanke der »repressiven Toleranz« inspiriert die Studentengeneration und *Herbert* Marcuse (nicht zu verwechseln mit dem Theaterkritiker und Philosophen *Ludwig* Marcuse, 1894-1971) wird zum Philosophen der Studentenbewegung in Deutschland. 1968 wird in Deutschland wieder die »Deutsche Kommunistische Partei« gegründet, nachdem die KPD 1956 in der BRD als verfassungswidrig verboten worden war.

Hinzu kommt die Begeisterung für China: Dort hat Mao Tse-tung in der »Kulturrevolution« zu einer jugendlichen Erneuerung des Sozialismus aufgerufen. Seine »Worte des Vorsitzenden Mao Tse-tung« werden in 26 Sprachen übersetzt. In 180 Ländern der Erde werden 400 Millionen Exemplare verteilt. Nicht umsonst werden diese kleinen roten Büchlein (etwa in der Größe der »Mundorgel«, aber etwas dicker) umgangssprachlich mit dem Terminus »*Mao-Bibel*« belegt. So eine »*Mao-Bibel*« hatte man damals neben einem Päckchen Tabak zum Selbstdrehen in der Jackentasche.

Ganz anders als in den zwanziger Jahren ist die Basis-Protestbewegung gegen herrschende geistige Orientierungen: Nicht mehr Professoren wie Barth, Heidegger, Bultmann verändern die Orientierung – es sind die Studenten selbst. Die Studenten fordern »herrschaftsfreie Räume« in der Universität ohne Professoren, nur durch Studenten und Assistenten verantwortet. Eberhard Sievers, ehemals Dozent am RPI Loccum, berichtet, dass bei einem Vikarskurs damals erst lange darüber diskutiert wurde, ob er als Dozent reden dürfe und wie lange. Jetzt werden Studenten und auch schon Schüler praktisch – wie bildungstheoretisch gefordert – selbstständig, in damaliger Begrifflichkeit: Sie »emanzipieren« sich. Diese Selbstständigkeit richtet sich besonders auch gegen den bisherigen Religionsunterricht. Schüler verlangen einen anderen Religionsunterricht. Schülerverbände, gerade auch mit kirchlichem Hintergrund, fordern einen anderen Unterricht. So heißt es in einem Schülerbrief der »Ev. Jungenschaft in Niedersachsen« kritisch zum RU:

> »1. Der Religionsunterricht wird als Konfessionsunterricht erteilt.«
> a) Die Unterrichtsgegenstände werden zu sehr aus der Sicht einer Konfession ausgewählt und dargestellt.
> b) Es wird vom Schüler oft ein persönliches Bekenntnis in einer bestimmten Richtung gefordert.
> c) In den unteren Klassen wird vielfach religiöse Praxis wie Gebet und Gesang ausgeübt.« (zitiert nach W. Sturm 1971, 16)

Gefordert wird von den Schülern in demselben Papier stattdessen, es solle einen »Informations- und Diskussionsunterricht auf überkonfessioneller Basis« geben, in dem aktuelle theologische Fragen sowie außerchristliche Religionen, Sekten, Freikirchen u.a. behandelt werden; die Freiwilligkeit des RU müsse außerdem herausgestellt werden.

An diesen Schülerforderungen von 1968 sieht man, wie vieles davon inzwischen verwirklicht wurde: Bisweilen wissen die Schüler heute mehr über die anderen Religionen als über die christlichen Glaubenslehren. Auch muss man sich klar machen, dass damals auf dem RU noch ein viel höherer sozialer Druck lag. Jede Nicht-Teilnahme durch Abmeldung musste begründet werden. Das wurde dann allerdings sehr schnell anders. Als ich 1969 in die Oberstufe (Kl. 11) kam, meldeten sich viele vom RU ab. Für uns ältere Schüler war das schon eine willkommene

Möglichkeit (zum Glück allerdings gab es einen sehr klugen alten Religionslehrer, der uns zu interessieren wusste, indem er mit uns Bultmann und moderne Theologie las – »War Jesus Revolutionär?« u. a.).

Die Jahre 1966 bis 1968 waren aber nicht nur von einem Umbruch im politischen und im theologischen Bewusstsein geprägt, sondern auch von einer Veränderung in der pädagogischen Grundorientierung: Man entdeckte die amerikanische wissenschaftliche Pädagogik. Die so genannte »Curriculum-Diskussion« kam auf. Lernen wurde nun ganz anders verstanden. Man sollte vorsichtig sein, dauernd »Paradigmenwechsel« zu konstatieren (nach der Terminologie des amerikanischen Wissenschaftstheoretikers Thomas S. Kuhn, geb. 1922). Doch für die Religionspädagogik und die Pädagogik kann zweifellos gesagt werden, dass es sich um 1970 um einen Paradigmenwechsel handelt vom idealistischen und geisteswissenschaftlichen Paradigma zum empirisch-behavioristischen und sozialwissenschaftlichen, gesellschaftsbezogenen Paradigma. Hans Bernhard Kaufmann ist darin ein Klassiker der Religionspädagogik, dass er diese neue Entwicklung wahrgenommen, aufgenommen und eigenständig weitergeführt hat.

2. Hans Bernhard Kaufmann: Vor, während, nach der »Problemorientierung«

Erst seit diesem Jahr liegt von Kaufmann eine ausführliche, spannend zu lesende und klärende autobiographische Skizze vor, die dem Band über den thematisch-problemorientierten Unterricht einleitend vorangestellt ist (Kaufmann 2003). Diese kann man nicht anders als mit Bewegung lesen. Kaufmann beginnt mit der Schilderung seines Glaubens – des Glaubens an Adolf Hitler noch im Jahre 1945. Als Schüler der »Nationalpolitischen Erziehungsanstalt Plön« hat er sich nicht konfirmieren lassen, sondern an der Jugendweihe teilgenommen. In der großen geistigen Leere der Nachkriegszeit begegnet er überzeugenden Christen und lässt sich 1947 von Heinz Zahrnt in der Studentengemeinde Hamburg konfirmieren. Danach wechselt er vom naturwissenschaftlichen Studium über zu Deutsch, Religion und Philosophie. Kaufmanns Studienort ist dann auch Kiel und wir erinnern uns, dass dort von 1948 bis 1961 Gerhard Bohne lehrt (»Das Wort Gottes und der Unterricht« 1929). Kaufmann erlebt Bohne also als Student und später auch als Kollegen an der Kieler Pädagogischen Hochschule. Er hat eine Dokumentation zum 100. Geburtstag Gerhard Bohnes herausgegeben, in welchem auch seine eigene spätere Rückwendung zu den Anfängen gesehen werden kann (»Erziehung ohne Gott?« 1995).

1954 wird Kaufmann in Kiel zum Dr. phil. promoviert mit einer Arbeit »Grundfragen der Erziehung bei Luther«. Noch 1989 hat er den Beitrag über Luther in dem Band »Klassiker der Religionspädagogik« geschrieben. Zeitlebens ist er Luthers unterscheidendem Denken verbunden geblieben, wie er mehrfach betont hat. Kaufmanns Luther-Darstellung hat unmittelbare Konsequenzen für die Pädagogik (vgl. dazu das im 1. Kapitel Beschriebene). Die Erziehung gehört zunächst zum weltlichen Regiment. Erziehung ist ein »weltlich Ding«: Seit Luther hat sich die evangelische Pädagogik immer für die Bildung insgesamt interessiert und nicht nur für die religiöse Bildung. Dies ist auf dem Hintergrund der christlichen Freiheit zu verstehen, wie sie in Luthers Freiheitsschrift bleibend konzipiert ist: Die Freiheit, in die der Mensch in dieser Welt und vor dem Nächsten gestellt ist, muss sich öffentlich bewähren. Insofern ist die Erziehung ein weltliches, sich in der Welt zu bewährendes Geschäft. Aber, so zutreffend Kaufmann, das ist eben nicht im Sinne der neulutherischen »Zwei-Bereiche-Lehre« zu verstehen, wie diese von Magdalene von Tiling in der Theorie der »Schöpfungsordnungen« rezipiert wurde: Die Welt als Bereich der Schöpfungsordnungen wie Geschlecht, Volk, Rasse, die jedem, auch dem nicht Glaubenden plausibel wären. Diese Sicht eines religiösen und eines weltlichen Bereiches lehnt Kaufmann mit seiner Luther-Interpretation klar ab. Bei Luther handelt es sich immer um das weltliche Regiment *Gottes* – also auch um eine *Glaubenseinsicht*. »Erziehung ist ein weltliches Geschäft«: Dieser im Hinblick auf Luther zu Recht immer wieder zitierte Satz ist ein *theologischer* Satz. Dazu einige Wendungen Kaufmanns von 1989, die den Einsichten seiner Dissertation entsprechen:

> »Bis vor kurzem war man der Meinung, Erziehung sei für Luther ein ›weltlich Ding‹, eine Aufgabe, die allein nach sachgesetzlichen Kriterien vorgenommen werden kann. Damit ist jedoch Luthers Intention verkannt. Für ihn geht es gar nicht um eine Alternative, sondern um eine Unterscheidung. ›Weltlich‹ nennt er die Erziehung, weil sie in den Bereich des ersten Artikels, des weltlichen Regiments gehört. Lernen, Lehren und Er-

ziehen sind Phänomene, die mit der geschöpflichen Wirklichkeit des Menschen gegeben sind. [...] Die Erziehung verändert sich aber, wenn sie als Werk des Glaubens wahrgenommen wird. Luther unterscheidet ganz ausdrücklich, ob Eltern und Erzieher aus dem Glauben heraus erziehen oder nicht.« (Kaufmann 1989, 15)

Zu dieser Lutherdeutung passt die zweite theologische Prägung durch Dietrich Bonhoeffers Gefängnisbriefe »Widerstand und Ergebung«. Als Referendar und als Gymnasiallehrer in St.-Peter-Ording geht es Kaufmann darum, die Realität ernst zu nehmen im Sinne der »mündigen Welt« und der »nicht-religiösen Interpretation biblischer Begriffe«. Gott soll kein »Lückenbüßer« werden, sondern mitten in den Alltagsfragen ernst genommen werden. An dieser Stelle sieht Kaufmann die Verbindung zu seiner späteren Problemorientierung. Das Stichwort der »Mündigkeit« (der Welt) bei Bonhoeffer verbindet sich offensichtlich gut mit der Mündigkeit (des Schülers) als pädagogische Leitidee um 1970.

Kaufmann absolviert sein Lehrerstudium und legt das Staatsexamen und das 1. theol. Examen ab. Im Schuldienst ist er von 1957-1959. Er berichtet von einem schon damals gehaltenen thematischen Unterricht über 1. Mose 3 zum Thema »Der Mensch und seine Maske« (Kaufmann 2003, 16). 1959 wird Kaufmann an der Pädagogischen Hochschule in Kiel zunächst Assistent, dann 1962 Dozent und schließlich Professor für Erziehungswissenschaft, bevor er 1966 als Rektor des Religionspädagogischen Instituts Loccum berufen wird. Wenige Monate dort, trägt er bei einer größeren Tagung als neuer Rektor des Institutes eine Thesenreihe vor, die Furore macht und die bis heute immer wieder gedruckt wird: »Muss die Bibel im Mittelpunkt des Religionsunterrichts stehen? Thesen zur Diskussion um eine zeitgemäße Didaktik des Religionsunterrichts«. Allein die Frage wird als Provokation empfunden. Aus heutiger Sicht ist dabei zu beachten, dass diese Thesenreihe noch den Kaufmann *vor* der Problemorientierung darstellt: Er denkt hier noch stärker von der hermeneutischen Konzeption her und befindet sich im wissenschaftlichen (auch persönlichen) Gespräch mit Stallmann. Er verweist in der Vorbemerkung zu seiner Thesenreihe entsprechend auf einen Vortrag Stallmanns während der Loccumer Tagung.

Nun beginnt Kaufmanns einflussreiche Epoche: Es ist die Zeit der pädagogischen Modernisierung. Neue Stellen, neue Ämter und Konferenzen entstehen. Die früheren »Katechetischen Ämter« heißen ab jetzt »Religionspädagogische Institute«. So wird 1965 Loccum »Religionspädagogisches Institut« und bis 1972 verdoppelt sich die Zahl der Dozenten von 6 auf 12. Die kirchlichen Institute beginnen den Universitäten Konkurrenz zu machen: Hier spielt sich die konzeptionelle religionspädagogische Diskussion jetzt mit größerer Intensität ab als in den Universitäten. Das hängt mit der Stellensituation zusammen, aber auch mit der beschriebenen *Praxis*-Krise, um die es sich ja handelte, und mit der größeren Praxisnähe der Institute. Hier werden ab Herbst 1968 Projektgruppen gebildet und zwar ausgehend von den norddeutschen Instituten (Hamburg, Kiel, Braunschweig, Loccum) unter Loccumer Federführung.

Ab 1969 erscheinen dann die »RP-Modelle« zunächst hektographiert, ab 1971 in den Verlagen Diesterweg und Kösel. Es sind die klassischen problemorientierten Unterrichtsmodelle, in denen sich erstmals Zeitungsberichte, aktuelle Fotos und Bibeltexte nebeneinander finden (etwa der Zeitungsbericht »14jähriger erstach seine Klassenkameradin« mit dem berühmten Vers Exodus 21,23ff. »Auge um Auge, Zahn um Zahn«, rp-modelle Nr. 5: Vergeltung und Vergebung, 16f.). Am Ende der Loccumer Zeit beginnt bei Kaufmann eine differenzierte Beurteilung des neuen Ansatzes mit einer teilweisen Revision. In einem Referat von 1972 (in: Kaufmann 1973, 40-47) nimmt Kaufmann die Kritikpunkte an der Problemorientierung auf und macht sie sich teilweise zueigen: Wenn der junge Mensch mit seiner Mündigkeit das Ziel des RU sei, dann dürfe das nicht bedeuten, dass bei Lehrplänen und Unterrichtsmodellen »die empirisch zu erhebenden *Bedürfnisse und Interessen* die Auswahl der Unterrichtsinhalte normieren« (Kaufmann 1973, 45, dort kursiv). Die Aufgabe der »Curriculum-Determinanten« (dazu s.u. 3.3) müsse es gerade sein, die Einseitigkeit eines stofforientierten, aber auch eines »childcentered curriculum« zu vermeiden. Auch die Absolutsetzung der Lernzielorientierung sei verkehrt. Denn letztlich handele es sich dabei um eine »technische Verfügung über die Wirklichkeit«, die nicht absolut gesetzt werden dürfe. Das Können und Beherrschen von Menschen enthalte den Sinn jedoch immer erst »im Zusammenhang von Weltauslegung und Selbstverständnis« (47).

In dieser Formulierung »Selbstverständnis« kann man die Nachwirkung des von Bultmann und Stallmann vertretenen Denkens erkennen: Der Mensch kann nicht durch Lernen qualifiziert und programmiert werden, um so zu Lösungen gelangen; dieses Bemühen droht den Menschen als Automaten, als »black box«, als Lernmaschine zu denken anstatt als ein sich bildendes Individuum. Und an dieser Stelle lag in der Tat der Irrtum der behavioristisch denkenden »Lernzielorientierung« von 1970. Kaufmann als Hermeneutiker hat dies bereits 1973 erkannt und benannt.

In seiner Arbeit als Direktor am Comenius-Institut in Münster (1972-1990) beschäftigte sich Kaufmann mit Fragen, die über die rein schulische Religionsdidaktik hinausgehen: Mit der Zusammenarbeit von Schule und Gemeinde, mit der Elementarerziehung im Kindergarten und besonders auch mit Konzeptionsfragen zum Konfirmandenunterricht. In der letzten Phase seiner Arbeit gibt es eine Art »Wende« bei Kaufmann, die zu den einfachen Fragen des Glaubens zurückführt und die Curriculumdiskussion um 1970 wieder vergessen erscheinen lässt. Jetzt kommt es Kaufmann dezidiert auf eine *christliche Erziehung* an. Das hatten wir schon in den Akzenten der Luther-Darstellung von 1989 gesehen. Es ist nicht gleichgültig, ob im Glauben oder nicht im Glauben erzogen wird.

Erkennbar wird Kaufmanns Neuorientierung in der Gründung der »Christlichen Initiative Brennpunkt Erziehung« 1982. Im Lutherjahr 1983 (500. Geburtstag Luthers) gibt diese Initiative von 60 Personen aus Gemeinde, Schule, u. a. auch aus dem freikirchlichen Umfeld, eine Stellungnahme zum Thema »Erneuerung der christlichen Erziehung« heraus. Diese soll Eltern, Lehrern und Familien Mut für eine bewusst christliche Erziehung machen. In der Einleitung rekurriert Kaufmann auf Luthers Schrift »Von den guten Werken« von 1520 und auf Luthers dortige Warnung, die Kinder lediglich nach weltlichen Gesichtspunkten zu erziehen (wir würden heute sagen: Nur im Hinblick auf die Karriere). Die folgenden Sätze von Kaufmann machen das bisweilen begegnende Urteil verständlich, bei ihm habe es sich um eine Art von »frommer Spätphase« gehandelt:

> »Man muss Gott erkennen und vertrauen, um zu sehen, was die Kinder brauchen, wie sie erzogen werden sollen und wie man als Erzieher glauben lernen kann. Es geht um drei Gesichtspunkte:
>
> - Was brauchen Kinder und junge Menschen? Was braucht der Mensch?
> - Wie beeinflusst meine Gotteserkenntnis Lehre und Erziehung?
> - Wie kann ich das Vertrauen auf Gott durchhalten, wenn Sorgen und Schwierigkeiten überhandnehmen?« (Kaufmann 1983, 12)

Hans Bernhard Kaufmann hat in mehreren Gesprächen mit mir den Gedanken zurückgewiesen, dass er eine späte theologische Wende von der Problemorientierung hin zu einer bekennenden Grundhaltung vollzogen habe. Er hat vielmehr betont, auch diese Konsequenz sei in seinen Anfängen angelegt gewesen. Er habe seine Sicht der Dinge eben nur zwischen 1966-1973 in spezifischer Weise situativ zum Ausdruck gebracht. Für diese Sicht der Dinge spricht in der Tat einiges. Die Prägung durch Luther und Bonhoeffer, vermittelt über Gerhard Bohne, ist offensichtlich grundlegend gewesen. Gerade von dem späten Bohne hat Kaufmann gelernt, vom Glauben nicht »in Worthülsen und Leerformeln oder in einer theologischen Fachsprache ohne Bezug auf Erfahrung« zu sprechen (Kaufmann 2003, 21 unter Hinweis auf Bohne 1962). In seinem Buch über Bohne aus dem Jahre 1995 hat Kaufmann das zum Ausdruck gebracht, was ihm selbst ab 1982 so wichtig geworden war: Die Verantwortung des Erziehers und des Lehrers sei letztlich nicht vor Menschen oder vor Institutionen gegeben, sondern vor Gott. Dieses Wissen gebe dem Menschen – noch einmal: nach Luther, nach Bohne, nach Kaufmann –, den Erziehenden die Freiheit, jungen Menschen zu helfen, dass sie ihr Leben bestehen. Dies sieht Kaufmann mit Bohne in Luthers Freiheitsschrift begründet. Allerdings hat es Kaufmann ab 1980 auch wieder gewagt, sich in schlichter religiöser Sprache zu äußern. Aber schon in der 6. These von 1966/1973 hatte es sehr klar geheißen, dass die »Relevanz« des Glaubens nur dann möglich ist, »wenn das Bekenntnis in Jesus Christus als Grund und Ursprung des Glaubens festgehalten wird.«

Kaufmann hat in seinen drei Phasen demnach primär auf die Herausforderungen der Zeit reagiert, wobei auch lebensgeschichtliche Ereignisse ihre besondere Bedeutung haben. Bei der Frage, ob die Einheitlichkeit oder die Brüche in seiner Anschauung stärker sind, scheint sich die Einheitlichkeit nahe zu legen. Auf jeden Fall aber ist Kaufmann klassisch darin, dass er die Sache des Glaubens auf Augenhöhe mit aktuellen Entwicklungen zur Sprache zu bringen sucht. »Kaufmann war uns immer schon einen kleinen Schritt voraus«, sagte Anfang der neunziger Jahre rückblickend auf die gemeinsame Loccumer Zeit der damalige Bischof in Hannover, Horst Hirschler.

3. »Problemorientierung« als pädagogisches Paradigma: Von der Bildungstheorie zu den »Curriculumdeterminanten«

3.1 Paradigmenwechsel in Theologie und Pädagogik um 1970

Zunächst ist zu sagen, dass sich das Stichwort »Problemorientierung« nicht nur auf den RU bezieht: Es geht generell um ein anderes Lernverständnis. Es kommt nicht auf Unterrichtsstoffe als Traditionen, sondern als bildende Inhalte an. Diese erschließen sich aber nicht von selbst, durch die in ihnen enthaltene »Fraglichkeit« (das hatte noch Stallmann gemeint), sondern nur von den Problemen her, die ein Schüler jetzt und in Zukunft lösen muss. Der Mensch wird in diesem Zusammenhang nicht mehr als isoliertes Individuum gedacht, sondern im Hinblick auf seine gegenwärtigen und zukünftigen gesellschaftlichen Aufgaben. Das war das Fortschrittliche damals, was der geschilderten politischen Neuorientierung entsprach. Im Widerspruch dazu steht die Machbarkeitsvorstellung dahinter.

Aus der nachträglichen Sicht besteht mindestens auf den ersten Blick ein Rätsel: Wie konnte man sich einerseits der politischen Befreiung des Menschen aus seinen gesellschaftlichen Mustern verschreiben, parallel zur Kritik am US-Krieg in Vietnam, und andererseits eine verdinglichende, reduktive Theorie des Menschen wie in Lernzieloperationalisierung und »Programmiertem Unterricht« zum Programm erheben?

Vielleicht war es ähnlich wie in den zwanziger Jahren: Es war schlicht das Neue, das Jugendliche, das Radikale, was das Ältere ablöste. Die differenzierte hermeneutische Position Stallmanns und anderer hatte nicht den Nimbus des Radikalen. Die anthropologische Weite von Stallmann wurde nicht mehr wahrgenommen, weil in dieser hermeneutischen theologischen Tradition das Politische kaum eine Rolle spielte. Jetzt aber begann Jürgen Moltmanns (geb. 1926) »Theologie der Hoffnung« von 1964 (1980 in 11. Auflage) rezipiert zu werden und jetzt schrieb der katholische Fundamentaltheologe in Münster, Johann Baptist Metz (geb. 1928), seine Politische Theologie (»Zur Theologie der Welt«, Mainz 1968) und Kaufmann bemerkt rückblickend, dass die religionspädagogischen Institute um 1970 in der Tat wichtige Impulse der Politischen Theologie zu verdanken hatten (Kaufmann 2003, 23). Eben darauf bezieht er sich auch schon in seinem einleitenden Beitrag zu dem Band »Streit um den problemorientierten Unterricht«: Es müsse um die Erweiterung der hermeneutisch denkenden Theologie gehen, die anhand eines anthropologischen und existentialen Modells Texte auslegt (1973, 10: hier ist auf die Theologietradition Bultmann – Stallmann angespielt). Ein von Moltmann und Metz her entwickeltes theologisches Denken sei besonders an den gesellschaftlichen Bedingungen des Glaubens interessiert:

> »Eine solche Theologie ist auf konkrete Informationen angewiesen, da sie nichts so sehr fürchtet als theologische Leerformeln, die dann entstehen, wenn die anthropologische, soziale und politische Bedingtheit und Relevanz des Glaubens verdrängt oder geleugnet wird.« (Kaufmann 1973, 10)

In diesem Zitat taucht ein Begriff auf, der typisch für die damalige Zeit ist: Die »Relevanz« war immer wichtig, also die Frage, was das Ganze gesellschaftlich real bedeutet (bei Ernst Lange, 1927-1974, kann man diese Kategorie ebenfalls immer wieder finden). RELEVANZ

Und an dieser Stelle liegt vielleicht die Verbindung um 1970 zwischen der progressiven Gesellschaftsorientierung von Theologie und Pädagogik einerseits und dem kritisierten »American way of life« andererseits: In der *Machbarkeitsvorstellung.* So sehr man die politische Orientierung der Amerikaner mit dem Versuch, in Vietnam Demokratie mit kriegerischen Mitteln zu »machen«, ablehnte, so sehr erlag man gleichzeitig der Faszination pädagogischer Machbarkeit. Die Praxis in der Gesellschaft reflektieren, Bedingungen des Lernens analysieren, Ziele bestimmen, Ziele erreichen, das Erreichte bilanzieren und dasselbe wieder von vorne: Der »curriculare Regelkreis« war erfunden. Eine Absage wurde dem allgemeinen und ungreifbaren Reden von Bildung und Individuum erteilt. Man bemühte sich stattdessen um das genaue Analysieren, Handeln und Verbessern. Jetzt mussten Lernprozesse vor allem zureichend wissenschaftlich geplant werden. Von der Pädagogik gelangte man zum Ideal der *Erziehungswissenschaft* (dieser Terminus bürgerte sich um 1970 ein): Gesellschaft, Kirche, Individuum und Inhalt mussten als Curriculumdeterminanten empirisch bestimmt und im Hinblick auf reale Veränderungen hin berücksichtigt werden. Das ist einerseits nach den eher unklaren Äußerungen, wie wir sie bei Stallmann hatten finden können, viel konkreter und damit praktikabel.

Doch diese Sicht brachte einen Nachteil mit sich: Sie tendierte dazu, den Menschen als Lernmaschine zu denken anstatt als ein sich bildendes Individuum. Dies ist der Fehler, wenn das Denken in Curriculum-Determinanten und Lernzielen als eine ausreichende Bildungstheorie verstanden wird und die aktuelle Diskussion im Umfeld der »PISA«-Studie warnt davor, einen solchen Kurzschluss zu wiederholen. Wie aber kam es um 1970 dazu und was war trotz dieser Einwände das Positive an Lernzielorientierung und Operationalisierung?

3.2 Zwischen »Operationalisierung« und »Verstehen«: Kaufmanns vermittelnde Position

Kaufmanns Thesenreihe von 1966, mit der alles begann, ist noch deutlich am hermeneutischen Denken Stallmanns orientiert. Auch Kaufmann geht es um das »Vorverständnis« und um den »Anknüpfungspunkt« wie Stallmann im Anschluss an Bultmann. Aber er legt das Gewicht nicht mehr auf die allgemein menschlichen Zusammenhänge, sondern er betrachtet die Lebensgeschichte jedes Menschen als »eingebettet in bestimmte kirchensoziologische, sozial-kulturelle und individuell-biographische Bedingungen« (These 3). Auf solche Situationen sei die Bibel zu beziehen. Sie sei nicht allgemein als Stoff zu lehren, sondern bezogen auf gesellschaftliche Fragen. Dieser Zusammenhang findet sich in der wichtigen These 1:

> »Die traditionelle Mittelpunktstellung der Bibel *als Gegenstand und Stoff des Religionsunterrichts* ist ein Selbstmissverständnis und weder theologisch noch didaktisch gerechtfertigt. Die konstitutive *Bedeutung* der Bibel für die Kirche und den Glauben soll damit keineswegs in Frage, sondern im Gegenteil neu hervorgehoben werden.« (Kaufmann 1973 [1966], These 1)

Dabei kann man sich auch an Martin Rang erinnern: Die Bibel als *Anrede*, so hatte er in seiner biblischen Didaktik formuliert, sei wichtig, nicht die Bibel als *Stoff*. Präzise müsste die Überschrift zu Kaufmanns Thesenreihe eigentlich heißen: *Wie* soll die Bibel im Mittelpunkt des Religionsunterrichts stehen? Die Antwort der Thesen lautet dann: Im Hinblick auf die Fragen der Gegenwart und Zukunft soll sie im Mittelpunkt stehen, aber nicht im Hinblick auf die biblische Tradition, die angeblich automatisch die Existenz erhellen kann. Die Traditionen müssen erst genau (und nicht nur prinzipiell) auf gegenwärtige Themen bezogen werden.

Darum heißt es, dass die Schüler diese Texte kritisch anfechten, weil die Schüler sie als Fremdkörper empfinden, jedenfalls dann, wenn sie als bloße Tradition vermittelt werden. Es müsse um das Gottes- und das Weltverhältnis im Zusammenhang gehen. Im bisherigen RU sei »ein politischer Konservativismus theologisch sanktioniert« worden. Dies werde heute »angesichts des allgemeinen Traditionsabbruches und einer zukunftsbezogenen Neuorientierung des Lebensgefühls unglaubwürdig«, weil dadurch ein »kritisches Denken und ein schöpferisches Handeln gehemmt« werde. Der RU soll also nach Kaufmann nicht mehr primär traditionsorientiert sein, sondern lebensorientiert, nicht mehr vergangenheitsorientiert, sondern zukunftsorientiert, nicht mehr anpassend, sondern kritisch. Weiter heißt es dann in der Erläuterung zu These 1:

> »Die gegenwärtige Krise des Religionsunterrichts, wie sie u. a. in den epidemischen Abmeldungen in manchen Gegenden zum Ausdruck kommt, ist m.E. auch darin begründet, dass ein Religionsunterricht, der sich fast ausschließlich im Medium der biblischen Bücher und der traditionellen christlichen Stoffe bewegt, als ob es nur um ihre Auslegung und Tradierung, um ihre Übernahme und Aneignung gehe, [...] als Fremdkörper und Getto empfunden wird.« (Kaufmann 1966; in: Streit um den problemorientierten Unterricht 1973, 23)

Aus heutiger Sicht wirkt das nicht provozierend – damals schon. In einer Zeit, da man wie viele Jahre danach erstmals vom »Traditionsabbruch« sprach und als es in der Kirche ein allgemeines Bewusstsein gab, man müsse sich diesem Traditionsabbruch doch gerade religionspädagogisch entgegenstellen, behauptet Kaufmann das Gegenteil: Der Traditionsabbruch ist selbst verschuldet. Der RU wird gerade deswegen von den Schülern als »Getto« empfunden, weil er einseitig traditionsorientiert ist. Das hat auf der Loccumer Tagung und danach offensichtlich schockiert. Denn nun beginnen wie erwähnt die Projektgruppen nach dem Verständnis Kaufmanns und aufgrund seiner Anregung Unterrichtsmodelle zu entwerfen.

In den religionspädagogischen Konferenzen wurde scharf diskutiert. Liselotte Corbach etwa schreibt, sie habe die »Curriculumdiskussion« als »äußerst problematisch« empfunden (RP in Selbstdarstellungen, hrsg. von B. Albers, II, 41). Auch sie sei dagegen, dass der RU zum »Getto« werde. Corbach zu Kaufmann wörtlich: »Was mir Not machte, war nicht die Fragestellung von Kaufmann. Seine Thesen zielen nicht auf Eliminierung der Bibel aus dem RU«. Diese zielten vielmehr auf den Kontext des Lebens: »Im Prinzip ist damit nur unterstrichen, was ich mir zu jeder Zeit unter biblischer Interpretation vorgestellt habe.« (Corbach, aaO., 41f.)

Damit hat Corbach Kaufmann gut verstanden. Denn trotz einiger weniger provokanter Formulierungen ging es ihm im Grunde um die hermeneutische Erschließung – ebenso wie Stallmann. Das kann man an seinen Thesen noch deutlich sehen. Die folgenden Sätze aus den Thesen Kaufmanns von 1966 klingen wie aus der Theorie des hermeneutischen Unterrichts und man kann sich die Aufregung über Kaufmann von daher kaum mehr vorstellen:

> »Evangelischer Religionsunterricht hat die Aufgabe, Erfahrung und Wirklichkeit im Horizont des christlichen Glaubens auszulegen und zu eröffnen. Der Unterricht ist so zu gestalten, dass die Freiheit zum Widerspruch nicht nur zugestanden wird, sondern als Bedingung des Verstehens gilt«. Glaube müsse sich »denkend in einen ›Streit um die Wirklichkeit‹ (Ebeling)« einlassen (24, Erläuterung zu These 2).

Damit ist eine klassische hermeneutisch-theologische Position der Hintergrund der Thesen Kaufmanns. Noch bei Peter Biehl und seinem Symbolkonzept als »Streit um die Auslegung der Wirklichkeit« werden wir diesem hermeneutischen Konzept wieder begegnen. Kaufmann geht es aber auch darum, die Frage nach Gott im Kontext soziokultureller Bedingungen zu erschließen und so Stallmanns Hermeneutik empirisch weiterzuführen (These 3). Er meint, dass auch im Hinblick auf Themen des Glaubens Lernziele formuliert werden können und sollen (Thesen 4 und 5). Damit ist ein klassisches religionspädagogisches Problem aufgeworfen, die Frage nach dem Verhältnis von Glauben und Lernen, von Theologie und Empirie. Und an dieser Stelle wurden auch spezifische Gefahren des empirischen Ansatzes deutlich.

3.3 Der Zusammenhang von Lernzielorientierung und Problemorientierung

Im Jahre 1968 erschien ein klassischer religionspädagogischer Aufsatz, der immer wieder zitiert wird, von Klaus Wegenast über die »empirische Wendung in der Religionspädagogik«. Aber auch dieser Beitrag gehört eigentlich bereits in das Jahr 1966: Er geht auf ein Referat zurück, das Wegenast bei exakt derselben Loccumer Tagung vortrug wie Kaufmann seine Thesenreihe. Bei Wegenast heißt es, für die Krise seien die immer noch fast ausschließlich kirchlichen Zielsetzungen des RU verantwortlich. Der biblische Unterricht (zumeist in der verkündigenden oder hermeneutischen Ausrichtung) galt bisher als die Grundnorm.

Anders als Kaufmann forderte Wegenast aber nun keine neue Konzeption, sondern zunächst einmal eine vorausgehende Forschungstätigkeit. Um die Krise zu meistern, müsse diese zuerst empirisch untersucht werden, wenngleich dies noch nicht die Lösung der Krise bedeute. Wegenast forderte eine »empirische Tatsachenforschung« im RU, die sich mit drei Fragenkomplexen beschäftigen sollte: 1. Vorher genau zu bezeichnende Beobachtungsdaten sammeln (also nicht wahllos alles dokumentieren), 2. die Überprüfbarkeit solcher Beobachtungen sicher stellen, 3. für Repräsentativität sorgen. Doch aufgrund der geschilderten Abmeldekrise war die Modellentwicklung offensichtlich plausibler und die neu entstehenden Institute arbeiteten nicht an der Unterrichtsforschung, sondern an Unterrichtsvorschlägen. Damit verlagerte sich das Zentrum religionspädagogischen Arbeitens in die Praxis unter der Begleitung der Institute. Diese Verbindung hat um 1970 für die große Zustimmung, ja Begeisterung und für die beeindruckende Produktivität gesorgt.

Die Praxisorientierung entfaltete aber auch eine spezifische Dynamik: Das amerikanische curriculare Lernzieldenken kam immer mehr zur Wirkung. Es ging um reale Veränderungen. Man war tatsächlich der Meinung, *Verhaltens*änderung durch *Unterricht* bewirke die kritische Veränderung von Schülern und damit auch die Veränderung von *Gesellschaft*. Hier findet sich wieder die Verbindung von Amerika-kritischer politischer Einstellung bei gleichzeitiger Rezeption der amerikanischen pragmatizistischen Pädagogik-Konzeption.

Was damals gedacht wurde, geht aus den theoretischen Texten allerdings kaum hervor. Interessanter ist, was Lehrer damals dachten. 1990 schrieb ein Lehrer im Rückblick auf die siebziger Jahre:

> »Jesus und die Bibel wurden plötzlich wieder interessant in der Gefolgschaft von Mao Tse-tung, Camillo Torres, Ho Chi Minh; alles Namen, die ein Schüler heute kaum noch kennt! Die 70er Jahre waren schwierig, anstrengend, aufregend, chaotisch, aber – oft sehne ich mich nach ihnen zurück!« (R. Wein, 10f.)

1971 formulierte Kaufmann dann entschiedener als noch 1966, auch Ziele und Inhalte des RU müssten »funktional und rational an bestimmten anthropologischen, gesellschaftlichen und hermeneutischen Kriterien gemessen werden können« (zit. nach Kaufmann 1973, 37). Hier lehnt sich Kaufmann einerseits an die »Berliner Didaktik« an, die unter dem Namen »Heimann/Otto/Schulz« bekannt ist und die die »anthropogenen und soziokulturellen Bedingungsfelder« so analysieren will, dass in den »Entscheidungsfeldern« (Ziele, Inhalte, Methoden, Medien) Unterricht verantwortet geplant werden kann. (Übrigens ist der Berliner Didaktiker *Gunter* Otto nicht zu verwechseln mit dem erwähnten Praktischen Theologen *Gert* Otto aus Mainz!). »Heimann/Otto/Schulz« heißt im Didaktikzusammenhang bekanntlich die *lehr*theoretische Didaktik, besonders in Abgrenzung zum *lern*theoretischen Curriculumdenken. Denn dieser von der amerikanischen Diskussion inspirierte Ansatz geht von der genauen empirisch begründeten und durchgeführten Planung von Unterricht aus. Zu nennen sind hier Saul B. Robinsohn und Robert F. Mager. Auf Robinsohn bezieht sich Kaufmann explizit, wenn er fordert, die Ziele und Inhalte »funktional und rational« (1973, 37) zu bestimmen. Bei Mager heißt es knapp: »Dieses Buch beschäftigt sich nicht mit der Frage, welche Lernziele erstrebenswert oder gut sind. [...] Der Zweck dieses Buches ist darauf beschränkt, dem Programmierer zu helfen, die von ihm ausgewählten erzieherischen Ziele genau zu bestimmen und mitzuteilen.« (XXII) Der Lehrer ist also zum Unterrichtswissenschaftler, zum Programmierer geworden. Besonders beliebt war in diesem Zusammenhang auch die gut geschriebene, handhabbare »Lernpsychologie« von Werner Correll, die ohne nennenswerte bildungstheoretische Reflexion den Behaviorismus zum Programm erhob. Das Buch von Correll wurde übrigens auch in der Homiletik theoretisch rezipiert, indem man einen »Lernprozess Predigt« konzipierte.

Der curriculare Regelkreis ist darum bemüht, Lernplanung, Lernorganisation und Lernkontrolle genau aufeinander zu beziehen und im Vollzug zu revidieren. Dabei wird Wert auf die genauen Messinstrumente gelegt. Nicht die Interpretation, sondern die exakte wissenschaftliche Beobachtung ist maßgeblich. Das Verhalten des Schülers soll sich planbar verändern. Die »Kleinarbeitung« oder Operationalisierung von Lernzielen ist wichtig, um dies sicherzustellen. Das operationalisierte Lernziel »Die Kinder sollen auf einem Fragebogen mit zehn biblischen Büchern die vier Evangelien ankreuzen« ermöglicht die Kontrolle des kognitiven Lernziels »Kenntnis der Namen der Evangelien«. Aus der Lernkontrolle erwächst dann eine erneute Lernplanung. Hintergrund ist der amerikanische Behaviorismus bzw. Pragmatismus, jener Ansatz von Philosophie und Psychologie, der viel stärker naturwissenschaftlich geprägt ist als unsere von Schleiermacher und Dilthey geprägte geisteswissenschaftliche Art, Lernen und Lehren zu denken. Der Behaviorismus will sich freimachen von subjektiver Innenschau und einem angenommenen Geist. Statt geistiger, seelischer Vorgänge sollen die physikalischen Fakten und damit das äußerlich kontrollierbare Verhalten im Vordergrund stehen. Man sieht daran, wie sehr sich das im Grunde mit dem gesellschaftskritischen Impetus des problemorientierten RU verträgt. Kaufmann und den anderen ging es um Mündigkeit, Emanzipation – die Lernzieloperationalisierung, die dazu rezipiert wurde, war aber eher »programmierend« als »emanzipierend«. Ich habe den Eindruck, so recht hat man den Widerspruch damals nicht wahrgenommen. Der Wunsch nach der schnellen und erkennbaren Gesellschaftsveränderung war das stärkste Movens (so Kaufmann in einem persönlichen Gespräch im Juni 2003).

Kaufmann jedoch erhob dagegen 1972 Einspruch: Die zum Prinzip erhobene Lernzielorientierung sei verkehrt. Deren Gefahr sei die »technische Verfügung über die Wirklichkeit«. Das Können und die Fähigkeiten von Menschen erhalten den Sinn nämlich immer erst »im Zusammenhang von Weltauslegung und Selbstverständnis« (zit. nach Kaufmann 1973, 47). Hier sind wieder die alte hermeneutische Theologie und geisteswissenschaftliche Prägung erkennbar: Eine curriculare Orientierung mit dem Zweck-Mittel-Denken widerspreche der »fundamentalen Bedingung menschlicher Selbsterfahrung, die von einer stets vorgängigen [...] Erschlossenheit von Mensch und Welt bestimmt ist« (ebd.). Der amerikanische Pragmatismus setzte sich letztlich bei Kaufmann nicht durch.

Eine Verbindung zum vorigen Kapitel: Liselotte Corbach als die Ältere kann dies alles nicht mehr mitvollziehen. Sie wurde Mitte der siebziger Jahre emeritiert; 1980, als 70jährige, nimmt sie im Rückblick kritisch Stellung gegenüber der damaligen Entwicklung. Sie hat 1980 in der Tat einige kritische Punkte zu Recht benannt. Es sei doch wohl ein Missverständnis, so Corbach, wenn man Glaubensaussagen lediglich nach ihrem »Funktionswert« im Rahmen eines Themas befrage. Sei weiterhin mit der Preisgabe der Texte um ihrer selbst willen »nicht auch die Bemühung um fundamentale Glaubensaussagen aufgegeben worden?« Drohe nicht das Evangelium wiederum zum Gesetz zu werden, wenn es vornehmlich darum gehe, der Bibel Handlungsanweisungen zu entnehmen? Und schließlich – hier hört man Corbachs Kirchenkampf-Erfahrung in der kritischen Sicht auf den »problemorientierten« RU:

> »Ist es wirklich ein *prinzipieller* Unterschied, ob die religiöse Erziehung zum Zwecke der ›Gewinnung eines Humanitätsideals‹ (Kabisch-Tögel) oder im Dienste eines völkischen Ideals oder zur Festigung neuer politischer Trends, seien sie links oder rechts ausgerichtet, oder unter der Vormundschaft empirischer Wissenschaften geschieht?« (Corbach 1980, 42)

Schließlich weist Corbach noch darauf hin, dass man neue Idealkonzeptionen von Unterricht »mit Karikaturen aus der Praxis anderer Konzeptionen« verglichen habe. Corbach: »Auf der Ebene der Praxis ist auch im problemorientierten Unterricht vieles arg in die Sackgasse geraten und hat bei Schülern und Lehrern häufig einen ebensolchen Überdruss hervorgerufen, wie man ihn bei einem bibelorientierten Unterricht konstatiert hat.« (43)

Abgesehen davon, dass Liselotte Corbach die neuen Entwicklungen kaum mehr begreifen konnte, hat sie an diesem Punkt Recht: Es muss jeweils die Theorie mit der Theorie, aber es darf nicht eine gute Theorie mit einer schlechten Praxis verglichen werden. Auch die neue Konzeption hatte ihre spezifischen Gefahren, etwa die, dass das große Engagement der Lehrer für die Schüler an die Stelle der nüchtern überlegenden Wahrnehmung trat. Klaus Wegenast hat so in seiner »Religionsdidaktik« 1993 als ein Beteiligter an der empirischen Wendung selbstkritisch gefragt, »ob es uns gelungen ist, wirklich die Probleme der Jugendlichen namhaft zu machen oder ob wir nicht doch eher *unsere* Probleme, also die von Erwachsenen, auf die nachwachsende Generation projizierten.« (39)

4. Fazit: Empirie und Theologie

Kaufmann ist darin ein Klassiker, dass er die Rezeption außertheologischer, humanwissenschaftlicher Erkenntnisse aktuell vollzogen hat. Wichtig ist dabei vor allem das Aktuelle. Denn ganz allgemein hatte ja auch Stallmann das menschliche In-der-Welt-Sein (Heidegger, Bultmann) als Ausgangspunkt genommen. Und auch Kabisch hatte mit seiner Rezeption der Vorstellungspsychologie von Wundt und James sein Erlebnis-Konzept entwickelt (Corbachs Parallelisierung von Kabisch und Problemorientierung ist von daher sicher einseitig, aber auch nicht völlig unbegründet). Aber Kaufmann hatte ein besonderes Gespür für die kulturelle Situation gehabt, er hat diese aufgenommen und eigenständig weitergeführt. Dies ist um so bemerkenswerter, als sich später gezeigt hat, dass sich dies alles bei Kaufmann auf dem Hintergrund einer von Luther, Bonhoeffer und Bohne inspirierten biblischen Frömmigkeit ergab, die in der Gottesfrage kulminiert. Interessant ist, dass bei ihm die beiden großen Theologen des 19. und 20. Jahrhunderts, Schleiermacher und Barth, gar keine Rolle spielen.

Kaufmann hat später die theologischen Defizite mancher Unterrichtsmodelle vor allem darin begründet gesehen, dass die Exegese und Systematische Theologie für die Religionspädagogik nicht als wirkliche Gesprächspartner geeignet gewesen seien (Kaufmann 2003, 24). Vielleicht kann man es so sagen: Das Erfahrungsdefizit wissenschaftlicher Theologie und das Theologiedefizit praktischer Entwürfe können sich gegenseitig negativ verstärken.

Die »empirische Wende« in dem Sinne, wie Wegenast sie forderte, als genaue Forschungstätigkeit, ist dann bei Kaufmann wie in der gesamten Diskussion eher wieder zurückgetreten und die Religionspädagogik arbeitet erst jetzt genauer daran. Kaufmann könnte man geradezu als Fluchtpunkt der bisher beschriebenen Konzeptionen ansehen: Die Unterscheidungen Luthers, die philanthropische Frage nach dem Leben des Kindes, Bohnes Krisenerfahrung und Stallmanns hermeneutische Theologie – alles das findet sich bei Kaufmann wieder, verbunden mit dem persönlichen Engagement und wissenschaftspolitischen Geschick, die dazu gehören, um einem neuen Konzept zum Durchbruch zu verhelfen und um ein Klassiker zu sein.

Literatur

Werke von Kaufmann

Kaufmann, Hans Bernhard: Muss die Bibel im Mittelpunkt des Religionsunterrichts stehen? Thesen zur Diskussion um eine zeitgemäße Didaktik des Religionsunterrichts, Loccum 1966; vielfach nachgedruckt, u. a. in Rickers/Dressler 2003, 145-151 und in: H. Lenhard (Hrsg.), Arbeitsbuch Religionsunterricht, Gütersloh [3]1996 [1986], 232-234.

Kaufmann, Hans Bernhard: Streit um den problemorientierten Unterricht, Frankfurt/M. 1973.

Kaufmann, Hans Bernhard: Einleitung; in: Erneuerung der christlichen Erziehung. Eine Stellungnahme der Christlichen Initiative Brennpunkt Erziehung, Gütersloh 1983.

Kaufmann, Hans Bernhard: Martin Luther (1483-1546), in: Klassiker der Religionspädagogik, hrsg. von Henning Schröer und Dietrich Zilleßen, Frankfurt/Main 1989, 7-23.

Kaufmann, Hans Bernhard (Hrsg.): Gerhard Bohne – Erziehung ohne Gott? Neukirchen-Vluyn 1995.

Kaufmann, Hans Bernhard: Mein Weg zum thematisch-problemorientierten Religionsunterricht, in: Rickers/Dressler 2003, 13-35.

Sekundärliteratur

Bohne, Gerhard: Phrase, Klischee und lebendiges Wort in der Evangelischen Unterweisung, in: Ders., Lebendiges Wort in der Evangelischen Unterweisung, Itzehoe 1962, 24-30.

Corbach, Liselotte: Anfänge – Übergänge – Ergebnisse (Autobiographische Skizze), in: Religionspädagogik in Selbstdarstellungen Bd. II, hrsg. von Bernhard Albers und Reinhard Kiefer, Aachen 1981, 29-45.

Correll, Werner: Lernpsychologie. Grundfragen und pädagogische Konsequenzen, Donauwörth [4]1965.

Dressler, Bernhard: Nichts ist wie vorher. Was bleibt vom thematisch-problemorientierten Religionsunterricht? In: Rickers/Dressler 2003, 67-73.

Heimann, Paul/Otto, Gunter/Schulz, Wolfgang: Unterricht. Analyse und Planung, Hannover [5]1970 [1965].

Kittel, Helmuth: Der Erzieher als Christ, Göttingen 1951.

Knauth, Thorsten: Das unabgegoltene Potenzial des problemorientierten Religionsunterrichts, in: Rickers/Dressler 2003, 117-142.
Kuhn, Thomas S.: Die Struktur wissenschaftlicher Revolutionen, Frankfurt/M. ²1976 [amerik. Chicago 1962].
Mager, Robert F. Lernziele und Programmierter Unterricht, Weinheim 1965 [amerik. 1961: Preparing Objectives for Programmed Instruction].
Otto, Gert: »Man kann alles erzählen, nur nicht sein wirkliches Leben«, in: Lebensweg und religiöse Erziehung. Religionspädagogik als Autobiographie Band 1, Weinheim 1989, 239-264.
Rickers, Folkert/Dressler, Bernhard (Hg.): Thematisch-problemorientierter Religionsunterricht. Aufbruch – Bewährung in der Praxis – Impulse, Neukirchen-Vluyn 2003.
Robinsohn, Saul B.: Bildungsreform als Revision des Curriculums, Neuwied ²1969.
rp-modelle Nr. 4: Gehorsam und Mündigkeit in der Familie. Analyse und Planung, Frankfurt/M. und München 1971.
rp-modelle Nr. 5: Vergeltung und Vergebung. Analyse und Planung, Frankfurt/M. und München 1972.
Sturm, Wilhelm: Religionsunterricht gestern, heute, morgen. Der Erziehungsauftrag der Kirche und der Religionsunterricht an öffentlichen Schulen, Stuttgart 1971.
Wegenast, Klaus: Die empirische Wendung in der Religionspädagogik, in: EvErz 20 (1968), 111-124.
Wegenast, Klaus: Religionsdidaktik Sekundarstufe I, Stuttgart 1993.
Wein, Rudolf: Viele Schüler hungern nach religiöser Erfahrung. Dreißig Jahre Religionslehrer, in: Mitteilungen der Ev. Landeskirche in Baden 1990, Heft 5/6, 9-14.

10. Kapitel

Eva Heßler (geb. 1914) und die Gemeindepädagogik

Hans Bernhard Kaufmann hatte in der Umbruchzeit um 1968 ein besonderes Gespür für die kulturelle Situation gehabt. Er hat diese Situation aufgenommen und eigenständig weitergeführt. Eva Heßler hatte weitaus weniger Möglichkeiten, im Sinne gesellschaftlicher Veränderungen zu wirken: Sie musste sich vielmehr ihr ganzes Berufsleben lang mit dem totalitären Staat auseinandersetzen. Als sie 1979 in den Ruhestand ging, 10 Jahre vor der Wende, siedelte sie über in den Westen nach Hildesheim, wo sie noch heute lebt. Sie gehört nicht zu den »großen Namen«, die immer wieder in den Literaturangaben religionspädagogischer Aufsätze begegnen wie Stallmann und Kaufmann und sie soll hier auch nicht im Sinne der Frauenperspektive thematisiert werden wie Magdalene von Tiling, Ilse Peters und Liselotte Corbach (im 8. Kapitel). Eva Heßler steht vielmehr für die religionspädagogische Theoriebildung in der DDR von 1949-1990. Diese darf nicht nur aus historischen, sondern auch aus sachlichen Gründen nicht unbekannt bleiben. So hätte man auch die Überschrift »Eva Heßler und die DDR-Religionspädagogik« wählen können. Aber aus verschiedenen Gründen war gerade der Begriff »Religionspädagogik« in der DDR nicht gebräuchlich und zudem wird mit Eva Heßler der Begriff »Gemeindepädagogik« verbunden. Man kann Eva Heßlers Namen in allen Grundsatzbeiträgen zum Thema der »Gemeindepädagogik« finden, weil sie den Begriff 1974 geprägt hat. Dies ist Anlass genug, in einem Buch, dem (wie der gesamten religionspädagogischen Diskussion) leicht die alleinige Konzentration auf den schulischen Religionsunterricht in Westdeutschland droht, auch auf die Theorie des Lernortes Gemeinde einzugehen. Eva Heßler in den Mittelpunkt dieses Kapitels zu stellen bietet sich auch deswegen an, weil der Begründer der ostdeutschen Katechetik, Otto Güldenberg, gerade in einer Monographie ausführlich dargestellt wurde (Hoenen 2003).

In der DDR gab es zu einer gemeindlichen Religionspädagogik keine Alternative; es war nur die Frage, auf welchem pädagogischen Niveau die von der Schule entfernte Theorie des Lernens argumentieren würde. Eva Heßler stellte sich den schwierigen Grundfragen des Verhältnisses von Pädagogik und Theologie und drang tief in die Probleme ein. Ihre Texte sind darum nicht einfach zu lesen. Bevor wir uns Eva Heßlers Vita zuwenden, einleitend ein Zitat aus dem Vortrag von 1974:

»Wenn die Theologie die Frage in Angriff nehmen muss, wie Gott zu denken ist, dann muß die Pädagogik ihrerseits die Frage in Angriff nehmen, wie das Reich Gottes zu machen ist. Beides scheint gleich möglich bzw. unmöglich zu sein [...] Die Theologie muss die Pädagogik als ihre Handlungswissenschaft begreifen lernen. Die Pädagogik muss sich der Theologie bedienen, sie beanspruchen. Das Verhältnis darf nicht additiv, sondern es muss integrativ gedacht werden.« (E. Heßler 1994 [1974], 16)

Der Naumburger Hochschule, der Eva Heßler angehörte, ist bescheinigt worden, dass sie sich bis zu ihrer Auflösung im Jahre 1993 »als Anwalt der Beziehung zwischen Theologie und Pädagogik und der Wahrnehmung des kirchlichen Bildungsauftrages verstanden« hat (Hoenen 2003, 169).

1. Lehrerin und Religionspädagogin im NS-Staat und in der DDR

»Ich war mir selbst nie ein Thema« oder auch: »Ich hatte keine Zeit, über mein Leben nachzudenken«. So resümierte Eva Heßler etwa 1995, als Christa-Maria Rahner als Autorin sie für den Beitrag in dem von Annebelle Pithan herausgegebenen Band befragte. Die Wahrnehmung des eigenen Lebens trat für Eva Heßler ganz hinter das Bemühen zurück, religionspädagogische Möglichkeiten auch unter den Bedingungen des totalitären Staates zu bewahren.

Ihr Abitur machte sie, die Pfarrerstochter aus Burgholzhausen (ca. 25 km von Naumburg), wenige Wochen nach dem Beginn der NS-Zeit, im Februar 1933. Da die Mutter erblindet ist, bleibt sie nach dem Abitur zu Hause und übernimmt den Haushalt, in dem noch die ältere Schwester lebt. Von 1934 bis 1936 sammelt sie dann erste pädagogische Erfahrungen als Hauslehrerin auf einem Gut in der Nähe (obwohl es den Stand der »Hauslehrerin« damals gar nicht mehr gibt, setzt die Gutsherrin das beim Schulrat durch). Nach einem halben Jahr (damals noch freiwilligem) Arbeitsdienst absolviert Eva Heßler 1936-1938 ein Studium an der Hochschule für Lehrerinnenbildung in Schneidemühl in Westpreußen. Sie erwirbt auch die Religionsfakultas und legt außerdem die Prüfung als Chorleiterin und Organistin ab. Ab 1938 ist sie Lehrerin an der Pestalozzischule in Bitterfeld (eine Volksschule), 1941 macht sie die 2. Prüfung.

An dieser Stelle ist die Situation des Religionsunterrichts im NS-Staat mit wenigen Strichen zu umreißen (näher s. dazu Kraft, 5-24): Die Entwicklung verlief vom ursprünglichen Plan eines »Zwangs-RU« zu immer stärkeren Restriktionen. Zunächst hatte der Staat die Kirchen durch besondere Religionsfreundlichkeit zu täuschen versucht. Dazu gehörte der Gesetzentwurf über einen zwangsweisen Religionsunterricht für alle »Arierkinder« vom Juli 1933. Die Deutschen Christen in den Kirchenleitungen (aber nicht nur sie) waren sehr von dieser Idee angetan. Viele hofften, auf diese Weise könnte man die religiöse und die völkische Erziehung zusammenführen, so dass die Kirchen einen großen Einfluss bei der Erziehung im neuen Staat erhalten würden. Das Gesetz ist niemals Realität geworden und bald stellte sich die Wahrheit heraus: Es handelte sich nur um eine vermeintliche Kirchenfreundlichkeit.

Die Entwicklung verlief ganz anders: von diesem 1933 geplanten Zwangs-RU zum faktischen Erliegen des RU, ohne dass jemals ein Verbot ausgesprochen worden wäre. Im »3. Reich« wurde der Religionsunterricht ab etwa 1935 vom nationalsozialistischen Regime umfunktioniert, an den ab 1937 errichteten Adolf-Hitler-Schulen durch Religionskunde ersetzt und durch die Aktivitäten des »Nationalsozialistischen Lehrerbundes (NSLB)« flächendeckend unterminiert. Der NSLB sprach sich ab 1935 zunehmend gegen eine Zusammenarbeit mit Pfarrern, gegen die Konfessionalität des RU und für die Abschaffung des Alten Testaments und der paulinischen Stoffe aus dem Religionsunterricht aus. Dabei kam das Schlagwort »Überwindung der Konfessionen« auf. Die Lehrerinnen und Lehrer wurden z.B. vom Regierungspräsidenten Hannovers zum 1. 4. 1936 aufgefordert, aus konfessionellen Jugendverbänden sofort auszutreten. Viele besonders Überzeugte legten daraufhin den RU nieder oder traten auch zusätzlich aus der Kirche aus (Quellennachweise bei Meyer-Blanck 1992, 185f.). Das entscheidende Ereignis war auch hier der Synagogenpogrom am 9. November 1938. So wie dafür angeblich der »spontane Volkszorn« verantwortlich sein sollte, so erging am 10. November 1938 eine Kundgebung des NSLB an die Religionslehrer mit den folgenden niederträchtigen Sätzen:

> »Auf Grund der Vorfälle der letzten Nacht fordert die Reichswaltung des NSLB alle NSLB-Mitglieder auf, den Religionsunterricht mit sofortiger Wirkung niederzulegen, da wir eine Verherrlichung des jüdischen Verbrechervolkes in den deutschen Schulen nicht mehr länger dulden können. Dem NSLB ist sofort Vollzugsmeldung zu machen.« (Kundgebung des NSLB an die Religionslehrer, zit. nach Bloth 1968, 258)

Laut Bericht des Reichserziehungsministeriums vom Januar 1939 hatten 80 % der Lehrer den RU niedergelegt. Ob die Zahlen stimmen oder zu hoch gegriffen sind (so Bloth 1968, 257) – damit war der RU zum Erliegen gekommen, noch vor dem Schwinden der Unterrichtsversorgung bei Kriegsbeginn am 1. September 1939. Eva Heßler hat im November 1938 gerade ihre Lehrerinnenstelle angetreten. Als die Aufforderung zur Niederlegung des RU in ihre Schule kommt, handelt es sich um ihre erste Konferenz:

> »Von den 25 Kollegen haben alle unterschrieben, ich fand es ›unlogisch‹, dass man uns vorwarf, im Religionsunterricht jüdische Propaganda zu betreiben. Von den Kollegen wurde ich heimlich gewarnt, die Folge war aber nur, dass ich nun in allen Klassen den RU übernehmen musste [...]. Die Frage war nur, ob er konfessionell gebunden oder unkonfessionell gegeben würde. Ich antwortete dem alten Rektor, mein Unterricht sei konfessionell gebunden. Er wurde übrigens im 3. Reich niemals offiziell abgeschafft, aber als der Krieg kam, wurde er zu den nicht kriegswichtigen Fächern gezählt und auf diese Weise praktisch nicht mehr erteilt.« (E. Heßler in einem Brief an den Vf. vom 21. Juni 2003)

Eva Heßler unterrichtet an unterschiedlichen Schulen und wird 1942 an die Lehrerbildungsanstalt (LBA) in Havelberg berufen. Dort befindet sich (in der Nähe von Wittenberge in Brandenburg) eine seminaristische Ausbildungsstätte, an der 14-16jährige Mädchen in zwei Jahren nach dem eigenen Volksschul- oder Mittelschulabschluss zur Lehrerin ausgebildet werden sollen. 16jährige Volksschülerinnen werden durch eine vier- bis fünfjährige seminaristische Ausbildung zu Lehrerinnen (davon sind die beiden ersten Jahre eine Art von Oberschule). Der Krieg, in dem viele Männer nicht mehr als Lehrer und als Studenten zur Verfügung stehen, führt zu solchen Lösungen und die akademisch gebildeten Frauen reichen offensichtlich nicht mehr aus, um den Bedarf zu decken. Eva Heßler ist noch nicht 29 Jahre alt und schon Mitglied im Kollegium dieser Lehrerbildungsstätte. Als eine

Kollegin ausscheidet, die für die BDM-Arbeit zuständig ist, übernimmt Eva Heßler diesen Posten. Dies wird ihr später negativ angekreidet. Die Anstalt jedenfalls bringt es gar nicht mehr zu Absolventinnen: Vorher ist der Krieg zu Ende. Havelberg wird als Lazarett gebraucht. Eva Heßler unterrichtet zunächst zu Hause im Pfarrhaus 30-35 Kinder im Lesen und Schreiben, später auch in Religion – alles das geht 1945 ohne staatlichen oder kirchlichen Auftrag.

Nach der 1946 erfolgten Trennung von Kirche und Staat (näheres dazu s. u.) wird Eva Heßler als »Kreiskatechetin« für den Kirchenkreis Eckartsberge benannt (drei Kleinstädte und 26 weitere Ortschaften). Sie besitzt aber noch keine Anstellungsfähigkeit und muss diese erst durch einen Vierteljahreskurs in den Fächern Pädagogik und Theologie am Katechetischen Seminar Naumburg erwerben. Nachdem sie das 1948 hinter sich gebracht hat, wird sie vom Provinzialkatecheten Otto Güldenberg an ein katechetisches Seminar nach Seehausen in der Altmark beordert, um dieses vor der Schließung zu Ende zu führen und 1950 wird sie als Dozentin für das Naumburger Seminar angefragt.

Seit 1949 nennt sich das gerade aus Wittenberg nach Naumburg verlegte Seminar »Katechetisches Oberseminar« (= »KOS«). Hier sollen die »A-Katecheten« ausgebildet werden, die mit Oberschülern arbeiten können (die Bezeichnung des höchsten Grades offensichtlich in Anlehnung an die »A-Musiker« in der Kirchenmusik). Im Laufe der Jahre bildet sich hier ein anspruchsvolles, zunächst 10 und dann 12 Semester dauerndes Studium heraus. Später kann man am Naumburger Seminar ein volles Theologiestudium absolvieren, denn ab 1952 dürfen die Studenten, die ihr Studium an einer westdeutschen Fakultät begonnen haben, nicht mehr an den DDR-Fakultäten studieren und die Wechsler aus dem Westen müssen im KOS (bzw. von den Kirchlichen Hochschulen in Leipzig oder in Berlin) aufgenommen werden. Der damalige Naumburger Student Eberhard Jüngel hat diesen Hochschulen in seiner Tübinger Abschiedsvorlesung im Februar 2003 ein schönes Denkmal gesetzt: »die Kirchlichen Hochschulen in der DDR waren intellektuelle Oasen in einer ideologischen Wüste. Hier konnte man denken. Hier lernte man denken.« (Jüngel 2003, 474)

Eva Heßler hat nur eine Religionsfakultas aus dem Volksschulseminar in Schneidemühl und lehrt plötzlich an einer theologischen Fakultät. Darum bietet man ihr einen zweijährigen Arbeits- und Studienurlaub von ihrer Dozentur an. 1955 erhält sie diesen Urlaub und studiert zwei Semester an der Kirchlichen Hochschule Berlin und drei Semester in Greifswald. Sie muss zunächst die drei alten Sprachen lernen – mit inzwischen 41 Jahren. Man erwartet von ihr die Promotion. Es ist eine erstaunliche Leistung, was sie schafft: In zwei Jahren lernt sie die drei alten Sprachen und absolviert das Theologiestudium. 1957 kehrt sie nach Naumburg zurück und beginnt an ihrer Dissertation zu arbeiten und ab 1959 unterrichtet sie wieder. Die Dissertation im Alten Testament ist fast fertig und die Promotion erfolgt 1961. Das Thema der Dissertation wird ihr von Claus Westermann gestellt und die Arbeit wird von Alfred Jepsen in Greifswald betreut: »Gott der Schöpfer. Ein Beitrag zur Komposition und Theologie Deuterojesajas«.

Von 1961 bis 1979 ist Eva Heßler als promovierte Dozentin am Naumburger Seminar tätig. Das Rektorat wechselt jährlich und zweimal ist sie Rektorin der Hochschule. In diesem Zusammenhang hält sie 1974 auch die Rektoratsrede, die immer wieder als unveröffentlichtes Ms. zitiert wird, weil darin der später programmatische Begriff »Gemeindepädagogik« zwar mehrfach, aber doch eher am Rande begegnet. Am Schluss des biographischen Abschnittes stehe eine kleine Einzelheit, die Heßlers theologischen Eros deutlich macht: Als sie im Ruhestand 1980 nach Hildesheim gezogen ist, beginnt sie nochmals an dem Dissertationsthema zu arbeiten, weil sie den Eindruck hat, vorher noch nicht tief genug vorgedrungen zu sein. Sie schreibt das Ganze neu und das Buch erscheint 1988 unter dem Titel: »Das Heilsdrama. Der Weg zur Weltherrschaft Jahwes (Jes 40-55)«.

2. »Christenlehre«, »Konfirmierendes Handeln«, »Gesamtkatechumenat«: Zur Religionspädagogik in der DDR

Parallel zu den Restriktionen des NS-Regimes begann die Kirche – jedenfalls auf der konzeptionellen Ebene – bereits Ende der dreißiger Jahre mit einer Ausweitung ihres Unterrichtes. Theoretisch sprach man von der Entwicklung des »Gesamtkatechumenats« – einem kirchlichen Unterricht, der die Konfirmandenunterrichtszeit ausdehnen wollte. Man formulierte die Bedeutung des gemeindlichen Lernens für das Ganze der Entwicklung bis zum Erwachsenenalter. Diese Sicht des Gesamtkatechumenates wurde etwa von Martin Doerne (1900-1970) in seinem Buch »Neubau der Konfirmation« von 1936 formuliert (Doerne war seit 1934 Professor für Praktische Theologie in Leipzig und dann ab 1947 in Rostock, Halle und Göttingen). Ein weiterer wichtiger Bezugspunkt ist die religionspädagogische Arbeit der Bekennenden Kirche und Oskar Hammelsbecks (1899-1975) Buch »Der kirchliche Unterricht« von 1939 (Hammelsbeck war kein studierter Theologe, sondern pädagogischer und theologischer Autodidakt, wurde dann aber der wichtigste Mann für Unterrichtsfragen in der preußischen Kirche; 1944 als Pfarrverweser in Falkenhagen/Lippe ordiniert, wurde er 1946-1975 Direktor der Pädagogischen Akademie in Wuppertal).

An die Überlegungen während der Zeit des Nationalsozialismus kann die Kirche in der DDR nach 1946 anknüpfen, ohne diese einfach zu kopieren, wie neuere Quellenstudien nachweisen (Hoenen 2003, 172). Besonders Otto Güldenberg ist es wichtig, auch in der ostdeutschen Situation den öffentlichen Bildungsanspruch zu betonen und den Bezug zum schulischen Lernen nicht zu verlieren. Das Ende des schulischen Religionsunterrichtes empfindet man als Verlust und man befürchtet bei der Fortsetzung der Konzepte aus der Zeit der Bekennenden Kirche einen innerkirchlichen Rückzug und damit eine Klerikalisierung (Hoenen 2003, 165f.). Zunächst sieht es aber noch nicht danach aus. 1946 wird in der Sowjetischen Besatzungszone das »Gesetz zur Demokratisierung der Schule« verabschiedet. Dort heißt es in § 2:

> »Die schulische Erziehung der Jugend ist ausschließlich Angelegenheit des Staates. Der Religionsunterricht ist Angelegenheit der Religionsgemeinschaften [...]. Die Form des öffentlichen Erziehungswesens ist [...] die demokratische Einheitsschule.« (Gesetz zur Demokratisierung der deutschen Schule [SBZ 1946], § 2, zitiert nach Reiher 1992, 11)

Ähnlich heißt es dann in den Länderverfassungen 1947 und in der DDR-Verfassung von 1949:

> »Das Recht der Kirche auf Erteilung von Religionsunterricht in den Räumen der Schule ist gewährleistet. Der Religionsunterricht wird von den durch die Kirche ausgewählten Kräften erteilt. Niemand darf gezwungen oder gehindert werden, Religionsunterricht zu erteilen. Über die Teilnahme am Religionsunterricht bestimmen die Erziehungsberechtigten.« (DDR-Verfassung 1949, Art. 44)

Diese Regelung entspricht der Praxis des Landes Berlin bis heute: Religionsunterricht in den Räumen der Schule, erteilt durch Katechetinnen, die durch die Kirche ausgebildet werden. De iure bezahlt der Berliner Senat nur Heizung, Reinigung und Licht, de facto aber gibt er Zuschüsse zur Bezahlung der Lehrkräfte in der Höhe von etwa 80 % der Personalkosten. So ist es anfänglich auch in der DDR. Zunächst hatte man dort beschlossen, keine Jugendweihe einzuführen: Dies entsprach dem Geist der eben zitierten DDR-Verfassung von 1949. Offensichtlich schätzte man zunächst die Kirche auch als ehemaligen Verbündeten gegen den Ungeist des Nationalsozialismus. Doch die Entwicklung verlief bald anders: Die SED verändert ihr Konzept der Koexistenz von Kirche und Partei ab dem Jahr 1954. Seitdem kommt es zu einer konsequenten Gegnerschaft der Partei gegenüber der Kirche. Jetzt will die Parteiführung die planmäßige Erziehung der Jugend im Sinne der SED und sucht die Konfirmation als die am besten eingeführte Sitte zu untergraben, indem sie zur Jugendweihe aufruft und diese dann zügig durchsetzt (Grethlein 1994, 189ff.). Die Akzeptanz ist schnell vorhanden. Bereits 1954/55 nehmen 17,7 % der in Frage kommenden Jugendlichen an der Jugendweihe teil, 1983 sind es dann schließlich 97 %. Die Einladung zur bzw. die Vorbereitung der Jugendweihe erfolgt vor allem in Zusammenarbeit mit den Schulen. Dies ist bis heute noch zum Teil Praxis in den neuen Bundesländern und für die Kirchen ein Ärgernis. Anfänglich stellt die Kirche die Jugendlichen vor die Alternative der Teilnahme an der Konfirmation oder an der Jugendweihe. Später wird ein Jahr nach der Jugendweihe konfirmiert. (Nach 1989 wurde das Konfirmationsalter wieder an das Ende des 8. Schuljahres gelegt – obwohl die Konfirmation mit 15 Jahren aus entwicklungspsychologischer Sicht sehr viel angemessener wäre).

Die Konfirmandenarbeit samt Konfirmation war in der DDR in den Kontext der übrigen Unterweisung der Gemeinde gestellt. Sie bildete nur eine Phase des Unterrichtes, der nun in der Gemeinde stattfand. Der Unterricht insgesamt bekam den Namen »Christenlehre« und die bis heute erscheinende Zeitschrift »Die Christenlehre« erinnert noch daran (sie hat ihren Namen aus DDR-Zeiten beibehalten, obwohl sie sich jetzt auch mit dem RU in der Schule beschäftigt). Später fasste man die Christenlehre (Kl. 1-7, erteilt wesentlich durch Katechetinnen, die in der Praxis häufig Pfarrfrauen waren) und den Konfirmandenunterricht (Kl. 8-9) samt der späteren Jugendarbeit, die man in der Regel »Junge Gemeinde« nannte, unter dem Namen »Konfirmierendes Handeln der Gemeinde« zusammen. Damit hatte man auf der theoretischen und begrifflichen Ebene einen Gedanken des 19. Jahrhunderts und des Kirchenkampfes wieder aufgenommen und zielstrebig vertieft: den Gedanken des »Gesamtkatechumenates«. Dieser Begriff ist nicht besonders schön und schon Oskar Hammelsbeck vermied ihn darum und sprach lieber von der »Einheit des kirchlichen Unterrichts«. Der Begriff meint jedoch nichts anderes, als dass die verschiedenen Bildungsbemühungen in der Gemeinde nicht einfach nebeneinander herlaufen sollen, sondern aufeinander zu beziehen sind. Die Lehrplanentwicklung, die sonst von den staatlichen Stellen vorangetrieben wird, musste in der DDR zur Aufgabe der Kirchen werden. Alles, was an religiöser Unterweisung geschah, erfolgte in ihrer alleinigen Verantwortung.

Unterschiedlicher Meinung war man darüber, inwieweit die gemeindliche Unterweisung der schulischen Bildung entsprechen oder etwas völlig anderes sein sollte. Das didaktische Denken aber war bis zum DDR-»Rahmenplan« von 1977 generell (wie in Westdeutschland bis 1970) von der Bibel- und Stofforientierung geprägt (Reiher 1992, 13 und Hoenen 2003, 175). Die Position von Martin Rang, der ja in der NS-Zeit auch den schulischen RU als *kirchlichen* Unterricht definiert hatte, setzte sich in KU und Christenlehre durch. Man erinnere sich jedoch, dass Rang seinem eigenen »Handbuch für den biblischen Unterricht« nach 1945 eher mit Skepsis gegenüberstand, weil er dieses nur als Konzept für die Bedrängnis in der NS-Zeit gedacht hatte; aber da die Situation in der DDR dann schnell ähnlich zu werden begann, ist die Rezeption von Rangs Buch von 1939 in der DDR nach 1946 gut verständlich. Rangs Ansatz von 1939 entsprach zunächst ja auch geradezu dem zitierten Artikel 44 der DDR-Verfassung von 1949: Die Kirche in der Schule erteilt den RU (dazu passt Rangs immer wieder zitierte Formel: »Der Religionsunterricht ist Kirche in der Schule« [Rang Bd. 1, 106, dort gesperrt]). Später war dann alles anders: In der neuen DDR-Verfassung von 1968 ist vom RU gar nicht mehr die Rede.

In der Didaktik der »Christenlehre« lassen sich die westdeutschen religionspädagogischen Konzeptionen gut wiedererkennen, wobei zusammenfassend folgende Punkte als Nuancen wichtig sind:

- Bestimmend war in der DDR der Gedanke des Gesamtkatechumenates.
- Die Auseinandersetzung mit der Jugendweihe ab 1954 war ein wichtiger Einschnitt.
- Die Bibelorientierung ging in den siebziger Jahren vehement in die Problemorientierung über, die hermeneutische Phase hat sich nicht durchsetzen können (und auch in der BRD hatte dieses Konzept nur gymnasiale Bedeutung erlangt).

Ähnlich wie schon in der Zeit der Bekennenden Kirche wurde der Unterricht insgesamt von der Gemeinde organisiert. Der Unterschied bestand aber darin, dass in der DDR (anders als 1933) klare Verhältnisse herrschten und dass die Kirche von daher schnell damit begann, eine eigene religionspädagogische Infrastruktur auszubilden. Seit dem Gesetz von 1946 war klar: Es wird kein Studium der Religionspädagogik an staatlichen Fakultäten geben. Darum richtete die Kirche möglichst viele katechetische Ausbildungsstätten ein, um den Bedarf flächendeckend sicher zu stellen. Zunächst unterrichteten auch noch Religionslehrer in der kirchlichen »Christenlehre«, bald aber waren es nur noch die kirchlich ausgebildeten Katechetinnen.

Das Seminar in Naumburg hatte die Besonderheit, dass dort die Oberschulkatecheten ausgebildet werden sollten, diejenigen, die dazu in der Lage waren, mit Jugendlichen auch die schwierigen theologischen Fragen zu bearbeiten. Die in Naumburg Ausgebildeten übernahmen in der Regel auch übergemeindliche katechetische Ämter. Aus der theoretisch anspruchsvollen Naumburger Arbeit ergab sich konsequenter Weise auch die theoretische Beschäftigung mit den Grundfragen von Theologie und Pädagogik. So entstand Eva Heßlers Begriff »Gemeindepädagogik«.

3. »Gemeindepädagogik«

3.1 Die Entstehung des Begriffes

Eva Heßler hatte sich schon immer mit dem grundsätzlichen Gespräch zwischen Theologie und Pädagogik beschäftigt. So hatte sie 1967 den damals neuen und positiv aufgenommenen »Hermeneutischen Religionsunterricht« diskutiert (vgl. dazu Kap. 7 zu Stallmann). In einem Aufsatz von 1967 stellt Eva Heßler fest: Der hermeneutische Ansatz ist zu kognitiv für Christenlehre und KU (in der »Christenlehre« 1967, im Folgenden zitiert nach Reiher 1992, 84-93). Heßler schreibt, das Hin- und Herfragen zwischen dem historischen Jesus und dem kerygmatischen Christus führe zu »einem unheimlichen Vexierspiel« (90).

Sie benennt in diesem Zusammenhang zunächst das grundlegende Spannungsfeld zwischen Glaube und Lernen, mit dem sich jeder Religionspädagoge zeitlebens auseinandersetzen muss. Heßler stellt zwei grundsätzliche Tatbestände fest: 1. Der Glaube kann nicht durch Unterricht erreicht werden. Das widerspricht dem Charakter des Glaubens: »Der Katechet hat erst lernen müssen, dass er den Glauben nicht erst als Unterrichtsziel planen kann, dass er sich also nicht methodisch bewirken lässt.« (85) Entwicklungspsychologisch gilt: »Das Kerygma lässt sich in seinem zentralen Gehalt weder steigern noch ›wegstufen‹ – das weiß jeder Katechet, der sich mit der Stufungsproblematik befasst hat –, sondern hier gilt nur Ja oder Nein, Sagen oder Nichtsagen.« (85)

Damit handelt es sich auch um eine mit Gerhard Bohne vergleichbare Konzeption: Das Evangelium ist eine »Störung« (so Bohne) vertrauter pädagogischer Kategorien wie etwa der Kategorie der Altersstufen. Auch eine entwicklungsfähige religiöse Anlage des Kindes wird von Heßler klar abgelehnt. Man finde beim Kind erst dann Spuren von Religiosität oder von Glauben, wenn ihm dazu von außen eine Veranlassung gegeben worden ist. Bekanntlich wurde diese Frage im Anschluss an Schleiermachers 3. Rede über die Religion von 1799 immer wieder kontrovers diskutiert (»Der Mensch wird mit der religiösen Anlage geboren wie mit jeder andern, und wenn nur sein Sinn nicht gewaltsam [...] verrammelt wird – [...] so müsste sie sich auch in jedem unfehlbar auf seine eigne Art entwickeln [...]« (3. Rede

1799, O.P. 144). Eva Heßler votiert klar für die dialektisch-theologische Sichtweise: Sie bestreitet die religiöse Anlage als menschliche Gegebenheit. Die Veranlassung zum Glauben muss »von außen« kommen: Damit ist die Grundvorstellung der Verkündigungskonzeption angesprochen.

Dem entspricht auch das Lernverständnis. Heßler votiert neben anderem auch für das Lernen im Sinne von Textlernen bzw. Auswendiglernen. Sie meint, dass man aus Angst vor dem alten Memoriermaterialismus nun gar nichts mehr lernen lasse und hält dies für falsch. Die Voraussetzung, man dürfe nur das lernen, was man verstanden habe, führe dazu, dass gar nichts mehr gelernt werde.

Auch hiermit ist ein bleibendes Problem angesprochen. Der Mensch lernt das Verstandene besser als das Unverstandene. Das gilt schon lernpsychologisch im einfachsten kognitiven Sinne: Die Folge »Haus – Auto – Dach – Teppich – Baum – Frau – Garten – Gesicht« lernt sich sehr viel schwerer als die Folge »Ball – Fenster – Scherben/Mann – Wut – Aussprache/Ersatz – Versöhnung«. *Einsicht* ist der wichtigste Lernfaktor. Aber mit diesen Beispielen gilt das nur für das kognitive Behalten von Fakten. Was ist mit der *Einsicht* in die Struktur religiöser Erfahrung? Dabei hilft das Lernen von Fakten ja nicht weiter, sondern nur das eigene Durchdringen und Verstehen, das Identifizieren von Erfahrung. An diesen Zusammenhang werden die symboldidaktischen Ansätze anknüpfen (dazu s. Kapitel 11).

Eva Heßlers Verständnis von religiösem Lernen ist 1967 nahe an der Verkündigungskonzeption und steht dem hermeneutischen RU kritisch gegenüber. Das ist insofern verständlich, als es in der DDR keine Oberstufendidaktik gegeben hat. Das Oberseminar in Naumburg bildete praktisch die Kreiskatecheten aus, die wiederum die Katecheten für die Klassen 1-7 begleiteten und die gymnasiale Oberstufe war für die Didaktik der Christenlehre kein realer Hintergrund. Von daher vollzog sich die Entwicklung unmittelbar von der Verkündigungskonzeption zur Problemorientierung (»Rahmenplan« von 1977).

Eva Heßlers viel erwähnte Gemeindepädagogik-Rede von 1974 wurde erst 1994 an entlegener Stelle publiziert. Bis dahin war sie immer nur als Vervielfältigung zitiert worden (so noch Grethlein 1994, 7). Es handelte sich jedoch nicht um eine Rede, die die Gemeindepädagogik *programmatisch* als Forderung in Titel und Durchführung enthielt. Es ging Eva Heßler darin vielmehr um immer wieder dieselbe Grundfrage, um das Verhältnis von Theologie und Pädagogik an demjenigen pädagogischen Lernort, der in der DDR der wichtigste war, in der Gemeinde. Bei Heßler steht der Begriff »Gemeindepädagogik« für die religionspädagogische Grundsatzreflexion. Alle späteren kirchenreformerischen, methodischen und berufsspezifischen Programme, die sich mit dem Begriff verbinden, hat sie nicht im Blick. Sie schreibt rückblickend, sie habe »das Wort ›Katechumenat‹ sozusagen eingedeutscht – weiter nichts«. Denn der Begriff »Katechumenat« habe oftmals falsche Assoziationen geweckt und der Begriff der »Religionspädagogik« sei ihr zu »ungenau« gewesen – sollte es doch »gezielt um Gemeinde gehen« (E. Heßler, Brief an den Vf. vom 21. Juni 2003).

Eva Heßler bleibt die Volksschulpädagogin, die das Unterrichten »von der Pike auf« gelernt hat, die exegetisch promoviert hat und im höchsten Grade engagierte biblische Theologin ist. Darum geht es ihr, während über Westdeutschland um 1970 schon die Curriculumdebatte samt der religionspädagogischen Problemorientierung hinweggefegt ist. Damit ergibt sich eine gewisse Parallele zu der vier Jahre älteren Liselotte Corbach.

Um noch einmal an das dieses Kapitel einleitende Zitat zu erinnern: Die Theologie soll die Pädagogik als ihre Handlungswissenschaft begreifen lernen. Die Pädagogik muss sich der Theologie bedienen, sie beanspruchen. Das Verhältnis soll von beiden nicht additiv, sondern integrativ gedacht werden. Warum ist diese Selbstverständlichkeit eigens zu betonen? Heßler sieht sich um 1974 vor einem Dilemma als Pädagogin und Theologin. Die Theologie der »Problemorientierung« kann sie nicht mitmachen, aber auch die alten dialektisch-theologischen Antworten sind für die pädagogische Praxis nicht hilfreich:

> »Wir haben eine ›Theologie ohne Gott‹, eine Art Sozio-Theologie. Sie ist unkirchlich, schulfreudig, lässt sich scheinbar leicht in ›Lernprozesse‹ umsetzen, ist aber substanzarm, neigt zu moralisierender Verflachung und wird auch und gerade in Form von Pädagogik steril. Wir haben eine ›Theologie mit Gott‹ älterer Herkunft. Sie macht es der Pädagogik schwer, [...] doch erweist sich das oft mühevolle Ringen mit ihr als fruchtbar. Allerdings neigt sie dazu, zwischen sich und der Pädagogik eine Barriere aufzurichten und hält die Verbindung von Theologie und Pädagogik für eine grundsätzliche Fehlentscheidung.« (E. Heßler 1994 [1974], 15)

Für die Rede ist das grundsätzliche Engagement charakteristisch. Theologie und Pädagogik sollen aufeinander verwiesen sein. Genau dies sage eigentlich der alte Ausdruck »Katechetik«. Aber anstelle dieses alten Ausdrucks für das pädagogische Handeln der Kirche schlägt Heßler nun den Begriff »Gemeindepädagogik« vor, wahrscheinlich vor allem deswegen, weil das Wort »Katechetik« zu altertümlich erscheint und nicht den Begriff »Pädagogik« enthält. Heßler definiert:

> unter »Katechetik verstehen wir eine Disziplin der Praktischen Theologie, die einen pädagogischen Auftrag der Kirche verwaltet. Auf Grund der Tradition versteht man darunter meist die Verwaltung des Unterrichtswesens, wofür nach heutigem Sprachgebrauch eine ›theologische Didaktik‹ zuständig wäre. Um ein umfassenderes Verständnis zu ermöglichen, schlagen wir den Ausdruck ›Gemeindepädagogik‹ vor.« (16)

Es geht Heßler selbstverständlich nicht um bloße Begriffe, sondern um eine pädagogisch denkende Theologie. Ebenso lehnt sie eine lediglich formale Pädagogik ab: Diese sei nicht nur Didaktik oder gar nur Methodik des Unterrichts. Bei dieser Argumentation steht die im letzten Kapitel beschriebene lernzielorientierte Pädagogik um 1970 im Hintergrund. Diese hält Heßler für eine Pädagogik, »die sich selbst nicht mehr recht helfen kann« (20). Die Gemeindepädagogik als ein grundsätzliches und als ein theologisch gefülltes Konzept von Pädagogik könne jedoch der entleerten, der nur formalen Allgemeinen Pädagogik der Gegenwart aufhelfen, ihre Anthropologie wiederzufinden. Letzteres steht nicht explizit in Heßlers Text, aber man wird es so zu interpretieren haben. Die rein empirische Erziehungswissenschaft, die um 1970 das Feld beherrschte, neigte dazu, vor lauter Analyse und Zielbestimmung nicht mehr zu wissen, was sie eigentlich selbst für ein Bild vom Leben und vom Menschen hat. Heßler schärft stattdessen ein:

> »Der Glaube hat mit der Pädagogik mindestens das gemeinsam, dass sich beide zum Schutz und zur Hilfe gefährdeten Lebens aufbieten lassen. [...] Denn die Pädagogik kann wohl ohne Optimismus auskommen, [...] aber nicht ohne Hoffnung. Die Theologie kann die Pädagogik wieder handlungsfähig machen; das hat sie zur Zeit nötig.« (21)

Heßlers damaliger Beitrag ist also zeitkritisch. Wenn er überschrieben ist mit »*Zeitgemäße* Gedanken über das Verhältnis von Theologie und Pädagogik«, dann ist er für die westdeutsche Diskussion eher unzeitgemäß. Im Zusammenhang der stürmischen Rezeption der curricularen Pädagogik in der westdeutschen Religionspädagogik mahnt Heßler damit den Beitrag der Theologie zur Allgemeinen Pädagogik an. Enno Rosenbooms Argumentation für die Gemeindepädagogik in Westdeutschland argumentierte genau andersherum: Ihm ging es gerade darum, dass die Lernzieldebatte auch in der Theorie des Konfirmandenunterrichts und Gemeindearbeit rezipiert werden sollte wie bereits in der Schule.

Wenn man genau hinguckt, dann taucht der Begriff »Gemeindepädagogik« im selben Jahr 1974 nicht nur unabhängig voneinander in West- und in Ostdeutschland auf, sondern auch mit nahezu konträren Stoßrichtungen. Man wird sagen können, dass Heßlers grundsätzliche Sicht der Dinge und ihr theologisches Engagement aus heutiger Sicht weniger Innovationspotenzial, aber mehr bildungstheoretische Substanz enthält als viele westdeutsche begeisterte Aufnahmen der Lernzielorientierung.

Das theologische Engagement Heßlers und des Naumburger Kollegiums führte wenige Jahre später übrigens zu einer der schärfsten Kontroversen der DDR-Religionspädagogik. Der »Rahmenplan für die Arbeit mit Kindern und Jugendlichen (Konfirmanden)« von 1977 folgte sehr stark der westdeutschen Problemorientierung. Das Kollegium des Naumburger Oberseminars legte ein äußerst kritisches Gutachten zu diesem Plan vor (abgedruckt bei Schwerin 1989, 114-119). Darin wird dem Rahmenplan vorgeworfen, bei ihm handele es sich »um eine die biblische Überlieferung funktional interpretierende Theologie und eine an Lernzielen orientierte Didaktik« (114). Es werde darin »doktrinär« allein demjenigen Relevanz zugemessen, was in der Gegenwart anthropologisch entfaltet werden könne. Jesus werde so »Chiffre für soziale Wert- und Verhaltensmuster« und sei keine geschichtliche Gestalt mehr (118). Das Gutachten schließt mit dem Fazit, der Rahmenplan könne nicht empfohlen werden. Daran schloss sich eine ausführliche Diskussion in Ostdeutschland, aber auch in Westdeutschland an.

3.2 Unterschiedliche Verständnisse von »Gemeindepädagogik«

Das Interessante in konzeptioneller Hinsicht besteht darin, dass der Begriff Gemeindepädagogik im Jahr 1974 unabhängig in der DDR und in der BRD aufkam. Neben Eva Heßler war es der Hamburger Oberkirchenrat Enno Rosenboom, der 1974 eine pädagogische Innovation auch der gemeindlichen Arbeitsfelder (vor allem des KU, des Kindergottesdienstes und der Erwachsenenbildung) forderte.

In dem programmatischen Aufsatz von Enno Rosenboom 1974 waren folgende Punkte wichtig:

- die schulische Curriculum- und Lernzieldebatte gehe bisher am kirchlichen Unterricht vorbei;
- die Pädagogik in der Gemeinde drohe darum zum Tummelplatz von Dilettanten zu werden;
- die Elementarisierung des christlichen Glaubens gelinge nicht mehr;
- die Gemeinde müsse aber in der Gegenwart über pädagogisch qualifizierte Mitarbeiter verfügen.

Bei diesen Punkten ist an die Curriculumdiskussion der siebziger Jahre zu denken, die uns im letzten Kapitel beschäftigte. Aber die Forderungen Rosenbooms blieben darüber hinaus von Bedeutung. Der Begriff und das mit der »Gemeindepädagogik« Gemeinte gewann langfristig an Zustimmung und Bedeutung: Auch das Lernen in der Gemeinde muss pädagogisch sorgfältig reflektiert werden. 1980 nahm auch Karl Ernst Nipkow den Begriff in differenzierter Weise auf. Den dritten Band seiner »Grundfragen der Religionspädagogik« nannte er »Gemeinsam leben und glauben lernen«. Er warnte darin vor einer behavioristischen Engführung des Lernbegriffes und fragte kritisch: »Soll etwa alles Reden und Handeln in der Gemeinde pädagogisiert werden?« (241) Hier reagiert Nipkow wohl schon auf die von anderen vorgebrachte Kritik.

Kirchenpolitisch bedeutsam wurde der Begriff in der DDR durch den Beruf des »Gemeindepädagogen«, der in der Ausbildungskonzeption des Bundes Evangelischer Kirchen in der DDR von 1973-1975 entstand. Der einzelnen Gliedkirche des DDR-Kirchenbundes wurde es dabei überlassen, ob zum Dienst des Gemeindepädagogen auch die öffentliche Wortverkündigung und die Verwaltung von Taufe und Abendmahl gehören sollten (so im Kirchengesetz über die dienstrechtlichen Verhältnisse der Gemeindepädagogen von 1981, s. Adam/ Lachmann 1987, 66f.).

Eine parallele Entwicklung gibt es in Westdeutschland. Wird programmatisch immer wieder das Jahr 1974 mit den beiden Vorträgen von Heßler und Rosenboom genannt, so ist der Begriff »Gemeindepädagogik« als solcher schon älter. Er wurde erstmals 1969 verwendet im Zusammenhang der Frage nach der Zukunft der Höheren Fachschulen (später wurden diese dann Fachhochschulen genannt). Dabei handelt es sich um den berufsspezifischen Diskussionszusammenhang. Man suchte damals für den Beruf der »Gemeindehelferin« oder des »Diakons« einen anderen Namen und eine höhere Qualifizierung. Dieser Plan wurde in den achtziger Jahren verwirklicht, als die Fachhochschulstudiengänge »Gemeindepädagogik« entstanden.

Die »Diakone« oder »Gemeindehelferinnen« wurden jetzt auch mit humanwissenschaftlichen Inhalten (Soziologie, Psychologie, Pädagogik) vertraut gemacht. Besonders die Fähigkeit zur Leitung von Gruppen und Kleingruppen war das Ausbildungsziel. Das verschaffte diesen hauptamtlich Tätigen in der Gemeinde neben dem Pfarramt ein ganz neues Selbstbewusstsein. Die Zusammenarbeit von Pfarrerinnen und Pfarrern mit den Gemeindepädagoginnen/Gemeindepädagogen wurde damit aber nicht unbedingt leichter. Denn nach der Ordnung der meisten Landeskirchen blieb das Pfarramt die im Dienst vorgesetzte Instanz. Als die Diakone/Gemeindepädagogen noch fraglos in der zweiten Reihe standen, war das Zusammenleben einfacher. Doch die an der Fachhochschule selbstbewusst Gewordenen ließen sich eine pfarramtliche Gängelung nicht mehr so leicht bieten. Die psychologische und gruppendynamische Ausbildung (z. B. in der »Themenzentrierten Interaktion« von Ruth Cohn, »TZI«) verschaffte ihnen Möglichkeiten, sich durchzusetzen.

Ich fasse diesen Abschnitt damit kurz zusammen:

»Gemeindepädagogik« kann meinen:

1. die *grundsätzliche* Frage nach dem Verhältnis von Verkündigung und Pädagogik wie bei Heßler;
2. die *didaktische* Forderung nach der Berücksichtigung neuerer pädagogischer Einsichten auch für die Gemeindearbeit (so vorwiegend in Westdeutschland bei Enno Rosenboom);
3. die *ekklesiologische* Vorstellung der Kirche als einer »Lerngemeinschaft«;
4. die *berufsspezifische* Bezeichnung eines Studienganges (Gemeinde-

pädagogik-Ausbildung an kirchlichen Ausbildungsstätten in der DDR und an kirchlichen Fachhochschulen in Westdeutschland).

Theologisch und didaktisch bleibt die Definition der Gemeindepädagogik bedeutsam, die Jürgen Henkys in der DDR 1979/80 formuliert hat:

> »Gegenstand der Gemeindepädagogik ist die konkret erscheinende christliche Gemeinde, [...] von deren pädagogisch zu verantwortender Deutung und Klärung, Verdichtung und Steuerung nach menschlichem Ermessen abhängt, ob heranwachsende Christen selbständig und selbständige Menschen Christ werden.« (J. Henkys 1979/80, zit. nach Adam/Lachmann 1987, 57)

Gerade weil es *nicht* das Ziel religiöser Bildung in der Schule sein kann, dass Menschen Christen werden, bietet diese Definition Gesprächsmöglichkeiten mit der schulischen Religionsdidaktik.

3.3 Zur theologischen Kritik des Begriffes von »Gemeindepädagogik«

Die theologische Kritik am Konzept der Gemeindepädagogik wurde von verschiedenen Seiten vorgetragen, besonders in Westdeutschland. Schon 1976 bemängelte Eberhard Jüngel (der ehemalige Naumburger Student) als Systematiker in einem Vortrag vor der Synode der EKU (Ev. Kirche der Union), dass der Gedanke von der Kirche als Lerngemeinschaft ekklesiologisch einseitig sei:

> »Die Kirche ist jedenfalls erst in zweiter Linie eine Lerngemeinschaft und sollte sich von der Diktatur der Pädagogik, unter der sie zur Zeit zweifellos steht oder vielmehr von einem Lernziel zum anderen hastet, entschlossen freimachen.« (E. Jüngel 1976, zit. nach Grethlein 1994, 28)

Der Hintergrund dürfte allerdings der damals aktuelle und im letzten Kapitel beschriebene Lernbegriff gewesen sein, der vom Machbarkeitsgedanken, von der behavioristischen Operationalisierung geprägt war.

Ebenfalls kritisch und in sehr bissiger Formulierung nahm der Göttinger Religionspädagoge Christoph Bizer zur Gemeindepädagogik

Stellung. Er befürchtete, dass hier eine bestimmte Gruppe von Kirchenreformern das eigene Bild von Gemeinde ideologisch überhöht und anderen aufzwingt. Die Vorstellung einer Kirche, die sich aus selbstbestimmten Gruppen von unten her aufbaut, drohe den Glauben zum Werk zu machen: Evangelisch sein sei dann eben etwas ähnliches wie (in meinen eigenen Worten) basisdemokratisches Verhalten. Dann droht tatsächlich der Begriff des Glaubens als Grundlage der Gemeinde verdrängt zu werden. An die Stelle des Prinzips Luthers »ecclesia creatura est evangelii« (M. Luther, WA 2,430) träte dann das Prinzip »ecclesia creatura est paedagogiae«. Bizer dazu in prägnanter Formulierung:

> »Die gesuchte Unmittelbarkeit des Lebens droht hier den evangelischen Glaubensbegriff aufzusaugen, die Differenz zwischen Glauben und gemeindegemäßem Verhalten verwischt sich. Die Gemeindepädagogik läuft Gefahr, dass das von ihr entworfene Bild von Kirche die fortschrittlichen Methoden ihrer privilegierten Gruppen euphorisch spiegelt.« (C. Bizer, 1988,704)

Was folgt aus dieser grundsätzlichen Kritik? Man kann es wieder mit der gängigen Unterscheidung von genitivus subiectivus und genitivus obiectivus zusammenfassen. Verderblich im Sinne der Kritik von Jüngel und Bizer wäre ein genitivus obiectivus: eine *Pädagogik auf Gemeinde hin.* Denn damit wäre angenommen, dass die Pädagogik dazu in der Lage wäre, Kirche herzustellen. Das würde den Glauben zum Werk machen und die Gemeinde Jesu Christi als ein Produkt von Reformprogrammen erscheinen lassen. Das will aber ernstlich wohl niemand. Sinnvoller ist ein schlichter genitivus subiectivus: Gemeindepädagogik ist die *Pädagogik der Gemeinde*, die Pädagogik in der Gemeinde, am Ort der Gemeinde. Denn als Versammlung von Menschen (CA 7: congregatio sanctorum) sind die Gemeinde und Kirche auf eine durchschaubare, klare und damit kritisierbare Selbstvergewisserung angewiesen.

Gemeinde entsteht nicht durch Pädagogik. Aber als Geschöpf des Wortes ist die Gemeinde auf Pflege und Förderung, also auf Pädagogik angewiesen. Ähnlich wie der Mensch als *Person* (als Gottes Geschöpf) seine Würde auch ohne Pädagogik hat, aber die Pädagogik braucht, um als *Subjekt* (in seinem Wachstum und im Leben aus seiner Würde) gefördert zu werden, verhält es sich mit der Gemeinde.

Sie hat ihre Würde als Geschöpf von Gottes Handeln. Aber dennoch muss dieses Geschöpf Gottes gepflegt und sorgfältig gefördert werden. Die Würde entsteht nicht aus der Pädagogik, aber die Pädagogik dient dazu, die Würde zu bewahren.

Sinnvoll wird dieser Zusammenhang immer noch mit dem Bildungsbegriff zur Sprache gebracht. Denn dieser Begriff, der für Schule und Gemeinde gleichermaßen zu berücksichtigen ist, betont sowohl das planmäßige pädagogische Handeln als auch die dabei anzunehmende Würde und Subjektivität der Lernenden. Ein Lernender *wird* nur gebildet, indem er *sich selbst* bildet. Eine »platte Lernzielorientierung« (dagegen z.B. Grethlein 1994, 32) ist nicht Bildung – ebenso wenig wie ein alter Stoffmaterialismus. Aber auch ein theologischer Reduktionismus, der dem Lernenden nichts »zu beißen« gibt, ist nicht im Vollsinne bildend (hier ist an die Naumburger Kritik am DDR-Rahmenplan von 1977 zu denken).

Der Begriff »Bildung« hat im Hinblick auf die Gemeinde einen weiteren Vorteil: Das Werden von Gemeinde ist ein *medial* zu beschreibender Vorgang. Darum ist auch der in den neunziger Jahren des 20. Jahrhunderts viel benutzte Begriff »Gemeindeaufbau« nicht unproblematisch. Denn er impliziert ebenfalls den Gedanken der Machbarkeit. Von daher habe ich 1995 vorgeschlagen, den Begriff der »Gemeindebildung« als Oberbegriff zu verwenden für das pädagogische Handeln *in* der Gemeinde und für die Bemühung, die *Entwicklung* der Gemeinden auch von der Struktur her und zahlenmäßig zu fördern. Das meint, die »Gemeindepädagogik« *und* den »Gemeindeaufbau« zusammen als »Gemeindebildung« zu bezeichnen. Damit wäre festgehalten, dass die Gemeinde auch die zahlenmäßige Entwicklung braucht und vor allem, dass die Bildung von Gemeinde mit pädagogischen Prozessen zu tun hat.

4. Fazit: Glaube und Lernort, Glaube und Lernen

Eva Heßler hat das Verhältnis von Glauben und Lernen, von Pädagogik und Theologie speziell in der Situation der DDR durchdacht. Sie hat die besondere Situation der DDR (Lernen des Glaubens allein am Lernort Gemeinde) thematisiert. Sie kam von der Verkündigungskonzeption her und hat in diesem Zusammenhang die pädagogische Dimension der Verkündigung wie der gemeindlichen Arbeit generell angemahnt. Daraus entstand der Begriff der Gemeindepädagogik, der nur richtig verstanden ist, wenn die damit gegebene Spannung und Problematik immer mitgehört wird. Sonst würde man bei einem oberflächlichen Machbarkeitskonzept von Kirche landen, das nur bestimmte Reformstrategien überhöht.

Wenn man die Gefahr dieses Missverständnisses aber im Auge hat, dann ist der Begriff »Gemeindepädagogik« durchaus sinnvoll. Er schärft nämlich ein, dass es sich auch in der Gemeindearbeit um Bildungsprozesse handelt. Man kann und darf weder Gemeinde herstellen wollen noch auch in der Gemeinde die individuelle Aneignung der Lernenden auf dem Hintergrund der je individuellen Lebensgeschichte außer Acht lassen. Eine bloße »Verkündigung«, die auf die Lernvoraussetzungen keine Rücksicht nimmt, ist auch theologisch nicht zu rechtfertigen. Dann würde man nämlich die Freiheit des Heiligen Geistes mit der eigenen pädagogischen Faulheit verwechseln. Eva Heßler und die Religionspädagogik in der DDR haben darum das Verdienst, die alte Grundfrage des Verhältnisses von Glauben und Lernen erneut in die Diskussion gebracht zu haben. Bei dieser Grundfrage ist festzuhalten: Pädagogik und Verkündigung lassen sich nicht zu einem logischen Ausgleich bringen. Jede Scheinlösung, jede Auflösung des Spannungsverhältnisses lässt entweder die Freiheit des einzelnen Menschen (und damit die Pädagogik) oder die Freiheit des Evangeliums außer Acht. Weil sie aber diese Spannung erneut zum Ausdruck gebracht hat, darum ist Eva Heßler unter die Klassiker der Religionspädagogik zu rechnen.

Literatur

Werke von Heßler

Heßler, Eva: Das Katechumenatsverständnis der Reformatoren (1968), in: Bloth 1975, 27-42.

Heßler, Eva: Eine Studie über den Kinderglauben (1970), in: Bloth 1975, 144-159.

Heßler, Eva: Die Aufnahme und Verarbeitung theologischer Fragestellungen in der Katechetik, in: Kirchlicher Unterricht in der DDR 1949-1990, Göttingen 1992, 84-93.
Heßler, Eva: Das Heilsdrama. Der Weg zur Weltherrschaft Jahwes (Jes 40-55), Hildesheim/Zürich/New York 1988.
Heßler, Eva: Zeitgemäße Gedanken über das Verhältnis von Theologie und Pädagogik, in: Aufbrüche o.J. (1994) H. 2, 15-22.

Sekundärliteratur

Adam, Gottfried/Lachmann, Rainer: Gemeindepädagogisches Kompendium, Göttingen 1987.
Bizer, Christoph: Art. »Katechetik«, in: TRE 17/1988, 686-709.
Bloth, Peter C.: Religion in den Schulen Preußens. Der Gegenstand des evangelischen Religionsunterrichts von der Reaktionszeit bis zum Nationalsozialismus, Heidelberg 1968.
Bloth, Peter C. (Hrsg.): Christenlehre und Katechumenat in der DDR. Grundlagen – Versuche – Modelle, Gütersloh 1975.
Doerne, Martin: Neubau der Konfirmation. Grundzüge einer Erneuerung kirchlichen Jugendkatechumenats, Gütersloh 1936.
Döhnert, Albrecht: Jugendweihe zwischen Familie, Politik und Religion. Studien zum Fortbestand der Jugendweihe nach 1989 und die Konfirmationspraxis der Kirchen, Leipzig 2000 (APrTh 19).
Grethlein, Christian: Gemeindepädagogik, Berlin/New York 1994.
Henkys, Jürgen: Gemeindepädagogik in der DDR, in: Gemeindepädagogisches Kompendium, hrsg. von Gottfried Adam und Rainer Lachmann, Göttingen 1987, 55-86.
Hoenen, Raimund: Vom Religionsunterricht zur kirchlichen Unterweisung. Otto Güldenberg und die Anfänge der ostdeutschen Katechetik, Leipzig 2003.
Jüngel, Eberhard: Besinnung auf 50 Jahre theologische Existenz, in: ThLZ 128 (2003), 471-484.
Kraft, Friedhelm: Religionsdidaktik zwischen Kreuz und Hakenkreuz. Versuche zur Bestimmung von Aufgaben, Zielen und Inhalten des evangelischen Religionsunterrichts, dargestellt an den Richtlinienentwürfen zwischen 1933 und 1939, Berlin/New York 1996 (APrTh 8).
Meyer-Blanck, Michael: Wort und Antwort. Geschichte und Gestaltung der Konfirmation am Beispiel der evangelisch-lutherischen Landeskirche Hannovers, Berlin/New York 1992 (APrTh 2).

Meyer-Blanck, Michael: Gemeinde und Bildung. Die künftige Arbeit einer »qualifizierten Kirche« zwischen Gemeindepädagogik und Gemeindeaufbau, in: Glaube und Lernen 10 (1995), 156-169.
Mitten in der Lebenswelt. Lehrstücke und Lernprozesse zur zweiten Phase der Gemeindepädagogik, hrsg. von Roland Degen, Wolf-Eckart Failing, Karl Foitzik, Münster 1992 (= Dokumentation des Ersten Gemeindepädagogischen Symposiums in Ludwigshafen/Rhein).
Nipkow, Karl Ernst: Grundfragen der Religionspädagogik, Bd. 3: Gemeinsam leben und glauben lernen, Gütersloh 1982.
Rahner, Christa-Maria: Eva Heßler (*1914): »Ich bin mir selbst kein Thema«, in: Religionspädagoginnen des 20. Jahrhunderts, Göttingen 1997, 240-252.
Rahmenplan für die kirchliche Arbeit mit Kindern und Jugendlichen (Konfirmanden), hrsg. im Auftrag des Sekretariates des Bundes der Ev. Kirchen in der DDR 1977, Berlin 1978.
Reiher, Dieter (Hrsg.): Kirchlicher Unterricht in der DDR 1949-1990, Göttingen 1992.
Rosenboom, Enno: Gemeindepädagogik, in: EvErz 26 (1974), 25-40.
Schwerin, Eckart: Evangelische Kinder- und Konfirmandenarbeit. Eine problemgeschichtliche Untersuchung der Entwicklungen auf der Ebene des Bundes der Evangelischen Kirchen in der DDR von 1970-1980, Würzburg 1989 (= Studien zur Theologie, Bd. 3).

11. Kapitel

Peter Biehl (geb. 1931) und das Symbol

Mit Peter Biehl kehren wir zu der großen Hauptlinie der religionspädagogischen Konzeptionsentwicklung in Westdeutschland zurück, die sich vor allem mit dem schulischen RU beschäftigt hat. Die Gemeindepädagogik und die DDR waren demgegenüber wichtige, aber doch Nebenlinien. Anders als Eva Heßler gehört Peter Biehl in die Linie Stallmann – Kaufmann bzw. Hermeneutischer RU – Problemorientierter RU. Als Kollege von Kaufmann ist Biehl in Loccum tätig, als Nachfolger Stallmanns geht er 1970 nach Göttingen. Biehl ist bereits durch ein neues Stichwort in die RU-Konzeptionsdiskussion eingegangen: Das Symbol, das zu lernen gibt. Er vertritt das differenzierteste Konzept von Symboldidaktik, das sich durch eine Vielzahl von theoretischen Bezügen auszeichnet: Dies sind nicht nur theologische, sondern auch philosophische und psychologische Bezüge.

Peter Biehl ist der Systematiker der gegenwärtigen evangelischen Religionspädagogik. Mag man am symboldidaktischen Konzept die einen und anderen Fragezeichen anbringen, so wie ich das selbst getan habe, so gilt gleichwohl: Die theoretische Sorgfalt und Differenziertheit macht Biehl zu einem Klassiker, der mit Recht am Ende der Reihe steht, die mit Luthers Kunst der Unterscheidung begonnen hatte. Man wird sagen können, dass Biehl die verschiedenen theologischen und kulturellen Linien, die bisher begegneten, aufzunehmen und zu integrieren sucht: Die erstmals in der Aufklärung bei den Philanthropen begegnende Orientierung an der religiösen Entwicklung des Kindes, den Blick auf die religiöse Individualität Schleiermachers, die großen theologischen Auseinandersetzungen im Umfeld der dialektischen Theologie (Bohne, Rang, Stallmann) und die religionspädagogische Wendung um 1970. In seiner jüngsten Publikation hat auch Biehl die Kategorie der Unterscheidung positiv konzeptionell aufgenommen (Biehl 2003).

1. Hermeneutische Theologie: Berufsbiographie im Kontext der großen Entwürfe

Ich beginne mit einem Zitat, das alles Wichtige bereits enthält:

> »Bestimmend für mich sind die durch Bultmann inspirierte theologische Tradition und das durch ihn präzisierte hermeneutische Problem geblie-

ben. Bultmann hat die Fragen formuliert, die die Theologie unseres Jahrhunderts bestimmen. ›Glauben und Verstehen‹ ist daher nach wie vor für mich eine wichtige ›Quelle‹.« (Autobiographische Anmerkungen 1989, 45)

Seine religionspädagogische Autobiographie beginnt Biehl mit der Erläuterung des von ihm selbst gewählten Titels: Es geht um das *Vermittlungsproblem*, um die Vermittlung von theologischen Aussagen und gegenwärtigen Erfahrungen. In der DDR hatte man in den achtziger Jahren eine Begrifflichkeit von Ernst Lange (1927-1974) aufgenommen. Es gehe um die Vermittlung von »Tradition und Situation«: Die christliche Überlieferung müsse mit der gegenwärtigen individuellen und gesellschaftlichen Situation vermittelt werden. Diese Formel Ernst Langes hat (unter anderem auch in der Predigtarbeit) viel Zustimmung gefunden.

Biehl merkt sofort dazu in einer Fußnote an: Streng genommen gehe es nicht um die Vermittlung von Tradition und Situation, sondern »um die Frage, wie die Zukünftigkeit Gottes sich mit der Gegenwart unserer Welt ›vermittelt‹« (Autobiographische Anmerkungen 1989, 29, Anm. 1). Der Unterschied ist kein bloßer Streit um Worte, wie das auf den ersten Blick erscheinen könnte. Damit sind vielmehr Biehls systematisches Interesse und der Differenzierungsgrad seines religionspädagogischen Denkens umschrieben. Denn »Tradition« und »Situation« können nicht unmittelbar als theologische Kategorien in Anspruch genommen werden. Das Evangelium ist nicht primär Tradition, sondern die Tradition einer ganz bestimmten Wirklichkeitsdeutung. In der Religionspädagogik geht es eben darum: Um die *religiöse* Erfahrung, die nicht einfach als Kulturgut umschrieben werden kann. Nicht Texte und Traditionen als solche sind der primäre Gegenstand des Interesses, sondern die dadurch ermöglichten Erfahrungen. Damit kehrt, so Biehl, religionspädagogisch die »theologische Fundamentalunterscheidung von Evangelium und Religion« wieder (aaO., 30). Wenn man diese Unterscheidung, die erst seit der Aufklärung mit ihrem Begriff der »Religion« möglich geworden ist, mit derjenigen von Gesetz und Evangelium in Verbindung bringt, dann zeigt sich, wie sich der Bogen von Luther über Salzmann und Schleiermacher sowie über die Diskussionen des 20. Jahrhunderts bis zu Biehl schlagen lässt. Die Entwicklungen der anderen Kapitel dieses Buches lassen sich darum in verschiedener Weise bei Peter Biehl wiederfinden

Hinter Biehls Insistieren auf der religiösen *Erfahrung* lässt sich in besonderer Weise der Ansatz der hermeneutischen Theologie vermuten, der auf Rudolf Bultmann zurückgeht: »Will man von Gott reden, so muss man offenbar von sich selbst reden« (Bultmann 1924, 28). Dieser Grundsatz prägt die Lebensarbeit Biehls und macht deren systematisch-theologische Qualität aus. Und dies lässt sich auch berufsbiographisch genau wiederfinden: Biehl hat prägende Begegnungen mit Barth und mit Bultmann.

1931 wird Biehl in Hamburg geboren. Religion spielt zu Hause eine untergeordnete Rolle neben Literatur, Kunst und Musik (die Eltern stehen jedoch einer von der Jugendbewegung beeinflussten Gruppe der Evangelischen Jugend nahe). Die erste Schulzeit Biehls fällt in die Zeit von Nationalsozialismus und Krieg. Der RU an der Oberschule in Hamburg ist nicht besonders prägend. Die Lehrerin scheint einer kirchlichen, katechetischen Methode gefolgt zu sein. Biehl erzählt, sie habe den Monatsspruch ausgelegt und ihn in einem Rahmen im Klassenzimmer aufgehängt: »sie ließ sich nicht dadurch entmutigen, dass er immer wieder umgedreht und mit Hakenkreuzen beschmiert wurde« (30). Nach dem Krieg besucht Biehl dann die Schule in Stade und macht 1951 das Abitur. Der Religionslehrer dort ist wichtig: Er kommt gerade aus der französischen Gefangenschaft und hat sich mit Sartre und Heidegger beschäftigt, worüber er auch Vorträge hält. Das Programm seines Lehrers beschreibt Biehl als »problemoffenen Daseinsunterricht« (31). Biehl hat schon einen Studienplatz für Medizin in Hamburg; doch es kommt anders. Selbst kann er gar nicht mehr den Grund dafür angeben, aber er beginnt stattdessen im Sommersemester 1951 in Bethel mit dem Theologiestudium. Als erstes begegnet ihm der damals hohe Wellen schlagende Entmythologisierungsaufsatz von Bultmann (»Neues Testament und Mythologie«, 1948). Der weitere Verlauf von Biehls Studium wird stark von dieser Thematik bestimmt.

In Tübingen begegnet Biehl einem der bedeutendsten Bultmann-Schüler, dem Hermeneutiker Ernst Fuchs (1903-1983). Dieser ist gleichermaßen durch Bultmann und Heidegger, aber auch durch Barth und den Kirchenkampf geprägt und beschäftigt sich mit dem Verhältnis von natürlicher Erfahrung des Menschen und der Erfahrung des göttlichen Wortes in der Begegnung mit dem Wort Jesu. Damit ist Biehls sorgfältige Arbeit am Erfahrungsbegriff vorbereitet. Denn diese Kategorie sollte in den achtziger Jahren zum Schlüsselbegriff der westdeutschen Religionspädagogik werden (dazu s. das Buch von Werner

H. Ritter) und steht darum auch im Titel von Biehls gesammelten grundlegenden Studien von 1991 (»Erfahrung, Glaube und Bildung«). Die Hermeneutik von Fuchs erschließt schon dem Studenten Biehl die hermeneutische Frage. Weiterhin werden damit für ihn die so fruchtbaren zwanziger Jahre in Marburg lebendig (als auch Rang und Stallmann von Bultmann und Heidegger geprägt wurden).

Eine »Schlüsselstellung« für sein Studium, so Biehl, nimmt das Wintersemester 1953/54 ein. Damals hört er in Basel bei Barth und zudem bei Bultmann in Zürich, der dort ein Semester vertritt. Das Seminar ist klein, Biehl kommt in persönlichen Kontakt zu Bultmann und moderiert auch einen Vortrag Bultmanns in Basel. 1955/56 fasziniert ihn die Phänomenologie von Husserl bis Heidegger in einer Göttinger Vorlesung bei Helmut Plessner (1892-1985): »Die Vorlesung wurde frei vorgetragen und gehört zu dem Faszinierendsten, was ich an der Uni erlebt habe« (P. Biehl in einem Brief an den Vf. vom 13.06.2003). Als Biehl dann schließlich im Mai 1956 zum Studium nach Marburg wechselt, wird er Bultmanns Assistent. Biehl dazu: »Von Bultmanns Denkweg, insbesondere von seiner Fassung des hermeneutischen Problems her gewann ich auch einen angemessenen Zugang zur Pädagogik und Religionspädagogik« (33). Die damaligen praktisch-theologischen Veranstaltungen seien hingegen rein methodisch vorgegangen und hätten für das Vermittlungsproblem nichts Bedeutendes erbracht: Es ging nur um bestimmte Regeln, wie man den exegetisch erhobenen »Skopus«, den »Zielgedanken« eines Textes methodisch in Predigt oder Unterricht umzusetzen hatte.

Als Assistent von Bultmann hat Biehl dessen Vorträge und Aufsätze zu korrigieren und für den Druck zu bearbeiten. Außerdem wird am Samstag Vormittag ausgiebig theologisch diskutiert. Daneben hat Biehl in Marburg von 1956 bis 1961 noch einen anderen Lebens- und Arbeitshintergrund: Er ist Leiter eines Jugendwohnheims, in dem neben wenigen Studenten Schüler, Lehrlinge und Jungarbeiter wohnen. Er baut das Heim aus, das dann 80 Plätze umfasst. Dort gehört es zu seinen Aufgaben, die Wochenschlussandacht zu halten und er sucht dabei die Probleme der Bewohner aufzunehmen. Dabei beschreitet er den umgekehrten Weg wie sonst üblich: Nicht von der Auslegung eines biblischen Textes hin zur Wirklichkeit der Jugendlichen, sondern umgekehrt von der Lebenswirklichkeit der Jugendlichen in erzählenden Beschreibungen hin zur biblischen Verheißung: »Der Bezug auf biblische Texte erfolgte, wo es sich von der Entfaltung des Sachverhaltes her ergab. Zeit/Freizeit, Macht/Geltung, Anerkennung, Kleidung, Freundschaft waren etwa die Themen. Zuweilen stand eine konkrete Konfliktsituation im Vordergrund.« (35)

1962 legt Biehl das 2. theologische Examen bei der Hannoverschen Landeskirche ab und wird danach sofort Dozent am Religionspädagogischen Institut Loccum. Karl Witt, der Leiter (es ist derjenige, der anstelle von Liselotte Corbach berufen wurde und dann eine große Wirkung in Niedersachsen und darüber hinaus entfaltete), arbeitete immer mit einem jungen Theologen zusammen, da er selbst Pädagoge war. Vorgänger auf dieser Theologenstelle des Loccumer Rektors waren Gert Otto (1955-1958) und Ingo Baldermann (1958-1962) gewesen.

Schon in den letzten Jahren von Karl Witt und nicht erst mit dem neuen Loccumer Rektor Hans Bernhard Kaufmann und seiner später berühmt gewordenen Thesenreihe von 1966 sieht Biehl den Beginn des Umbruchs in der Religionspädagogik. In einem Lehrplan für die Realschulen entwickelt Biehl erstmals Themen und geht nicht mehr allein von zu vermittelnden biblischen Texten (als »Stoffen«) aus. Und dennoch ist Kaufmanns Thesenreihe von 1966 selbstverständlich auch für Biehl ein bedeutendes Ereignis wie für alle an der Diskussion Beteiligten. (Man denke an die Schwierigkeiten der damals kurz vor der Emeritierung stehenden Liselotte Corbach in Hannover.)

In seinem Rückblick auf die Umbruchzeit der Religionspädagogik um 1970 weist Biehl auf einen wichtigen Zusammenhang hin: Der »problemorientierte« oder »themenorientierte« RU sei »von Anfang an nicht als einzige Form des Religionsunterrichts konzipiert« worden (38); dazu hätten selbstverständlich lehrgangsartige Kurse mit biblischen und kirchengeschichtlichen Themen gehört. Vor allem viele Kritiker des problemorientierten Unterrichts hätten diesen fälschlich als die *Gesamtform* des Unterrichts verstanden, woraus sich erst die Missverständnisse ergaben.

Man wird dazu allerdings sagen müssen, dass die Thesen Kaufmanns ein solches Verständnis nahe legten. Denn in diesen wurde ja mit Engagement ein insgesamt neuer didaktischer Ansatz propagiert. Dieser bejahte die Mittelpunktstellung der Bibel im RU zwar ausdrücklich, nicht aber den Unterricht über Texte als solche, abgesehen von einer thematischen Beziehung auf aktuelle Fragestellungen. Und erst recht die programmatische Formulierung »Themen statt Texte«

bei Horst Gloy legte ein solches Verständnis nahe, wie es Biehl hier 1989 rückblickend zurückweist. Was in der Praxis aus den neuen Konzeptionen wurde, kann in diesem Zusammenhang kaum beantwortet werden, da nachträgliche empirische Untersuchungen nicht möglich und die Erinnerungen sehr unterschiedlich sind. Das von Biehl geschilderte Nebeneinander von Bibelunterricht und Themenunterricht wurde dann bekanntlich in Karl Ernst Nipkows »komplementärem Kontextmodell« von 1968 formuliert. Im Kapitel über Gerhard Bohne war allerdings deutlich geworden, dass bereits diesem im Jahre 1929 etwas Vergleichbares vorgeschwebt hatte und dass die schematischen Abgrenzungen der einzelnen Konzeptionen von daher wenig hilfreich sind. Biehl war von Anfang an stärker an der Verschränkung interessiert, so dass *innerhalb* der problemorientierten Projekte eine Urteilsbildung anhand theologischer Kategorien ermöglicht werden sollte.

Auf jeden Fall geschieht jetzt etwas Neues: Ab 1967 erweitert sich die Hermeneutik Stallmanns, die damals die Diskussion im Hinblick auf den RU bestimmte. Aus einer allgemeinen Hermeneutik des Daseins der Jugendlichen wird eine Hermeneutik der *politischen* Existenz und der politischen Verhältnisse. Biehl nennt darum die Sozialethik als entscheidende neue theologische Perspektive und die Theologie von Jürgen Moltmann als einen neuartigen theologischen Entwurf (37). Denn u.a. daraus ergibt es sich, dass das Wort »Gott« nur im Zusammenhang »einer umfassenden Analyse der Wirklichkeit« benutzt werden kann (38).

An dieser Stelle verwendet Biehl eine Formulierung für den eigenen Lebensrückblick, die auch für den ersten, ebenfalls im Jahre 1989 erschienenen Band seiner Symboldidaktik entscheidend ist: Die christliche Rede von Gott und die Analyse der Wirklichkeit sollen so erfolgen, »dass ein Streit um die Auslegung der Wirklichkeit ausgelöst wird« (38). Mit dieser Denkfigur ist zunächst der Schritt von der Auslegung von Texten zur Auslegung des Daseins mitvollzogen, wie ihn die hermeneutische Theologie im Gespräch mit Heidegger und Hans Georg Gadamer (1900-2002) entwickelt hatte. Doch der Begriff des »Streites« verweist darüber hinaus auf die gesellschaftliche und politische Dimension, in der die Sicht des Glaubens nicht nur zu bewähren, sondern auch offensiv zur Geltung zu bringen ist. Auch in der Symboldidaktik von 1989 heißt es, der »Streit um die Auslegung der Wirklichkeit« solle durch die Arbeit mit Symbolen ausgelöst werden

(Symbole geben zu lernen I 1989, 176; ebenso in Erfahrung, Glaube und Bildung 1991, 181).

Der Fortgang der beruflichen Biographie ist schnell erzählt: 1970 wird Biehl als Nachfolger von Martin Stallmann an die »Pädagogische Hochschule Niedersachsen, Abteilung Göttingen« berufen (später wird diese in die Universität Göttingen integriert). Die Universität Hannover verleiht ihm einen Ehrendoktor (Dr. phil. h. c.). In Göttingen lehrt er bis 1996. Er wird durch seine drei Bände der Symboldidaktik von 1989, 1993 und 1999 weit über Niedersachsen, ja über Deutschland hinaus bekannt. Doch wahrscheinlich ist bei seiner »Symboldidaktik« das Insistieren auf dem Vermittlungsproblem bedeutender als die mit dem Symbolbegriff gefundene Vermittlungslösung. Diese These ist im Folgenden näher zu begründen.

2. Peter Biehls Religionspädagogik zwischen Systematischer Theologie und Philosophie

Der weite systematische und philosophische Horizont Biehls kann im Folgenden nur an Beispielen aufgewiesen werden. Im nächsten Abschnitt wird sich zeigen, wie sich die verschiedenen hermeneutischen Bezugspunkte in der Symbolkonzeption Peter Biehls zusammenfinden. Davor ist kurz auf Biehls Auseinandersetzung mit dem Begriff der *Erfahrung* als der religionspädagogischen Leitkategorie von etwa 1975 bis 1990 einzugehen.

2.1 Erfahrung

Warum wurde »Erfahrung« plötzlich zu dem bevorzugten religionspädagogischen Schlüsselbegriff? Man kann es wahrscheinlich so interpretieren, dass der Schwung des pädagogischen Paradigmenwechsels ab 1966 ein wenig nachließ, dass Nüchternheit hinsichtlich der Leistungsfähigkeit der politischen Theologien einkehrte und damit auch die verschiedenen Grenzen des problemorientierten Unterrichts deutlicher wurden. In diesem Moment meldeten sich die alten Fragen der hermeneutischen Theologie zurück: Wie lassen sich nicht nur traditionelle oder progressive theologische Antworten diskutieren oder gar vermitteln, sondern wie kommt die religiöse Erfahrung *in* den Erfahrungen der Menschen selbst zur Sprache? Wie lässt sich die religiöse Erfahrung als Lebenserfahrung erschließen und wie erschließen sich das Evangelium und der biblische Text nicht neben dem Leben, sondern vom Leben her? Im Zusammenhang der so veränderten Sichtweise trat der Erfahrungsbegriff an die Stelle der Kategorie der Emanzipation, ohne das mit »Emanzipation« Gemeinte zu negieren. Aber »Erfahrung« bringt stärker zum Ausdruck, dass die Lernenden selbst zu entdecken haben, was für sie wichtig ist, während »Emanzipation« leicht den Verdacht von *vorgegebenen* Befreiungskonzepten auf sich zieht, welche die Lernenden zu übernehmen haben.

Doch daneben gibt es eine andere Herkunft aus der hermeneutischen Tradition. Dieser Impuls zum Thema »Erfahrung« kam aus der Systematischen Theologie. Im Jahre 1974 hatte der Systematiker Gerhard Ebeling (1912-2001) in Göttingen einen Vortrag zum Thema: »Die Klage über das Erfahrungsdefizit in der Theologie als Frage nach ihrer Sache« gehalten. Der mangelnde Wirklichkeitsbezug des Glaubens, so Ebeling, sei mindestens mitverantwortlich für den Bedeutungsverlust des Christentums. An diese Analyse von Ebeling knüpfte sich eine breite Diskussion, die wie erwähnt in dem Buch von W.H. Ritter 1988 zusammengefasst wurde. Noch zentraler ist allerdings langfristig wieder der Begriff der Bildung geworden. Denn die »Erfahrung« kann auch im Sinne von etwas Einmaligem, Punktuellem, Zufälligem verstanden werden. Den *Prozess* aber, durch den sich die menschliche Individualität im Verlauf von Leben, Glauben und Lernen ausprägt, sah man bald mit dem traditionell hoch besetzten Begriff der »Bildung« wieder besser zum Ausdruck gebracht. So erwies sich die große historische, aber auch sachliche Nähe der Kategorien »Bildung« und »Religion« erneut als bedeutsam. Denn der Mensch bildet sich, indem er auf das Ganze des Menschseins reflektiert und umgekehrt erschließt sich die Religion nicht anders als im Zusammenhang des Realisierens der eigenen Subjektivität. Diese Zusammenhänge hat Biehl in seinen 1991 veröffentlichten grundsätzlichen Studien breit reflektiert, vor allem in den Beiträgen zur Erfahrung als hermeneutischer, theologischer und religionspädagogischer Kategorie sowie zur Gottebenbildlichkeit des Menschen und dem Problem der Bildung: Der Bildungsbegriff hat einen religiösen Ursprung und »eine religiöse Dimension, sofern Bildung auf das noch ausstehende Ganze des menschlichen Lebens verweist« (Erfahrung, Glaube und Bildung 1991, 124).

2.2 Religionspädagogik und Bildung

Durch die Curriculumtheorie um 1970 war der Begriff der Bildung verabschiedet worden und man sprach jetzt lieber von Lernen und Lernzielen, von Erziehung und Erziehungswissenschaft, von Qualifikationen und vom empirisch kontrollierten Regelkreis. Aber die Grenzen dieses Denkens zeigten sich schnell, weil sie zwar für Inhalte und Fertigkeiten gut waren, aber die individuelle Entwicklung des Menschen nicht wirklich in den Blick bekamen. Und darum kam ab den achtziger Jahren der Bildungsbegriff wieder neu in die religionspädagogische Diskussion. Biehl hat sich daran mit einer großen Studie beteiligt (Glaube und Bildung 1991, 124-223).

Biehl geht es darin vor allem darum, das Gespräch mit der Allgemeinen Pädagogik zu suchen und die Religionspädagogik nicht als einen Sonderfall des Lernens von der Bildungstheorie und Schulpädagogik zu isolieren. Im Mittelpunkt des Interesses steht der Mensch überhaupt, die Menschwerdung des Menschen, eben die Bildung im umfassenden und nicht nur im materialen Sinne. Der Begriff der Bildung umschreibt die Unverfügbarkeit der Person und die Würde des Menschen unabhängig von seinen Leistungen und Qualifikationen. Daraus ergibt sich, dass der Bildungsbegriff von der Rechtfertigungslehre herkommt.

Der Bildungsbegriff im Sinne von Selbstbestimmung, Mündigkeit und Freiheit hat sich programmatisch bekanntlich im Deutschen Idealismus zwischen 1770 und 1830 entwickelt und Schleiermacher, Friedrich Schlegel, Wilhelm v. Humboldt und viele andere hatten daran Anteil (Herder, Kant, Goethe, Schiller, Hegel, Pestalozzi, Fröbel, Diesterweg u. a.). Damit kann es bis heute als Konsens gelten, dass der Bildungsbegriff einen religiösen Ursprung hat. Daraus folgt dann für Biehl: »Nirgendwo sonst in der Geschichte sind Theologie und Pädagogik durch ein gemeinsames ›Gegenstandsfeld‹ so eng aufeinander bezogen.« (Erfahrung, Glaube und Bildung 1991, 124)

Biehl will in seiner ausführlichen Studie zur Bildung und Gottebenbildlichkeit zunächst das Missverständnis zurückweisen, der kirchlichen Bildungsverantwortung habe es nur um das kirchliche Handeln zu gehen. Gemeint sei vielmehr das Interesse der Christen und der Kirche an der Gestalt des Lernens überhaupt (dazu kann man wieder auf das zu Luther Ausgeführte verweisen). Für Biehl geht es in diesem Zusammenhang aber auch darum, die klassischen Bildungstheorien zu erweitern. Darum kritisiert Biehl an den bisherigen Bildungstheorien die folgenden Punkte:

- Bildungstheorien haben die Frage der *Leiblichkeit* bisher weitgehend ausgeklammert.
- Bildungstheorien haben die Bildung des Subjekts durch die Gesellschaft, aber nicht die *Veränderung der Gesellschaft* durch die Subjekte im Blick gehabt (darum rekurriert Biehl hier positiv auf die kritische Bildungstheorie von Heinz-Joachim Heydorn).
- Bildungstheorien haben die Frage der Religion weitgehend unthematisiert gelassen (so etwa Klafkis Formulierung von »Schlüsselproblemen« in den bekannten »Neuen Studien zur Bildungstheorie und Didaktik« von 1985).

(Nach: P. Biehl, Erfahrung, Glaube und Bildung 1991, 128-136)

In der ökologischen Krise aber, so Biehl, drohe die Bildung selbstwidersprüchlich zu werden. Die Autonomie des Subjekts müsse darum weitergedacht werden zu einer *Ethik intersubjektiver Kreativität* (137). Gerade darum müsse die Gottebenbildlichkeit aus der Theologie als umfassende Bezogenheit des Menschen wieder in die Bildungstheorie eingebracht werden, denn schon Comenius habe die Gottebenbildlichkeit des Menschen nicht als eine Anlage oder Eigenschaft des Menschen verstanden, sondern als dessen *Relation* (142).

An dieser Stelle ist deutlich, dass Biehl in der allgemeinen Bildungstheorie andersherum argumentiert als in der Didaktik des Religionsunterrichts: Dort geht es ihm darum, die Vermittlung zu denken und nicht den Glauben als eine *Sonderwelt*; hier geht es ihm darum, die Bildung nicht als eine von der Religion abgekoppelte Wirklichkeit zu verstehen, also die Bildung nicht zu einer Sonderwelt außerhalb der religiösen Fragen werden zu lassen. Das Engagement ist damit beide Male dasselbe: die Vermittlungsbemühung. Glaube und Bildung gehören zusammen. Darum kritisiert Biehl auch vorsichtig die Barthsche und dialektisch-theologische Entgegensetzung von Evangelium und Bildung (147ff.; auch dazu kann man die Ausführungen im 5. Kapitel zu Gerhard Bohne vergleichen).

Wie kann man aber die Rechtfertigung des Menschen allein aus Gnade und die in der Bildungstheorie zentrale Autonomie des Subjekts zusammendenken? Damit ist Biehl bei einer Fragestellung, auf die wir immer wieder gestoßen waren: Wie lässt sich die pädagogisch zu fördernde Autonomie des jungen Menschen zusammendenken mit dem Grundgedanken von Religion, dass diese eine Erfahrung der Nicht-Autonomie in, mit und unter der Erfahrung eigener Autonomie ist? Wie also vermeidet man es, dass Religion mit Anpassung verwechselt wird und Freiheit mit dem Aufgeben der Religion? Theologisch unterscheidet Biehl mit Eberhard Jüngel die *Person* des Menschen von seiner *Subjektivität* (156ff.). Biehl formuliert:

> »Subjekt muss der Mensch im Prozess seiner Bildung erst werden, Person ist er immer schon. Bildung ist also Folgephänomen des Personseins [...]. Aufgrund des Personseins hat der Mensch das Vermögen, Subjekt sein zu können. Dieses Vermögen ist im Prozess der Bildung (Menschwerdung) je neu zu realisieren.« (Erfahrung, Glaube und Bildung 1991, 156f., dort kursiv)

Das bedeutet: Wer seine eigene Identität als Person außerhalb von sich selbst finde, im Bezug zu Jesus als dem in Wahrheit mit sich selbst identischen Menschen, wer sich selbst so verstehe, der begebe sich nicht in die Gefahr, sich mit dem jeweils erreichten Stand seiner Identitätsbildung zu identifizieren. So kann man tatsächlich die theologische und die subjektivitätsbezogene Perspektive von Bildung miteinander verbinden. In analoger Weise kann dies auch im Kontext der »postmodernen« Identitätstheorien (»Patchwork-Identität« nach Heiner Keupp u. a.) beschrieben und unter dem Terminus der »Selbstunterscheidung« gefasst werden.(Meyer-Blanck 1999).

2.3 Phänomenologie

Stellt man die für Peter Biehl zentralen Kategorien »Erfahrung«, »Bildung« und »Symbol« nebeneinander, so wird erkennbar, wie Biehl ein Leben lang um das von Bultmann aufgeworfene Problem der Vermittlung von Glaube und Existenz bemüht ist. In diesen Zusammenhang gehört schließlich noch ein weiterer theoretischer Ansatz. In den letzten Jahren hat sich Biehl der in der Religionspädagogik vielfach diskutierten *Phänomenologie* zugewandt.

Mit diesem Begriff kann vieles und sehr Verschiedenes gemeint sein und eine genaue theoretische Klärung steht noch aus (denn meistens, aber auch nicht immer ist der Ausgangspunkt die philosophische Phänomenologie von Edmund Husserl, 1859-1938). Bisweilen, wie etwa bei Manfred Josuttis und seinen Schülern steht aber auch die Religionsphänomenologie des Marburger Religionswissenschaftlers und Theologen Rudolf Otto (1869-1937) im Hintergrund.

Die einzelnen Theoriehintergründe können an dieser Stelle nicht weiter verfolgt werden. Peter Biehl hat jedenfalls schon früh Überlegungen im Sinne der Phänomenologie angestellt. Er hat dabei die Vermittlung von religiöser Erfahrung und Alltagserfahrung so zu beschreiben gesucht, dass er den Glauben nicht als eine Welt außerhalb der alltäglichen Lebenserfahrung zur Sprache bringen wollte, sondern in einer bestimmten Deutung dieser Erfahrung. Dies trifft schon auf die in der Autobiographie beschriebenen Andachten im Marburger Jugendwohnheim zu: »Der christliche Glaube wird als Zuwachs an Sprache und Erfahrung wirksam, der sich *in* der phänomenologischen Beschreibung auswirkt. Darin liegt ein Vorzug, weil die Bedeutung des Glaubens für konkrete Lebensvollzüge einsichtig wird.« (Autobiographische Anmerkungen 1989, 35)

In den letzten Jahren hat Biehl diesen Gedanken in Anlehnung an die philosophische Phänomenologie verstärkt. Er hat dabei den phänomenologischen Ansatz in der deutschen Religionspädagogik der Gegenwart beschrieben, indem er u. a. Parallelen in der Beschreibung der *Kunst* aufgewiesen hat. Denn Religion lässt sich phänomenologisch in Parallele zur Kunst betrachten. Bei der Religion, so Biehl, handelt es sich wie in der Kunst um eine »Fiktion als Erfindung von Realität«, wie dies der Bochumer phänomenologische Philosoph Bernhard Waldenfels in seinem Buch »In den Netzen der Lebenswelt« formuliert hat (Waldenfels 1985, 231-234). Waldenfels entwickelt dort den Gedanken, dass die Kunst nicht eine reale oder ideale Welt bloß abbildet oder durch eine Welt des schönen Scheins überhöht, sondern dass sie neue Sichtweisen, Sprechweisen, Hörweisen und Bewegungsformen einrichtet mittels *produktiver Fiktionen*. Die Welt der Kunst wäre nicht eine *andere Welt*, sondern *diese Welt als andere...* »L'art ne recourt au réel que pour l'abolir, et lui substituer une nouvelle réalité (J. Rousset).« (aaO., 232f., Hervorhebungen dort, wobei der Gedanke von Waldenfels allerdings trotz seiner ästhetischen Produktivität eine unrichtige Übersetzung des »ne...que» = »nur« darstellt.)

Biehl hat in seinem 1998 erschienenen Aufsatz über den phänomenologischen Ansatz in der deutschen Religionspädagogik das Zitat auf die Religion bezogen und von Waldenfels her formuliert: »Die Welt der Religion ist in radikalisierter phänomenologischer Sicht nicht eine andere Welt, sondern diese Welt als andere.« (Biehl 1998, 37).

Nachdem in den letzten Jahren die Phänomenologie unter den Gesichtspunkten von Raum, Klang, Bewegung und Wahrnehmung vielfach religionspädagogisch aufgenommen wurde, ohne dass immer die Grundsatzreflexion auf die spezifisch religiöse Erfahrung thematisiert oder die Beziehung zur philosophischen Phänomenologietradition hergestellt wurde, so war es wiederum Biehl, der an diesem Punkt die hermeneutische Grundsatzreflexion angestellt hat. Auch an diesem Punkt zeigt er sich als der religionspädagogische Systematiker.

3. »Symboldidaktik«

Erst nach diesen Vorüberlegungen ist es sinnvoll, auf den Symbolansatz einzugehen. In Biehls Symboldidaktik verbinden sich die genannten hermeneutisch-theologischen Aspekte und werden mit Hilfe des Symbolbegriffes weitergeführt. Daraus ist eine breite Rezeption der Gedanken Biehls entstanden, wobei allerdings die Symbolkategorie die differenzierten Überlegungen Biehls nicht ohne weiteres widerspiegeln und die eigentlichen Vermittlungsprobleme eher verkomplizieren als lösen kann.

3.1 Biehls symboldidaktischer Anstoß aus dem Jahre 1980

Biehl hat schon im Jahre 1980 (zusammen mit Georg Baudler) einen Band zum Verhältnis von Erfahrungsbezug und Symbolverständnis herausgebracht und darin einen gewichtigen Beitrag zum Vermittlungsproblem vorgelegt (Erfahrungsbezug und Symbolverständnis 1980, 37-121). Dies geschieht, indem Symbole »als Hilfe zur Bewältigung und Deutung von Erfahrung« angesprochen werden (53) und indem schon hier die Symboltheorien von Tillich und Ricœur ausführlich diskutiert werden (56-78). In seinen späteren Büchern hat

Biehl das damals kurz Umrissene breiter entfaltet. Aber schon 1980 begegnet der erwähnte Gedanke des Streites um die Auslegung der Wirklichkeit: Im Unterricht sind die »dem Schüler aus der Alltagswelt geläufigen Symbole zur Geltung zu bringen, damit die provozierende, alternatives Denken auslösende Kraft der christlichen Symbole herausgearbeitet werden kann« (97, dort als These hervorgehoben). Es folgt ein ausgearbeitetes Unterrichtsbeispiel zum Thema »Aufbruch zu Neuem«, in dem u.a. das Eingesperrtsein in ein Labyrinth Thema ist (9. Klasse Realschule) und mit Kafkas Geschichte »Der Aufbruch« sowie mit Lk 17,20f. (»das Reich Gottes ist mitten unter euch«) konfrontiert wird (100-111).

Mit diesem sowohl theoretischen als auch praktischen Aufsatz ist Biehl nicht nur der differenzierteste, sondern auch der chronologisch erste Symboldidaktiker. Dennoch ist die symboldidaktische Konzeptionsdebatte zunächst anders verlaufen. Denn für Diskussionsstoff sorgte zunächst der zwei Jahre später publizierte Beitrag von Hubertus Halbfas (Professor an der Pädagogischen Hochschule Reutlingen) in dem Aufsatzband »Das dritte Auge«, dem viele erfolgreiche Unterrichtsbücher folgten.

3.2 Das »dritte Auge«: Der symboldidaktische Ansatz bei Hubertus Halbfas 1982

1982 veröffentlichte Halbfas seinen Aufsatz »Auf dem Wege zu einer Symboldidaktik« (in seiner Sammlung von Studien »Das dritte Auge. Religionsdidaktische Anstöße«). In demselben Buch hatte er eine »Kritik des problemorientierten Religionsunterrichts« formuliert und diesem eine »Funktionalisierung der Lerninhalte« vorgeworfen. Der behavioristische Pragmatismus habe voll auf die deutsche Pädagogik übergegriffen. Besonders kritisch äußert er sich zum Protestantismus: Dieser kenne eigentlich nur ein einziges Sakrament, nämlich das völlig intellektualisierte Wort Gottes; und daran könne man die »Zerstörung des symbolischen Kosmos« ablesen (113). Aber die gesamte Religionspädagogik seit 1970, nicht nur die protestantische, habe diese Tendenz zur Barbarei:

> »Welchen Funktionswerten kann der Pfingsthymnus des Hrabanus Maurus, die Liebesdichtung Walthers, die Mystik Eckeharts, der Don Quichote Cervantes, die Dichtung Hölderlins, die Lyrik Gottfried Benns unterstellt werden? [...] Welcher Reduktion auf stupide Gebrauchsmuster käme das gleich! Hier bliebe nichts als Barbarei!« (H. Halbfas, Das dritte Auge, 1982, 22)

Der bestehende »Analphabetismus gegenüber der religiösen Sprache« werde durch die Frage der gesellschaftlichen Relevanz gerade nicht behoben. Man lande stattdessen bei einem »heimatlosen Aktualismus« (27). Die Religionsdidaktik müsse vielmehr ansetzen bei der »Symbolunfähigkeit der Zeitgenossen« (85). Für Halbfas gehören die Schwierigkeiten mit der eigenen Erfahrung und die Symbolunfähigkeit in einen unmittelbaren Zusammenhang: »Symbolwahrnehmung und Erfahrungsfähigkeit stehen also in einer inneren Verschränkung. Bleibt der symbolische Sinn unterentwickelt, reduziert sich das Wirklichkeitsspektrum auf einen pragmatischen Wissensbestand« (118). Die Lösung des Problems lautet darum für Halbfas so:

> »[...] alles, was zu tun ist, ist eine neue, allerdings fundamentale Alphabetisierung des Symbolsinns.« (H. Halbfas, Das dritte Auge, 1982, 118)

Praktisch heißt das: In die Symbole muss man sich auch im Unterricht meditativ *einüben*:

> »Grundlegend dafür ist die *Einübung*. Sie geschieht durch beständigen Umgang mit Symbolen, betrachtend, erzählend, hörend, spielend, handelnd. Entscheidend ist nicht die rationale Auseinandersetzung, sondern ein emotionaler Bezug, die Entwicklung einer Intuition für das Symbol, oder – symbolisch gesagt – das dritte Auge. Natürlich sind solche Ziele unerreichbar, wenn dem Lehrer seinerseits das dritte Auge fehlt [...]. Unterrichtshilfen sollten deshalb nicht auf den Schüler ausgerichtet werden, sondern auf den Lehrer.« (H. Halbfas, Das dritte Auge, 1982, 128f.)

Halbfas ist diesem Programm in umfangreicher und höchst beachtenswerter Weise nachgekommen mit seinen seit 1983 erscheinenden Religionsbüchern und durch die damit verbundenen Lehrerhandbücher. Er hat also beides umgesetzt in einer Arbeitsleistung, die nur erstaunen kann. Die Problematik des Halbfasschen Symbolbegriffes ist im Zusammenhang des Werkes von Peter Biehl nicht so wichtig; ich habe mich an anderer Stelle ausführlich geäußert (Meyer-Blanck, Vom Symbol zum Zeichen 1995, ²2002).

Wichtig ist jedoch auch bei Halbfas der Ansatz bei der *Erfahrung* als der oben benannten Schlüsselkategorie. Das Symbol leistet nun das, worum man sich in der Religionspädagogik so lange bemühte: Die Vermittlung von individueller Lebenserfahrung und Glaubenserfahrung. Halbfas meinte, die Symbole enthielten »eine Dimension der *Lebenserfahrung*, die grundsätzlich das Außen und das Innen vereint« (121, Hervorhebung MMBl). Die Vermittlungsleistung an Erfahrung wird also vom Symbol erbracht. Biehl dachte in seinem Ringen um den Erfahrungsbegriff an dieser Stelle selbst weiter und entwarf seine eigene Konzeption von Symboldidaktik.

3.3 Erfahrung und Hermeneutik: Biehls ausgearbeitete Symboldidaktik

Zwar hatte Biehl auch schon vor Halbfas theoretisch zum Begriff des Symbols gearbeitet. Aber der Vorstoß von Halbfas war es dann wahrscheinlich, der ihn zu einer eigenen Symboldidaktik führte. Denn im Begriff des Symbols gipfelt Biehls umfassende hermeneutische Bemühung, in der es die Wirklichkeit des Glaubens und die Wirklichkeit des Lebens in ihrem Miteinander zu betrachten gilt.

Nicht umsonst sieht Biehl im Symbol genau diesen Punkt seines Interesses gegeben – das Zusammengefügtsein (griechisch: συμβαλλειν, zusammenfügen) von alltäglicher und glaubensbezogener Daseinsinterpretation. Im Symbol sammeln sich für Biehl die verschiedenen hermeneutischen Linien, mit denen er es im Umfeld der hermeneutischen Theologie Bultmanns und später im Umfeld des problemorientierten Unterrichts und der politischen Theologie zu tun hatte. Oben war bereits auf den »Streit um die Auslegung der Wirklichkeit« verwiesen worden. Dazu heißt es im ersten Band der Symboldidaktik von 1989:

> »Das *Ziel* der Arbeit mit Symbolen besteht darin, dass der Streit um die Auslegung der Wirklichkeit ausgelöst wird: Welchen Symbolen können wir wirklich vertrauen? Welche Symbole erweisen sich am Ende als wahr, die Symbole des ›Habens‹, der Macht, der Herrschaft, des Konsumismus *oder*

> die Symbole des ›Seins‹, der Liebe, der Hoffnung, des Glaubens? Durch diese Auseinandersetzung wird der *Wahrnehmungshorizont* für das Verständnis des Evangeliums eröffnet.« (Symbole geben zu lernen I 1989, 176)

Der politische Zusammenhang begegnet hier in der bekannten Antithetik von Erich Fromm (1900-1980) von »Haben oder Sein« und lässt in dem für Gadamer typischen Begriff des »Horizontes« die Hermeneutik, aber auch die philosophische Phänomenologie von Husserl anklingen. Vor allen Dingen aber sieht Biehl in der von ihm konzipierten Form der Symboldidaktik eine Integration der hermeneutischen und der problemorientierten religionspädagogischen Konzeption. Genau darin besteht der Unterschied zu Halbfas, der den problemorientierten Ansatz für grundsätzlich falsch und zu überwinden hält.

Ähnlich wie er es im Hinblick auf seine Andachten im Marburger Wohnheim beschrieben hat, formuliert Peter Biehl 1989 dann auch die Grundsätze für den RU nach seinem Symbolansatz. Die Erfahrungen der Jugendlichen sind nicht »Anknüpfungspunkte«, sondern sie sind selbst der *Inhalt* der Lernprozesse. Denn entsprechend dem Grundverständnis des problemorientierten Unterrichtes sind solche Symbole zu wählen, die die Jugendlichen dazu herausfordern, eigene Erfahrungen und eigene Deutungen zum Ausdruck zu bringen. Das Problematische am problemorientierten Unterricht sei es häufig gewesen, dass dieser die biblische Tradition als eine Art »Lösung« einbrachte, welche im Sinne eines Frage-Antwort-Schemas missverstanden wurde. Symboldidaktik meine aber stattdessen gerade nicht, das Fragen zu beenden, sondern neue Fragen zu eröffnen (Symbole geben zu lernen I 1989, 184ff.). Über das Integrative heißt es darum:

> »Unterricht nach dem Symbolansatz ist zugleich *schülerorientierter, bibelorientierter* und *gesellschaftskritischer* Unterricht; ja es wird unterstellt, dass es gerade durch den Symbolansatz möglich ist, die drei didaktischen Prinzipien angemessen zu verschränken.« (Symbole geben zu lernen I 1989, 184, Hervorhebungen dort)

Dabei muss aber der Symbolansatz in Verbindung mit der *Sprachlichkeit* des Menschen als einer grundlegenden Verfassung des Menschseins gesehen werden. Diesen Grundgedanken der hermeneutischen

Theologie hatte Biehl wie geschildert bei Ernst Fuchs gelernt. Denn »Erfahrung ist immer sprachlich vermittelt« (Autobiographische Anmerkungen 1989, 43). Aber die Erfordernisse der Praxis führten von dieser grundlegenden Einsicht auf die Symbole. Über die Symbole konnte die Sprachlichkeit der Schüler, das Reden über ihre eigenen Erfahrungen in Gang kommen. Biehl dazu:

> »Uns war in den Fachpraktika immer wieder aufgefallen, dass die Schüler besonders nach gut gelungenen Kurzfilmen deren Symbole eine Zeitlang in Brauch nahmen, um sich mit ihrer Hilfe über ihre gemeinsamen Erfahrungen zu verständigen. Orientierte sich der Lernprozess wieder an Begriffen, wurde die Kommunikation ärmer an Beziehungen. Darüber hinaus war von den Symbolen als den Trägern der kulturellen und religiösen Überlieferung eine weitere Lösung des Vermittlungsproblems zu erwarten.« (P. Biehl, Autobiographische Anmerkungen 1989, 43)

Dieses Prinzip hat Biehl dann in den drei umfangreichen Bänden seiner Symboldidaktik von 1989, 1993 und 1999 umfangreich und mit praktischen Beispielen umgesetzt. Darauf kann an dieser Stelle nicht weiter eingegangen werden. Es ist stattdessen auf Biehls lange systematische Bemühungen um die Vermittlung von christlichem Glauben und Erfahrung zurückzukommen.

3.4 Löst das Symbol wirklich das Vermittlungsproblem?

Wir hatten oben gesehen, dass Biehl in seiner Vermittlungsbemühung von Glauben und Bildung die Personalität des Menschen, seinen Gottesbezug, unterschieden wissen will von der sich bildenden Mündigkeit und Autonomie des Menschen, die man mit der *Subjektivität* umschreibt. Ich meine, dass diese Bemühung um die *Unterscheidung* bei Biehl in einer Spannung zur Grundkategorie des Symbols steht.

Man wird sagen können, dass Biehls Unterscheidung von Subjektivität und Person in der Bildungstheorie in einer *unterscheidenden* Symboltheorie wiedergefunden werden müsste. Das Symbol tendiert aber nicht zur Unterscheidung, sondern zur Vereinheitlichung, zur »Ganzheit« und zu einer geschlossenen Seinsanschauung. Biehl hat sich gegen diese Tendenzen im Symbolbegriff immer wieder abzugrenzen gesucht, um seiner eigenen hermeneutischen Herkunft zu entsprechen. Aber konsequenter und damit besser hätte er den ihm wichtigen Gedanken einer ästhetischen, poetischen und alltagsbezogenen und gleichwohl theologisch konturierten Didaktik womöglich *ohne den Symbolbegriff* formuliert, um das hermeneutische Prinzip der Unterscheidung fortzuführen. Mit Martin Luther und der »Kunst der Unterscheidung« war dieser Gedanke von vornherein religionspädagogisch wichtig geworden. Das Symbol aber steht dazu in einer Spannung: Es soll ja gerade *zusammengefügt* sein und als solches die Unterscheidungen aufheben.

Darum ist zu fragen: Sollen die symbolische Redeweise (Poetik, Gleichnisse, Psalmen) und die Symbole (gottesdienstliche und alltagsweltliche Zeichen wie Hand, Weg, Brot u. a.) die denkenden Unterscheidungen unnötig machen? Wie beschrieben, war das die grundsätzliche Einstellung von Halbfas: In die Symbole und die symbolische Redeweise soll man sich vor allem einüben, in die Symbole hinein versenken. Biehl spricht stattdessen von der *kritischen* Symbolkunde, in welcher gerade der Streit um die Auslegung der Wirklichkeit geführt wird.

So ist Biehl einerseits von seiner über Bultmann rezipierten lutherischen Theologie herkommend der Grundidee der *Unterscheidung* verpflichtet. Andererseits hat er sich ein Leben lang gerade um die *Vermittlung* des Unterschiedenen bemüht und ist dabei auf die Kategorie des Symbols gestoßen.

Die notwendige Kritik an der Grundorientierung der Symboldidaktik kann man im Zusammenhang des Lebenswerkes von Biehl darum so formulieren: *Im Grunde ist der von ihm rezipierte Symbolbegriff dem Biehlschen unterscheidenden Denken fremd.* Der Begriff des Symbols wird von Biehl aus der Psychoanalyse, aus der Theologie Tillichs, aus der frühen Philosophie Ricœurs und dann schließlich didaktisch aus der allgemeinen religionstheologischen Fassung bei Halbfas aufgenommen und eigenständig konturiert. Doch dies geschieht bei Biehl eigentlich immer gerade so, dass der Symbolbegriff *kritisiert* wird.

Anders als bei Halbfas soll ein kritischer, reflexiver Umgang mit den Symbolen im Zentrum stehen; anders als bei Tillich soll der Gedanke der Ontologie des Symbols und der Partizipation kritisch gesehen werden (Autobiographische Anmerkungen 1989,43). Und schließlich und vor allem: Generell soll das Symbol von der Geschichte Jesu her als »gebrochenes« Symbol verstanden werden:

> »Das Symbol wird in seinem eigenen Wesen, sofern es auf das Archetypische, jederzeit Gültige zielt, ›gebrochen‹, indem es an etwas historisch Einmaliges gebunden wird. Andererseits bezeugt das Symbol gerade in seiner Gebrochenheit die eschatologische Bedeutsamkeit der Geschichte Jesu [...]. Bei einer solchen [bezogen auf nichtchristliche Symbole, MMBl] Inanspruchnahme religiöser Symbole ist jeweils zu prüfen, ob diese sich mit dem Kreuz Jesu, dem christlichen Symbol schlechthin, vertragen.« (Symbole geben zu lernen I, 1989, 59)

Das Symbol soll also theologisch vom Evangelium der Menschwerdung Gottes und von Kreuz und Auferstehung her »gebrochen« werden. Schon semantisch, von der schlichten Wortbedeutung her, steht »Gebrochenheit« ja in einer erkennbaren Spannung zum »Zusammengefügtsein« (συμβαλλειν). Und darum ist nach meinem Eindruck bei Biehl das Unterscheidende letztlich viel stärker als das eigentlich Symbolische, wie man es bei Tillich, Halbfas und dem frühen Ricœur finden kann. Von daher bin ich auch weiter der Meinung, dass das von Biehl Intendierte mit einem semiotischen Zeichenbegriff besser zur Sprache kommt.

4. Fazit: Die bleibende Spannung von Glaube und Lernen, von Bildung und Erziehung

Wir haben bei Biehl – vielleicht als dem Höhepunkt des Behandelten – gesehen, wie die Linien der Religionspädagogik zusammenlaufen. Es handelt sich um die Linien der hermeneutischen Theologie, der Religionspädagogik des 20. Jahrhunderts oder vielleicht sogar um die Linien der mit Luther beginnenden protestantischen Unterscheidung von Gott und Mensch, bezogen jedoch auf ihre unverlierbare Bezogenheit, die Relationalität des Menschen zu Gott und Gottes zur Welt. Dabei ist noch einmal deutlich geworden, wie die Kunst der Unterscheidung maßgeblich bleibt und wie diese bei Biehl einerseits in der sorgfältigsten Reflexion des systematischen Fragens kulminiert und wie diese andererseits vom Begriff des Symbols her gefährdet ist.

Auf jeden Fall wird durch das Lebenswerk von Peter Biehl deutlich, dass es sich bei der Spannung von Glaube und Lernen um das bleibende Grundproblem der Religionspädagogik handelt. Wenn die sachgemäße Art und Weise, mit einem Problem umzugehen, nicht unbedingt die »Lösung« sein muss, dann kann man gerade bei Biehls kritisch abwägenden Zuordnungen am meisten lernen. Am ehesten sachgemäß kann es sein, die Grenzen aller Lösungen zu erkennen und die bleibende Bedeutung des Weiterfragens einzuschärfen.

Dies gilt vor allem im Hinblick auf die religionspädagogische Grundfrage nach dem Verhältnis von Glaube und Lernen. Denn folgt man dem evangelischen Glauben, der Rechtfertigung, dann ist das Menschsein des Menschen unabhängig von Lernprozessen gegeben. Die Würde der Person ist unantastbar (Grundgesetz Art. 1,1). *Damit ist die Würde des Menschen unabhängig von seiner Bildung.* Das gilt ganz abgesehen davon, ob man die Bildung nun im materialen, im formalen, im kategorialen oder in welchem Sinne immer auffasst. *Andererseits gibt es den Glauben nur in sich bildenden Menschen.* Denn kein Mensch, der den Glauben in der Welt mit anderen kommuniziert und dazu auf Sprache, Texte, Zeichen, Traditionen zurückgreift, kann das ohne Bildungsprozesse. Leben heißt, sich bilden. Es ist nur immer die Frage, ob die Bildung so geschieht, dass sie den Menschen fördert oder so, dass sie ihn nicht fördert. Und darüber, was förderlich ist, muss eine Verständigung, in der Regel ein Streit stattfinden.

Damit ist die zweite Grundfrage im Anschluss an Peter Biehl aufgenommen, die Frage nach dem Verhältnis von Bildung und Erziehung. Jeder für die Bildung und religiöse Bildung Verantwortliche hat nach Kriterien zu entscheiden, wie Bildung geschehen soll und das heißt auch immer: Gerade wer die Autonomie, die Subjektwerdung der von Gott bejahten Personen will, muss sich für und gegen bestimmte Einflussnahmen entscheiden – er oder sie muss auch *erziehen.*

Die gezielte und selbstkritisch verantwortete Beeinflussung der uns anvertrauten Menschen ist unhintergehbar. Beeinflusst werden die Menschen sowieso, auch von uns – im schlimmsten Falle von unreflektiertem Machtstreben oder von verachtendem Desinteresse, das sich hinter Selbstständigkeitsrhetorik oder hinter einem unreflektierten und »schwärmerischen« Reden von Autonomie und Subjektivität auch verbergen kann. In der Erziehung wie in der Bildung gehören das den Menschen in seinem *Menschsein* Bestätigende *und* das ihn in seinem *Sosein* Erneuernde jeweils eng zusammen. Auch diesen Zusammenhang hat Biehl treffend zur Sprache gebracht. Und mit dem folgenden Zitat Biehls kann unsere kleine Geschichte der evangelischen Religionspädagogik ohne eine eigens vorgenommene Zusammenfassung enden. Biehl hat um die pädagogische Grundaufgabe zwischen religiöser Subjektivität und Überlieferung ein Leben lang gerungen und das bleibende Spannungsfeld so zum Ausdruck gebracht:

> »Im Sinne einer *nichtaffirmativen* Bildungstheorie meint Schüler- bzw. Teilnehmerorientierung nicht die Bestätigung der bisherigen Erfahrungen der Teilnehmer, und Sachbezogenheit meint nicht die bloß bestätigende Aneignung von Welt, sondern eine kritische wechselseitige Auseinandersetzung von Subjekt und Welt.« (P. Biehl, Erfahrung, Glaube und Bildung, 1991, 178).

Literatur

Werke von Biehl

Biehl, Peter: Zur Funktion der Theologie in einem themenorientierten Religionsunterricht, in: Kaufmann, Hans Bernhard: Streit um den problemorientierten Unterricht, Frankfurt/Main 1973, 64-79.

Biehl, Peter: Erfahrungsbezug und Symbolverständnis. Überlegungen zum Vermittlungsproblem in der Religionspädagogik, in: P. Biehl/Georg Baudler, Erfahrung – Symbol – Glaube. Grundfragen des Religionsunterrichts, Frankfurt/Main 1980, 37-121.

Biehl, Peter: Beruf: Religionslehrer. Schwerpunkte der gegenwärtigen Diskussion, in: Jahrbuch der Religionspädagogik (JRP) 2 (1985), Neukirchen-Vluyn 1986, 161-194 (darin 191ff. reichhaltige Bibliographie).

Biehl, Peter: Autobiographische Anmerkungen zur Entwicklung des Vermittlungsproblems in der Religionspädagogik, in: Rainer Lachmann/Horst F. Rupp (Hrsg.), Lebensweg und religiöse Erziehung. Religionspädagogik als Autobiographie, Bd. 2, Weinheim 1989, 29-51.

Biehl, Peter: Symbole geben zu lernen. Einführung in die Symboldidaktik anhand der Symbole Hand, Haus und Weg, Neukirchen-Vluyn 1989, [3]2003.

Biehl, Peter: Erfahrung, Glaube und Bildung. Studien zu einer erfahrungsbezogenen Religionspädagogik, Gütersloh 1991; darin besonders: Was ist Erfahrung? Erfahrung als hermeneutische, theologische und religionspädagogische Kategorie (15-52) sowie: Die Gottebenbildlichkeit des Menschen und das Problem der Bildung (124-223).

Biehl, Peter: Symbole geben zu lernen II. Zum Beispiel: Brot, Wasser und Kreuz. Beiträge zur Symbol- und Sakramentendidaktik, Neukirchen-Vluyn 1993.

Biehl, Peter: Der phänomenologische Ansatz in der deutschen Religionspädagogik, in: Hans-Günter Heimbrock (Hrsg.), Religionspädagogik und Phänomenologie. Von der empirischen Wendung zur Lebenswelt, Weinheim 1998, 15-46.

Biehl, Peter: Festsymbole. Zum Beispiel: Ostern. Kreative Wahrnehmung als Ort der Symboldidaktik, Neukirchen-Vluyn 1999.

Biehl, Peter/Johannsen, Friedrich: Einführung in die Glaubenslehre. Ein religionspädagogisches Arbeitsbuch, Neukirchen-Vluyn 2002.

Biehl, Peter: Die Wiederentdeckung der Bildung in der gegenwärtigen Religionspädagogik. Ein Literaturbericht, in: P. Biehl/K.E. Nipkow (Hrsg.), Bildung und Bildungspolitik in theologischer Perspektive, Münster 2003.

Sekundärliteratur

Bultmann, Rudolf: Welchen Sinn hat es, von Gott zu reden? In: Glauben und Verstehen, Ges. Aufs. Bd. 1, Tübingen ^{7}1972 [1933], (1924).

Bultmann, Rudolf: Neues Testament und Mythologie. Das Problem der Entmythologisierung der neutestamentlichen Verkündigung, in: Hans-Werner Bartsch (Hrsg.), Kerygma und Mythos I. Ein theologisches Gespräch, Hamburg-Bergstedt ^{5}1967 [1948], 15-48.

Ebeling, Gerhard: Die Klage über das Erfahrungsdefizit in der Theologie als Frage nach ihrer Sache, in: ders. Wort und Glaube III, Tübingen 1975, 3-28.

Halbfas, Hubertus, Das dritte Auge. Religionsdidaktische Anstöße, Düsseldorf ^{5}1992, ^{1}1982.

Meyer-Blanck, Michael: Vom Symbol zum Zeichen. Symboldidaktik und Semiotik, Rheinbach ^{2}2002 [^{1}Hannover 1995].

Meyer-Blanck, Michael: Von der Identität zur Person. Religionspädagogische Redigierungen in der Postmoderne, in: ZPT 51 (1999), 347-356.

Nipkow, Karl Ernst: Christlicher Glaubensunterricht in der Säkularität – zwei didaktische Grundtypen, in: EvErz 20 (1968), 169-181.

Ritter, Werner H.: Glaube und Erfahrung im religionspädagogischen Kontext. Die Bedeutung der Erfahrung für den christlichen Glauben im religionspädagogischen Verwendungszusammenhang, Göttingen 1989.

Waldenfels, Bernhard: In den Netzen der Lebenswelt, Frankfurt/Main 1985.

Wiedenroth-Gabler, Ingrid: Religionspädagogische Konzeptionsentwicklung zwischen Integration und Pluralität. Exemplarische Untersuchungen zu Peter Biehls Ansatz, Münster 2003.

Namenregister

Sachregister